Handbuch zum Neuen Testament

Begründet von Hans Lietzmann
Fortgeführt von Günther Bornkamm
Herausgegeben von Andreas Lindemann

18

Die Apostolischen Väter II

Henning Paulsen

Die Briefe des Ignatius von Antiochia und der Brief des Polykarp von Smyrna

Zweite, neubearbeitete Auflage
der Auslegung von Walter Bauer

1985

J. C. B. Mohr (Paul Siebeck) Tübingen

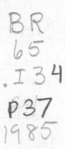
CIP-Kurztitelaufnahme der Deutschen Bibliothek

Handbuch zum Neuen Testament / begr. von Hans Lietzmann. Fortgef. von Günther Bornkamm. Hrsg. von Andreas Lindemann. – Tübingen: Mohr
   Teilw. begr. von Hans Lietzmann, hrsg. von Günther Bornkamm
NE: Lietzmann, Hans [Begr.]; Bornkamm, Günther [Hrsg.]; Lindemann, Andreas [Hrsg.]
18. Die apostolischen Väter. – 2. Paulsen, Henning: Die Briefe des Ignatius von Antiochia und der Brief des Polykarp von Smyrna. – 2., neubearb. Aufl. d. Auslegung von Walter Bauer. – 1985

Die *apostolischen Väter.* – Tübingen: Mohr
   (Handbuch zum Neuen Testament; . . .)

2. Paulsen, Henning: Die Briefe des Ignatius von Antiochia und der Brief des Polykarp von Smyrna. – 2., neubearb. Aufl. d. Auslegung von Walter Bauer. – 1985

Paulsen, Henning:
Die Briefe des Ignatius von Antiochia und der Brief des Polykarp von Smyrna / Henning Paulsen. – 2., neubearb. Aufl. d. Auslegung von Walter Bauer. – Tübingen: Mohr, 1985.
   (Die apostolischen Väter; 2)
   (Handbuch zum Neuen Testament; 18)
   ISBN 3-16-144912-6
NE: Bauer, Walter: Die Briefe des Ignatius von Antiochia und der Brief des Polykarp von Smyrna; Ignatius ⟨Antiochenus⟩: Die Briefe; Ignatius ⟨Antiochenus⟩: [Sammlung ⟨dt.⟩]; Polycarpus ⟨Smyrnaeus⟩: Der Brief

Printed in Germany. Satz und Druck von Gulde-Druck in Tübingen. Bindung von Heinrich Koch in Tübingen. Umschlaggestaltung von Alfred Krugmann in Freiberg a. Neckar.

Vorwort

Die Bedeutung, die der Kommentierung der Ignatiusbriefe und des Polykarpbriefes durch W. Bauer zukam, hatte vor allem zwei Gründe: Bauer gelang es, die bis zu jener Zeit gewonnenen Forschungsergebnisse bündig zusammenzufassen und in den Notaten für die Auslegung der Texte auszuwerten. Auf der anderen Seite aber nahm der Kommentar viele Erwägungen voraus, die erst in späteren Studien eingelöst und begründet werden sollten.

Darin hatte der Kommentar seine Zeit, und deshalb wäre eine unveränderte Neuauflage gerade angesichts des erneuten Interesses an den ‚Apostolischen Vätern' kaum sinnvoll gewesen. Die darum notwendige Überarbeitung wurde von folgenden Überlegungen geleitet:

Neben der Prüfung der Übersetzung und einer Durchsicht des gesamten Kommentars ging es um die angemessene Einbeziehung neuer Forschungsergebnisse. Sofern dies zu einer Änderung bestimmter Hypothesen der 1. Auflage führte, ist dies erwähnt worden. Die Verweise auf ältere Literatur, die z. T. schwer erreichbar schien, ließen sich durch die (sparsame) Integration gegenwärtiger Diskussion ersetzen.

Diese Revision hat zu nicht unerheblichen Veränderungen im Bestand des ursprünglichen Textes geführt. Wenn dennoch annähernd Seitenzahl und Stil der Kommentierung beibehalten werden konnten, so soll dies unterstreichen, daß kritischer Ansatz und Zielsetzung W. Bauers weiterhin gültig bleiben.

Für Gespräche und Anregungen im Zusammenhang dieser Neubearbeitung danke ich Andreas Lindemann.

Henning Paulsen

Inhaltsverzeichnis

Die Briefe des Ignatius von Antiochia

Einleitung 3

Ignatius an die Gemeinde in Ephesus 20

Ignatius an die Gemeinde in Magnesia 47

Ignatius an die Gemeinde in Tralles 57

Ignatius an die Gemeinde in Rom 68

Ignatius an die Gemeinde in Philadelphia 80

Ignatius an die Gemeinde in Smyrna 90

Ignatius an Polykarp 101

Der Brief des Polykarp von Smyrna an die Gemeinde in Philippi

Polykarp an die Gemeinde in Philippi 111

Einleitung 111

Exkurse

$\Theta E O \phi O P O \Sigma$ 22

Die Gottheit Christi 23

Gemeindeverfassung in den Ignatiusbriefen 29

Die Gegner der Ignatiusbriefe 64

Der Drang nach dem Martyrium 73

Die Briefe
des Ignatius von Antiochia

Einleitung

Die Überlieferung der Briefe

Eusebius berichtet (h. e. III,36,2ff.), daß der antiochenische Bischof Ign, während er auf dem Wege zum Martyrium nach Rom reiste, sieben Briefe schrieb, vier von Smyrna aus (an die Gemeinden in Ephesus, Magnesia, Tralles und Rom), die drei anderen etwas später aus Troas (an die Gemeinden von Philadelphia und Smyrna sowie an den Bischof Polykarp von Smyrna). Diese sieben Schreiben, die dem Eusebius, wie seine Kenntnis des Inhalts erweist, gegenwärtig waren, liegen als Sammlung so nicht mehr vor. Der erste Druck der griechischen Ign-Briefe (von 1557) enthält zwar Briefe an die genannten Empfänger, daneben aber noch sechs andere Schreiben, eines an Ign (von Maria von Kassobola), die übrigen von seiner Hand, die Antwort an Maria sowie Briefe an die Kirchen von Tarsus, Philippi, Antiochien und den Diakon Hero von Antiochien. Es handelt sich aber bei dieser Sammlung nicht nur um eine Vermehrung der von Euseb genannten Ign-Texte. Denn eine der beiden von ihm zitierten Stellen, aus dem Brief nach Smyrna, weicht (und ähnliches gilt für andere Ign-Zitate bei frühen Kirchenvätern) erheblich ab von dem Wortlaut dieser Sammlung. Eine Erklärung dieses Tatbestandes bot sich, als im 17. Jahrhundert eine andere Sammlung von Ign-Briefen in lateinischer und griechischer Sprache entdeckt wurde. In ihr fehlt mit dem Philipperbrief gegenüber der zuerst edierten Sammlung nur ein Stück. Aber den Hauptunterschied zwischen beiden Zusammenstellungen bildet der Text der sieben Schreiben an die Empfänger, die Euseb nennt. Der neu gewonnene Wortlaut erwies sich als einfacher gegenüber der früher gedruckten Fassung und stimmte zugleich mit den Ign-Zitaten bei den Vätern zusammen, wo er von jener abwich. Daraus ergibt sich unmittelbar die größere Ursprünglichkeit dieser Sammlung. Sie wurde von demselben Verfasser überarbeitet, der auch die anderen – unter dem Namen des Ign umlaufenden – Texte verfaßt hat; Beziehungen zu den ‚Apostolischen Konstitutionen‘ bestehen (anders Schwartz, Pseudapostolische Kirchenordnungen 226ff.), lassen sich aber im Einzelnen nur noch schwer aufhellen (Lit. dazu bei Paulsen 9, A.1).

Demnach lassen sich nur die sieben, in doppelter Gestalt vorliegenden Briefe in ihrer einfacheren Fassung auf Ign zurückführen. In griechischer Sprache liegen sie nur einmal handschriftlich vor, die sechs kleinasiatischen Schreiben in einem Florentiner Kodex (Mediceo-Laurentianus aus dem 11. Jahrhundert; = G), der Rm in einem Cod. Colbertinus aus Paris (wohl aus dem 10. Jahrhundert; = G¹). Die lateinische Übersetzung der Urform der Briefe (= L), die im 13. Jahrhundert in England entstand, ist relativ wortgetreu. Die armenische Sammlung (= A) dürfte aus einer syrischen Vorlage entstanden sein. Von der syrischen Version der ursprünglichen Sammlung finden sich nur noch Fragmente (= Sf), von denen eine sekundär verkürzte Fassung zu unterscheiden ist (= S; zuerst durch W. Cureton ediert). Von der koptischen Übersetzung (= C) haben sich eine Reihe von

Bruchstücken erhalten (vgl. die Ausgabe von L. Th. Lefort). Für die Herstellung des ursprünglichen Wortlautes ist auch die sekundäre Fassung der Briefe zu beachten; deren Original ist in mehreren Handschriften, von denen der Cod. Monacensis den besten Text bietet, überliefert (= g; die lateinische Fassung = l).

Das textkritische Material, das sich noch ausweiten läßt (vgl. Fischer, Apostolische Väter 139 ff.), wird allen Ausgaben zugrunde gelegt (vgl. neben Fischer noch die Ausgabe von Funk-Bihlmeyer). Es belegt nicht nur die Schwierigkeit einer angemessenen Konstitution des Textes, sondern zeigt auch, wie sehr die Wirkungsgeschichte der Ign-Briefe sich als Textgeschichte dokumentieren läßt.

Die Echtheit der Briefe

Schon die verwickelte Textgeschichte mußte Zweifel an der Echtheit der Briefe provozieren; sie haben die Forschungsgeschichte immer begleitet (vgl. Paulsen 9 ff.). Aber seit den Studien von Zahn und Lightfoot hat sich doch das Urteil gefestigt (und durch andere Untersuchungen bestätigen lassen), daß diese Briefe originäre Texte sind, die einen wichtigen Einblick in die Kirchengeschichte ihrer Zeit eröffnen. Auch die Ansicht, daß die in den Briefen angenommene Situation, die Planmäßigkeit ihrer Abfassung, ihr ganzer Charakter sie als Fälschungen erweise, läßt sich kaum mit den Tatsachen in Einklang bringen. Wäre diese Situation, die übrigens keine größeren Unwahrscheinlichkeiten enthält, als die Wirklichkeit sie kennt, fiktiv, so müßte man das Raffinement des Verfassers bewundern, das an keiner Stelle aus der Rolle fällt. Stil und Inhalt der Texte jedoch zeigen so eindrucksvoll das Profil einer bestimmten Persönlichkeit (und vermittelt auch: einer bestimmten Zeit), daß die Hypothese, sie gingen auf eine bewußte Fälschung zurück, außerordentlich problematisch erscheint. Zudem bleibt das Gewicht der äußeren Bezeugung zu beachten: sie setzt schon mit PolPhil 13,2 ein. Irenäus verweist adv. haer. V,28,4 auf Rm 4,1 (weitere Belege bei Lightfoot I,135ff.).

Die Fragwürdigkeit jener Überlegungen, die von der Unechtheit der ign Briefe ausgehen, ist auch durch die neueren Bestreitungen nicht wirklich widerlegt worden. Sie sind zwar nicht grundlos (so etwa der Hinweis auf den Sondercharakter des Rm bei Rius-Camps) und machen auf bestehende Probleme der Briefe aufmerksam, aber ihre Ergebnisse erscheinen z. T. als phantastisch (so etwa die Thesen von Weijenborg), z. T. auch durch bestimmte Vorentscheidungen belastet (vgl. Joly, der zudem mit der Interpolation von PolPhil 13 rechnen muß). Die Annahme einer Fälschung der Briefe nötigt jedenfalls zu problematischeren Konsequenzen als die Hypothese der Echtheit. Sie ist freilich ebenfalls eine Hypothese, die nicht allein wegen der neueren Studien von Weijenborg, Rius-Camps und Joly zu diskutieren bleibt.

Wird die Echtheit der Briefe angenommen, so ist der *Verfasser* letztlich nur durch die Texte bekannt. Die Ign-Märtyrerakten erweisen sich als sekundär, und die Überlieferung, Ign sei – von Petrus abgesehen – nach Euodios der zweite Bischof von Antiochien gewesen (Origenes, hom. VI in Lk; vgl. Euseb, h. e. III, 22; 36,2), hat auch keinen unbedingten Anspruch auf Zuverlässigkeit. Eher läßt sich noch die Angabe des Euseb in der Chronik halten, daß der Märtyrertod des Ign – und damit auch die Abfassung der Briefe – in die Regierungszeit Trajans fällt. Das führt auf den Zeitraum 110–117.

Literaturverzeichnis

Die Abkürzungen richten sich in der Regel nach S. Schwertner, Internationales Abkürzungsverzeichnis für Theologie und Grenzgebiete, Berlin–New York 1974.

Zitiert wird mit Namen des Verfassers und einem Stichwort des Titels.

Ausgaben:

Th. Zahn: Ignatii et Polycarpi epistulae martyria fragmenta, Leipzig 1876.

J. B. Lightfoot: The Apostolic Fathers II, S. Ignatius, S. Polycarp. 1–3. London 1889[2].

J. A. Fischer: Die apostolischen Väter, griechisch und deutsch, München 1956.

F. X. Funk – K. Bihlmeyer: Die Apostolischen Väter, SQS II,1,1, Tübingen 1956[2] (mit einem Nachtrag von W. Schneemelcher).

P. Th. Camelot: Ignace d'Antioche, Polycarpe de Smyrne, Lettres. Martyre de Polycarpe, SC 10, Paris 1969[2].

Zu den Übersetzungen vgl. neben den Ausgaben noch

L. Th. Lefort: Les pères apostoliques en copte, CSCO 135/36, Louvain 1952.

Übersetzungen (neben J. A. Fischer und W. Bauer 1. A.):

G. Krüger: Briefe des Ignatius und Polykarp, in: E. Hennecke, Neutestamentliche Apokryphen 518–540, Tübingen 1924[2]:

R. M. Grant: Ignatius of Antioch, The Apostolic Fathers. A new Translation and Commentary, Bd. 4, New York 1966.

Die griechischen Inschriften werden zitiert nach W. Dittenberger, Sylloge Inscriptionum Graecarum, Leipzig 1915–24[3], bzw. Orientis Graeci Inscriptiones Selectae, Leipzig 1903–05 (= Or.inscr.). Daneben vgl. vor allem das Corpus Inscriptionum Graecarum (= CIG) sowie die Inscriptiones Graecae (= IG). Die lateinischen Inschriften nach dem Corpus Inscriptionum Latinarum (= CIL), die Inschriften aus Magnesia nach der Ausgabe von O. Kern, Die Inschriften von Magnesia am Maeander, Berlin 1900. Für die Inschriften aus Pergamon vgl. M. Fraenkel, Die Inschriften von Pergamon, Berlin 1890–1895. Bei den Papyri bedeuten POxy = The Oxyrhynchus Papyri, London 1898ff.; PLond = Greek Papyri in the British Museum (ed. F. G. Kenyon), London 1893ff.

Achelis, H.: Virgines subintroductae, Leipzig 1902.

–, Das Christentum in den ersten drei Jahrhunderten, Leipzig 1925[2].

Achelis, H. – Flemming, J.:Die syrische Didaskalie, TU 25. Leipzig 1904.

d'Alès, A.: *ΕΑΝ ΓΝΩΣΘΗΙ ΠΛΕΟΝ ΤΟΥ ΕΠΙΣΚΟΠΟΥ, ΕΦΘΑΡΤΑΙ*, RSR 25, 1935, 489–492.

Amelungk, A.: Untersuchungen über Pseudoignatius, Diss. theol. Leipzig 1899.

–, Untersuchungen über Pseudoignatius, ZWTh 42, 1899, 508–581.

Andresen, C.: Justin und der mittlere Platonismus, ZNW 44, 1952/53, 157–195.

–, Logos und Nomos. Die Polemik des Kelsos wider das Christentum, AKG 30, Berlin 1955.

–, Zum Formular frühchristlicher Gemeindebriefe, ZNW 56, 1965, 233–259.

–, Art. Erlösung, RAC 6, 54–219.

–, Die Kirchen der alten Christenheit, Stuttgart 1971.

APPOLD, M. L.: The Oneness Motif in the Fourth Gospel, WUNT II, 1, Tübingen 1976.

ASTING, R.: Die Verkündigung des Wortes im Urchristentum, Stuttgart 1939.

AUNE, D. E.: The Phenomenon of Early Christian „Anti-Sacramentalism". In: Studies in New Testament and Early Christian Literature (A. P. Wikgren-Festschr.) 194–214, Leiden 1972.

BARDSLEY, H. J.: The Testimony of Ignatius and Polycarp to the Writings of St. John, JThS 14, 1913, 207–220.

–, The Testimony of Ignatius and Polycarp to the Apostleship of ‚St. John', JThS 14, 1913, 489–499.

–, Notes on Ignatius Eph. 17 and St. John XIX 39, JThS 14, 1913, 500.

BARNARD, L. W.: The Background of St. Ignatius of Antioch, in: Studies in the Apostolic Fathers and their Background 19–30, Oxford 1966.

–, The Problem of St. Polycarp's Epistle to the Philippians, in: Studies . . . 31–39, Oxford 1966.

BARRETT, C. K.: Jews and Judaizers in the Epistles of Ignatius, in: Jews, Greeks and Christians. Religious Cultures in Late Antiquity (W. D. Davies – Festschr.) 220–244, Leiden 1976.

BARTCHY, S. S.: *ΜΑΛΛΟΝ ΧΡΗΣΑΙ*, Missoula 1973.

BARTELINK, G. J. M.: Lexicologisch-semantische Studie over de Taal van de apostolische Vaders, Diss., Nijmegen 1952.

BARTSCH, H.-W.: Gnostisches Gut und Gemeindetradition bei Ignatius von Antiochien, BFChTh. M 44, Gütersloh 1940.

BASILE, B.: Une autre version arabe de la lettre aux Romains de St. Ignace d'Antioche, Melto 5,2, 1969, 269–287.

BAUER, W.: Das Leben Jesu im Zeitalter der neutestamentlichen Apokryphen, Tübingen 1909.

–, Die Apostolischen Väter. Die Briefe des Ignatius von Antiochien und der Polykarpbrief, HNT 18, Tübingen 1920 (= Bauer 1.A.).

–, (Hg.) Die Oden Salomos, KlT 64, Berlin 1933.

–, Griechisch-Deutsches Wörterbuch, Berlin 1958[5].

–, Rechtgläubigkeit und Ketzerei im ältesten Christentum, BHTh 10, Tübingen 1964[2].

BAUMEISTER, TH.: Die Anfänge der Theologie des Martyriums, MBTh 49, Münster 1980.

BAUR, F. C.: Über den Ursprung des Episkopats in der christlichen Kirche, Tübingen 1838.

–, Die Ignatianischen Briefe und ihre neuesten Kritiker. Tübingen 1848.

BEHM, J.: Art. $\vartheta\acute{v}\omega$ κτλ., ThWNT 3, 180–190.

–, Art. κλάω κτλ., ThWNT 3, 726–743.

BENOIT, A.: La baptême chrétien au second siècle, ÉHPhR 43, Paris 1953.

BERGER, K.: Apostelbrief und apostolische Rede. Zum Formular frühchristlicher Briefe, ZNW 65, 1974, 190–231.

–, Die impliziten Gegner. Zur Methodik des Erschließens von „Gegnern" in neutestamentlichen Texten, in: Kirche (G. Bornkamm-Festschr.) 373–400, Tübingen 1980.

BERTHOUZOZ, R.: Le Père, le Fils et le Saint-Esprit d'après les lettres d'Ignace d'Antioche, FZPhTh 18, 1971, 397–418.

BERTRAM, G.: Art. νήπιος, ThWNT 4, 913–925.

BESKOW, P.: Rex Gloriae. The Kingship of Christ in the Early Church, Diss. Uppsala 1962.

BEYER, H. W. – KARPP, H.: Art. Bischof, RAC 2, 394–407.

BEYSCHLAG, K.: Clemens Romanus und der Frühkatholizismus, BHTh 35, Tübingen 1966.

–, Zur *EIPHNH BAΘEIA* (I Clem 2,2), VigChr 26, 1972, 18–23.

–, Simon Magus und die christliche Gnosis, WUNT 16, Tübingen 1974.

BIEDER, W.: Das Abendmahl im christlichen Lebenszusammenhang bei Ignatius von Antiochien, EvTh 16, 1956, 75–97.

–, Zur Deutung des kirchlichen Schweigens bei Ignatius von Antiochien, ThZ 12, 1956, 28–43.

BIETENHARD, H.: Art. ὄνομα κτλ., ThWNT 5, 242–283.

BLASS, F. – DEBRUNNER, A. – REHKOPF, F.: Grammatik des neutestamentlichen Griechisch, Göttingen 1979[15] (Bl.-D.-R.).

BOLGIANI, F.: La tradizione eresiologica sull'encratismo. II. La confutazione di Clemente di Allesandria, AAST.M 69, 1961/62, 537–664.

BOMMES, K.: Weizen Gottes. Untersuchungen zur Theologie des Martyriums bei Ignatius von Antiochien, Köln 1976.

BORGEN, P.: En tradisjonshistorisk analyse av materialet om Jesu fødsel hos Ignatius, TTK 42, 1971, 37–44.

BORNEMANN, J.: Die Taufe Christi durch Johannes in der dogmatischen Beurteilung der christlichen Theologen der vier ersten Jahrhunderte, Leipzig 1896.

BORNKAMM, G.: Mythos und Legende in den apokryphen Thomas-Akten, FRLANT 49, Göttingen 1933.

–, Die Vorgeschichte des sogenannten Zweiten Korintherbriefes. In: Geschichte und Glaube T. 2 (Ges. Aufsätze Bd. 4; BEvTh 53) 162–194, München 1971.

–, Art. λύκος, ThWNT 4, 309–313.

–, Art. μυστήριον κτλ., ThWNT 4, 809–834.

–, Art. πρέσβυς κτλ., ThWNT 6, 651–683.

BOSCH, J. S.: „Gloriarse" segun San Pablo, AnBibl 40, Rom 1970.

BOSIO, G.: La Dottrina spirituale di Sant'Ignazio d'Antiochia, Sal. 28, 1966, 519–551.

BOTTE, B.: Art. Archiereus, RAC 1, 602–604.

BOUSSET, W.: Hauptprobleme der Gnosis, FRLANT 10, Göttingen 1906.

BOVON-THURNEYSEN, A.: Ethik und Eschatologie im Philipperbrief des Polycarp von Smyrna, ThZ 29, 1973, 241–256.

BOWER, R. A.: The Meaning of ΕΠΙΤΥΓΧΑΝΩ in the Epistles of St. Ignatius of Antioch, VigChr 28, 1974, 1–14.

BRÄNDLE, R.: Die Ethik der „Schrift an Diognet". Eine Wiederaufnahme paulinischer und johanneischer Theologie am Ausgang des zweiten Jahrhunderts, AThANT 64, Zürich 1975.

BRAUN, F.-M.: Jean le théologien et son évangile dans l'église ancienne, Paris 1959.

BREITENSTEIN, U.: Beobachtungen zu Sprache, Stil und Gedankengut des Vierten Makkabäerbuchs, Basel–Stuttgart, 1978².

BRIEGER, A.: Die urchristliche Trias Glaube–Liebe–Hoffnung, Diss. theol., Heidelberg 1925.

BROWN, M. P.: The Authentic Writings of Ignatius, Durham 1963.

–, Notes on the Language and Style of Pseudo-Ignatius, JBL 83, 1964, 146–152.

BROX, N.: Zeuge und Märtyrer. Untersuchungen zur frühchristlichen Zeugnis-Terminologie, StANT 5, München 1961.

–, „Zeuge seiner Leiden". Zum Verständnis der Interpolation Ign. Rom. II,2, ZkTh 85, 1963, 218–220.

–, Σωτηρία und Salus. Heilsvorstellungen in der Alten Kirche, EvTh 33, 1973, 253–279.

–, Pseudo-Paulus und Pseudo-Ignatius, VigChr 30, 1976, 181–188.

–, Der erste Petrusbrief, EKK 21, Neukirchen–Einsiedeln, 1979.

BRUN, L.: Der kirchliche Einheitsgedanke im Urchristentum, ZSTh 14, 1937, 86–127.

BRUSTON, E.: Ignace d'Antioche. Ses épitres, sa vie, sa théologie, Thèse, Montauban 1897.

BÜHNER, J.-A.: Der Gesandte und sein Weg im 4. Evangelium, Tübingen 1978.

BULTMANN, R.: Ignatius und Paulus, in: Exegetica 400–411, Tübingen 1967.

–, Art. ἀγνοέω κτλ., ThWNT 1, 116–122.

–, Art. γινώσκω κτλ., ThWNT 1, 688–719.

–, Art. ἐλπίς κτλ., ThWNT 2, 515–531.

–, Art. ζάω κτλ., ThWNT 2, 833–877.

–, Art. θάνατος κτλ., ThWNT 3, 7–25.

–, Art. νεκρός κτλ., ThWNT 4, 896–899.

BUNSEN, C. C. J.: Ignatius von Antiochien und seine Zeit. Sieben Sendschreiben an Dr. A. Neander, Hamburg 1847.

BURGHARDT, W. J.: Did Saint Ignatius of Antioch know the Fourth Gospel?, TS 1, 1940, 1–26; 130–156.

BURNEY, C. F.: The Aramaic Origin of the Fourth Gospel, Oxford 1922.

CABANISS, A.: Wisdom 18:14f.: An early Christmas Text, Vig Chr 10, 1956, 97–102.

CAMELOT, P. TH.: Rez. R. Weijenborg, Les lettres . . ., Bibl 51, 1970, 560–564.

VON CAMPENHAUSEN, H. FRH.: Die Jungfrauengeburt in der Theologie der alten Kirche, SAH 1962, 3, Heidelberg 1962.

–, Kirchliches Amt und geistliche Vollmacht in den ersten drei Jahrhunderten, BHTh 14, Tübingen 1963².

–, Das Alte Testament als Bibel der Kirche, In: Aus der Frühzeit des Christentums 152–196, Tübingen 1963.

–, Polykarp von Smyrna und die Pastoralbriefe. In: Aus der Frühzeit des Christentums 197–252, Tübingen 1963.

–, Die Idee des Martyriums in der alten Kirche, Göttingen 1964².

–, Die Entstehung der christlichen Bibel, BHTh 39, Tübingen 1968.

–, Das Bekenntnis im Urchristentum, ZNW 63, 1972, 210–253.

CARLOZZO, G.: L'ellissi in Ignazio di Antiochia e la questione dell'autenticità della recensione lunga, VetChr 19, 1982, 239–256.

CASEL, O.: De philosophorum graecorum silentio mystico, RVV 16,2, Gießen, 1919.

CHADWICK, H.: The Silence of Bishops in Ignatius, HThR 43, 1950, 169–172.

–, Art. Gewissen, RAC 10, 1025–1107.

CLERICI, L.: Einsammlung der Zerstreuten, LQF 44, Münster 1966.

CLOIN, G.: De verhouding van den bisshop to het *ΠΝΕΥΜΑ* in de Ignatiaansche brieve, StC 14, 1938, 19–42.

COLSON, J.: Agapè (charité) chez Saint Ignace d'Antioche, Paris 1961.

–, Agapè chez Saint-Ignace d'Antioche, Studia Patristica 3 (TU 78) 341–352, Berlin 1961.

CONZELMANN, H.: Der erste Brief an die Korinther, KEK 5, Göttingen 1969¹¹.

–, Art. *φῶς κτλ.*, ThWNT 9, 302–349.

–, Art. *ψεῦδος*, ThWNT 9, 590–599.

CONZELMANN, H. – ZIMMERLI, W.: Art. *χαίρω κτλ.*, ThWNT 9, 349–405.

CORWIN, V.: St. Ignatius and Christianity in Antioch, YSR 1, New Haven 1960.

CREHAN, J. H.: A New Fragment of Ignatius' Ad Polycarpum, Studia Patristica (TU 63) 23–32, Berlin 1957.

CURETON, W.: Corpus Ignatianum, London 1849.

DAHL, N. A.: Formgeschichtliche Beobachtungen zur Christusverkündigung in der Gemeindepredigt, In: Neutestamentliche Studien für R. Bultmann (BZNW 21) 3–9, Berlin 1954.

–, Der Erstgeborene Satans und der Vater des Teufels (Polyk. 7,1 und Joh. 8,44), Apophoreta, E. Haenchen – Festschr. (BZNW 30) 70–84, Berlin 1964.

DANIÉLOU, J.: Die Kirche: Pflanzung des Vaters. Zur Kirchenfrömmigkeit der frühen Christenheit, Sentire Ecclesiam (H. Rahner – Festschr.) 93– 103, Freiburg–Basel–Wien 1961.

DASSMANN, E.: Zur Entstehung des Monepiskopats, JAC 17, 1974, 74–90.

DAUBE, D.: *Τρία μυστήρια κραυγῆς:* Ignatius, Ephesians XIX, i, JThS 17, 1965, 128–129.

DAVIES, S. L.: The Predicament of Ignatius of Antioch, Vig Chr 30, 1976, 175–180.

DEICHGRÄBER, R.: Gotteshymnus und Christushymnus in der frühen Christenheit, StUNT 5, Göttingen 1967.

DEISSMANN, A.: Bibelstudien, Marburg 1895.

–, Neue Bibelstudien, Marburg 1897.

DELAFOSSE, H.: Nouvel examen des lettres d'Ignace d'Antioche, RHLR NS 8, 1922, 303–337; 477–533.

–, Lettres d'Ignace d'Antioche, Paris 1927.

DELLING, G.: Art. *τάσσω κτλ.*, ThWNT 8, 27–49.

DEWAILLY, P.: Mystère et Silence dans Rom. XVI.25, NTS 14, 1967/68, 111–118.

DIBELIUS, M.: Der Hirt des Hermas, HNT Erg.bd. IV, Tübingen 1923.

–, Geschichte der urchristlichen Literatur II, Berlin–Leipzig 1926.

–, Der Brief des Jakobus, KEK 15, Göttingen 1964¹¹ (Hg.: H. Greeven).

DIBELIUS, M. – CONZELMANN, H.: Die Pastoralbriefe, HNT 13, Tübingen 1955.

DIETERICH, A.: Eine Mithrasliturgie, Leipzig–Berlin, 1923³.

DIETZE, P.: Die Briefe des Ignatius und das Johannesevangelium, ThStKr 78, 1905, 563–603.

DINKLER, E.: Eirene. Der urchristliche Friedensgedanke, SAH 1973, 1, Heidelberg 1973.

v. DOBSCHÜTZ, E.: Das Kerygma Petri, TU XI,1, Leipzig 1893.

–, Die urchristlichen Gemeinden. Sittengeschichtliche Bilder, Leipzig 1902.

DÖLGER, F. J.: CHRISTOPHOROS ALS EHRENTITEL FÜR MÄRTYRER UND HEILIGE IM CHRISTLICHEN ALTER-TUM, AuC 4, 1933, 73–80.

–, *ΘΕΟΥ ΦΩΝΗ*. Die „Gottes-Stimme" bei Ignatius von Antiochien, Kelsos und Origenes, AuC 5, 1936, 218–223.

ECKSTEIN, H.-J.: Der Begriff Syneidesis bei Paulus, WUNT II,10, Tübingen 1983.

ELZE, M.: Überlieferungsgeschichtliche Untersuchungen zur Christologie der Ignatiusbriefe, Habil., Tübingen 1963.

–, Der Begriff des Dogmas in der Alten Kirche, ZThK 61, 1964, 421–438.

VAN DER EYNDE, D.: Les normes de l'enseignement chrétien dans la littérature patristique des trois premiers siècles, Gembloux–Paris 1933.

FISCHER, J. A.: Studien zum Todesgedanken in der alten Kirche, Bd. 1, München 1954.

FISCHER, K. M.: Tendenz und Absicht des Epheserbriefes, FRLANT 111, Göttingen 1973.

FLESSEMAN-VAN LEER, E.: Tradition and Scripture in the Early Church, Assen 1954.

FLUSSER, D.: Sanktus und Gloria, in: Abraham unser Vater (O. Michel – Festschr.) 129–152, Leiden 1963.

FOERSTER, W. – FOHRER, G.: Art. *σῴζω κτλ.*, ThWNT 7, 966–1024.

FRIEDRICH G.: Art. *εὐαγγελίζομαι κτλ.*, ThWNT 2, 705–735.

FRINGS, H. J.: Medizin und Arzt bei den griechischen Kirchenvätern bis Chrysostomus, Diss. phil., Bonn 1959.

FUCHS, H.:Augustin und der antike Friedensgedanke. Untersuchungen zum neunzehnten Buch der civitas Dei, Berlin 1926.

FUNK, F. X.: Die Echtheit der ignatianischen Briefe, Tübingen 1883.

–, Der Primat der römischen Kirche nach Ignatius und Irenäus, in: Kirchengeschichtliche Abhandlungen 1–23, Paderborn 1897.

FURLANI, G.: Il buon odore e il cattivo odore nella religione dei mandei, AAL.R 7, 1952, 317–339.

GAFFRON, H.-G.: Studien zum koptischen Philippusevangelium unter besonderer Berücksichtigung der Sakramente, Diss. theol., Bonn 1969.

DE GENOUILLAC, H.: L'église chrétienne au temps de St. Ignace d'Antioche, Paris 1907.

GIBBARD, S. M.: The Eucharist in the Ignatian Epistles, Studia Patristica 8,2 (TU 93), 214–218, Berlin 1966.

GOKEY, F. X.: The Terminology for the Devil and Evil Spirits in the Apostolic Fathers, PatSt 93, Washington 1961.

VON DER GOLTZ, ED. FRH.: Ignatius von Antiochien als Christ und Theologe, TU 12,3, Leipzig 1894.

–, Rez. E. Bruston, Ignace d'Antioche, ThLZ 23, 1898, 324–326.

GOPPELT, L.: Art. *ὕδωρ*, ThWNT 8, 313–333.

GRANT, R. M.: The Letter and the Spirit, London 1957.

–, Scripture and Tradition in St. Ignatius of Antioch, CBQ 25, 1963, 322–335.

–, Hermeneutics and Tradition in Ignatius of Antioch. A Methodological Investigation, Ermeneutica (E. Castelli – Festschr.) 183–201, Rom 1963.

–, Rez. M. P. Brown, Authentic Writings . . ., JBL 83, 1964, 184–187.

GRÉGOIRE, H. – ORGELS, P.: La véritable date du martyre de S. Polycarpe (23 février 177) et le ,Corpus polycarpianum', AnBoll 69, 1951, 1–38.

GRÉGOIRE, H. – ORGELS, P. – MOREAU, J.: Les martyres de Pionios et de Polycarpe, BCLAB 47, 1961, 72–83.

GRIBOMONT, J.: Rez. R. Weijenborg, Les lettres . . ., RHE 63, 1970, 1095–1096.

GROSS, K.: Art. Archiv, RAC 1, 614–631.

GUY, F.: The ,Lord's Day' in the Letter of Ignatius to the Magnesians, AUSS 2, 1964, 1–17.

VAN HAARLEM, A.: De kerk in de briefen van Ignatius van Antiochie, NedThT 19, 1965, 112–134.

O'HAGAN, A. P.: Material Re-Creation in the Apostolic Fathers, TU 100, Berlin 1968.

HAHN, F.: Die Worte vom lebendigen Wasser im Johannesevangelium, in: God's Christ and His People (N. A. Dahl – Festschr.) 51–70, Oslo 1978.

HANNAH, J. W.: The setting of the Ignatian long recension, JBL 79, 1960, 221–238.

HANSE, H.: „Gott haben" in der Antike und im frühen Christentum, RVV 27, Berlin 1939.

–, Art. ἔχω κτλ., ThWNT 2, 816–832.

(VON) HARNACK, A.: Die Zeit des Ignatius und die Chronologie der antiochenischen Bischöfe bis Tyrannus nach Julius Africanus und den späteren Historikern, Leipzig 1878.

–, Die Lehre der zwölf Apostel nebst Untersuchungen zur ältesten Geschichte der Kirchenverfassung und des Kirchenrechts, TU 2,1.2, Leipzig 1886.

–, Medicinisches aus der ältesten Kirchengeschichte, TU 8,4, Leipzig 1892.

–, Das Zeugnis des Ignatius über das Ansehen der römischen Gemeinde, SAB 1896, 111–131.

–, Über zwei von Grenfell und Hunt entdeckte und publicirte altchristliche Fragmente, SAB 1898, 516–520.

–, Patristische Miscellen, TU 20,3, 70–148, Leipzig 1899.

–, Militia Christi. Die christliche Religion und der Soldatenstand in den ersten drei Jahrhunderten, Tübingen 1905.

–, Entstehung und Entwicklung der Kirchenverfassung und des Kirchenrechts in den zwei ersten Jahrhunderten, Leipzig 1910.

–, Marcion. Das Evangelium vom fremden Gott, TU 45, Leipzig 1924.

–, Die Mission und Ausbreitung des Christentums in den ersten drei Jahrhunderten, Bd. 1/2, Leipzig, 1924[4].

–, Die Briefsammlung des Apostels Paulus und die anderen vorkonstantinischen christlichen Briefsammlungen, Leipzig 1926.

–, Geschichte der altchristlichen Literatur, I,1; II,1, Leipzig 1958[2].

HARRIS, R. – MINGANA, A.: Genuine and Apocryphal Works of Ignatius of Antioch, BJRL 11, 1927, 117–124; 204–231.

HARRISON, P. N.: Polycarp's two Epistles to the Philippians, Cambridge 1936.

HASLER, V. E.: Gesetz und Evangelium in der alten Kirche bis Origenes, Zürich 1953.

HAUSCHILD, W.-D.: Art. Agapen I, TRE 1, 748–753.

–, Art. Armenfürsorge II, TRE 4, 14ff.

HEIN, K.: Eucharist and Excommunication. A study in early Christian doctrine and discipline, Bern–Frankfurt/M. 1973.

HEITMANN, A.: Imitatio Dei. Die ethische Nachahmung Gottes nach der Väterlehre der ersten zwei Jahrhunderte, Rom 1940.

HENGEL, M.: Mors turpissima crucis. Die Kreuzigung in der antiken Welt und die „Torheit" des „Wortes vom Kreuz", in: Rechtfertigung (E. Käsemann – Festschr.) 125–184, Tübingen 1976.

HENNECKE, E. – SCHNEEMELCHER, W. (Hg.): Neutestamentliche Apokryphen, Bd. 1/2, Tübingen 1959/64[3].

HERZOG, R.: Art. Arzt, RAC 1, 720–724.

HILGENFELD, A.: Ignatii Antiocheni et Polycarpi Smyrnaei epistulae et martyria, Berlin 1902.

–, Die Ignatiusbriefe und die neueste Verteidigung ihrer Echtheit, ZWTh 46, 1903, 171–194.

HITCHCOCK, F. R. M.: Notes on the Ignatian Epistles, Her. 13, 1905, 439–456.

HÖFLING, J. W. F.: Die Lehre der ältesten Kirche vom Opfer im Leben und Cultus der Christen, Erlangen 1851.

HÖRMANN, K.: Leben in Christus. Zusammenhänge zwischen Dogma und Sitte bei den Apostolischen Vätern, Wien 1952.

HOFMANN, K.-M.: Philema hagion, BFChTh.M 38, Gütersloh 1938.

HOLL, K.: Fragmente vornicänischer Kirchenväter aus den Sacra Parallela, TU V,2, Leipzig 1899.

HOLTZMANN, H. J.: Das Verhältnis des Johannes zu Ignatius und Polycarp, ZWTh 20, 1877, 187–214.

HOLZHEY, C.: Die beiden Rezensionen der Ignatius-Briefe und die „apostolische Didaskalie", ThQ 80, 1898, 380–385.

HOMMEL, H.: Die Satorformel und ihr Ursprung, ThViat 4, 1952, 108–180.

JANSSENS, Y.: The Trimorphic Protennoia and the Fourth Gospel, in: The New Testament and Gnosis (R. McL. Wilson – Festschr.) 229–244, Edinburgh 1983.

JEREMIAS, J.: Unbekannte Jesusworte, Gütersloh 1965⁴.

–, „Flesh and Blood cannot inherit the Kingdom of God" (I Cor. XV.50), in: Abba (Studien zur neutestamentlichen Theologie und Zeitgeschichte) 298–307, Göttingen 1966.

–, Zum Logos-Problem, ZNW 59, 1968, 82–85.

–, Art. θύρα, ThWNT 3, 173–180.

–, Art. λίθος κτλ., ThWNT 4, 272–283.

–, Art. ποιμήν κτλ., ThWNT 6, 484–501.

–, Art. πολλοί, THWNT 6, 536–545.

JOLY, R.: Le dossier d'Ignace d'Antioche, Bruxelles 1979.

JOUASSARD, G.: Les épitres expédiées de Troas par Saint Ignace d'Antioche, in: Mémorial J. Chaine 213–221, Lyon 1950.

KÄSEMANN, E.: Leib und Leib Christi. Eine Untersuchung zur paulinischen Begrifflichkeit, BHTh 9, Tübingen 1933.

–, Rez. H.-W. Bartsch, Gnostisches Gut . . ., VF 1942/46, 131–136.

–, An die Römer, HNT 8a, Tübingen 1973.

KAISER, M.: Die Einheit der Kirchengewalt nach dem Zeugnis des Neuen Testamentes und der Apostolischen Väter, MThS III, 7, München 1956.

KARPP, H.: Art. Christennamen, RAC 2, 1114–1138.

KATTENBUSCH, F.: Das Apostolische Symbol. Seine Entstehung, sein geschichtlicher Sinn, seine ursprüngliche Stellung im Kultus und in der Theologie der Kirche, Bd. 1/2, Leipzig 1894/1900.

KATZENMAYER, H.: Ignatius ad Rom 4,3, IKZ 43, 1953, 65–72.

KEMPF, TH. K.: Christus der Hirt. Ursprung und Deutung einer altchristlichen Symbolgestalt, Rom 1942.

KETTLER, F. H.: Enderwartung und himmlischer Stufenbau im Kirchenbegriff des nachapostolischen Zeitalters, ThLZ 79, 1954, 385–392.

KLAUCK, H.-J.: Hausgemeinde und Hauskirche im frühen Christentum, SBS 103, Stuttgart 1981.

KLEIN, G.: Die zwölf Apostel. Ursprung und Gehalt einer Idee, FRLANT 77, Göttingen 1961.

KLEINKNECHT, H. – QUELL, G. – STAUFFER, E. – KUHN, K. G.:Art. θεός κτλ., ThWNT 3, 65–123.

KLEINKNECHT, H. – BAUMGÄRTEL, F. – BIEDER, W. – SJÖBERG, E. – SCHWEIZER, E.: Art. πνεῦμα κτλ., ThWNT 6, 330–453.

KLEVINGHAUS, J.: Die theologische Stellung der Apostolischen Väter zur alttestamentlichen Offenbarung, BFChTh 44,1, Gütersloh 1948.

KLINZING, G.: Die Umdeutung des Kultus in der Qumrangemeinde und im Neuen Testament, StUNT 7, Göttingen 1971.

KLOSTERMANN, E. (Hg): Apocrypha I/II, KlT 3/8, Berlin 1933/29.

KNOPF, R.: Rez. A. Hilgenfeld, Ignatii . . . epistulae, ThLZ 28, 1903, 330–332.

–, Das nachapostolische Zeitalter. Geschichte der christlichen Gemeinden vom Beginn der Flavierdynastie bis zum Ende Hadrians, Tübingen 1905.

–, Die Lehre der zwölf Apostel. Die zwei Clemensbriefe, HNT 17, Tübingen 1920.

KNORZ, P.: Die Theologie des Hirten des Hermas, Diss. theol., Heidelberg 1958.

KOCH, H.: Rez. H. Schlier, Religionsgeschichtliche Untersuchungen . . ., ThLZ 55, 1930, 539–541.

KÖSTER, H.: Synoptische Überlieferung bei den Apostolischen Vätern, TU 65, Berlin 1957.

–, Geschichte und Kultus im Johannesevangelium und bei Ignatius von Antiochien, ZThK 54, 1957, 56–69.

–, Art. τόπος, ThWNT 8, 187–208.

KÖSTER, H. – ROBINSON, J. M.: Entwicklungslinien durch die Welt der frühen Christenheit, Tübingen 1971.

KÖRTNER, U. H. J.: Papias von Hierapolis, FRLANT 133, Göttingen 1983.

KORN, H.: Die Nachwirkungen der Christusmystik des Paulus in den Apostolischen Vätern, Diss. theol., Borna–Leipzig 1928.

KOSCHORKE, K.: Die Polemik der Gnostiker gegen das kirchliche Christentum, Leiden 1978.

KRAUSE, M.: Die Petrusakten in Codex VI von Nag Hammadi, in: Nag Hammadi Studies 3 (A. Böhlig – Festschr.) 36–58, Leiden 1972.

KRETSCHMAR, G.: Studien zur frühchristlichen Trinitätstheologie, BHTh 21, Tübingen 1956.

–, Ein Beitrag zur Frage nach dem Ursprung frühchristlicher Askese, ZThK 61, 1964, 27–67.

KROLL, J.: Die Lehren des Hermes Trismegistos, Münster 1914.

–, Die christliche Hymnodik bis zu Klemens von Alexandrien, Darmstadt 1968[2].

KRÜGER, G.: Rez. E. von Goltz, Ignatius . . ., ThLZ 20, 1895, 440–444.

DE LABRIOLLE, P.: Paroecia, RSR 18, 1928, 60–72.

LAMPE, G. W. H.: The Seal of the Spirit, London 1967[2].

–, A Patristic Greek Lexicon, Oxford 1968.

–, „Grievous Wolves" (Acts 20:29), in: Christ and Spirit in the New Testament (C. F. D. Moule – Festschr.) 253–268, Cambridge 1973.

LANG, F.: Art. πῦρ κτλ., ThWNT 6, 927–953.

LATTKE, M.: Salz der Freundschaft in Mk 9,50 c, ZNW 75, 1984, 44–59.

LEBRETON, J.: La théologie de la Trinité d'après Saint Ignace d'Antioche, RechSR 25, 1925, 97–126; 393–419.

LEWIS, R. B.: Ignatius and the Lord's Day, AUSS 6, 1968, 45–59.

LEWY, H.: Sobria Ebrietas. Untersuchungen zur Geschichte der antiken Mystik, BZNW 9, Gießen 1929.

LIÉBAERT, J.: Les enseignements moraux des pères apostoliques, Gembloux 1970.

LIETZMANN, H.: Die drei ältesten Martyrologien, KlT 2, Bonn 1911.

–, Messe und Herrenmahl, AKG 8, Berlin 1955[3].

–, Geschichte der Alten Kirche, Bd. 1, Berlin 1961[4].

LIGHTFOOT, J. B.: The Apostolic Fathers, II, 1.2, London 1889[2].

VON LILIENFELD, F.: Zur syrischen Kurzrezension der Ignatianen, Studia Patristica 7 (TU 92) 233–247, Berlin 1966.

LINDEMANN, A.: Die Aufhebung der Zeit. Geschichtsverständnis und Eschatologie im Epheserbrief, StNT 12, Gütersloh 1975.

–, Paulus im ältesten Christentum, BHTh 58, Tübingen 1979.

LIPSIUS, R. A. – BONNET, M. (Hgg.): Acta Apostolorum Apocrypha, Bd. I.II,1.2, Darmstadt 1959[2].

VAN DER LOEFF, S.: Onderzoek naar de herkomst en de strekking der zeven brieven van Ignatius in de korte recensie, Proefschrift, Leiden 1906.

VON LOEWENICH, W.: Das Johannes-Verständnis im zweiten Jahrhundert, BZNW 13, Gießen 1932.

LOHMEYER, E.: Vom göttlichen Wohlgeruch, SAH 1919,9, Heidelberg 1919.

–, Kyrios Jesus. Eine Untersuchung zu Phil. 2,5–11, Darmstadt 1961[2].

–, Art. A und O, RAC 1,1–4.

LOHSE, E.: Märtyrer und Gottesknecht, FRLANT 64, Göttingen 1963[2].

–, Die Entstehung des Bischofsamtes in der frühen Christenheit, ZNW 71, 1980, 58–73.

–, Art. πρόσωπον κτλ., ThWNT 6, 769–781.

LÜDEMANN, G.: Zur Geschichte des ältesten Christentums in Rom. I. Valentin und Marcion II. Ptolemäus und Justin, ZNW 70, 1979, 86–114.

LÜTGERT, W.: Amt und Geist im Kampf. Studien zur Geschichte des Urchristentums, BFChTh 15,4.5, Gütersloh 1911.

LUSK, D. C.: What is the Historic Episcopate? An Inquiry based upon the Letters of Ignatius of Antioch, SJTh 3, 1950, 255–277.

LUZ, U.: Erwägungen zur Entstehung des „Frühkatholizismus". Eine Skizze, ZNW 65, 1974, 88–111.

MAAS, W.: Unveränderlichkeit Gottes. Zum Verhältnis von griechisch-philosophischer und christlicher Gotteslehre, München–Paderborn–Wien 1974.

MACARTHUR, A. A.: The Office of Bishop in the Ignatian Epistles and in the Didascalia Apostolorum compared, Studia Patristica 4 (TU 79) 298–304, Berlin 1961.

MCCARTHY, J. M.: Ecclesiology in the Letters of St. Ignatius of Antioch. A Textual Analysis, ABenR 22, 1971, 319–325.

12

McKELVEY, R. J.: The New Temple: the Church in the New Testament, OTM 3, Oxford 1969.

MARTIN, J. P.: La Pneumatologia en Ignacio de Antioquia, Sal. 33, 1971, 379–454.

VON MARTITZ, W. P. – FOHRER, G. – LOHSE, E. – SCHNEEMELCHER, W.: Art. *υἱός κτλ.*, ThWNT 8, 334–402.

MASSAUX, É: Influence de l'Évangile de saint Matthieu sur la littérature chrétienne avant saint Irénée, Louvain–Gembloux 1950.

MAURER, C.: Ignatius von Antiochien und das Johannesevangelium, AThANT 18, Zürich 1949.

–, Ein umstrittenes Zitat bei Ignatius von Antiochien (Smyrn. 3,2), JGPrÖ 67, 1951, 165–170.

MEINHOLD, P.: Art. Polykarpos, PW 21,2, 1662–1693.

–, Studien zu Ignatius von Antiochien, VIEG 97, Wiesbaden 1979. Daraus:
Episkope–Pneumatiker–Märtyrer. Zur Deutung der Selbstaussagen des Ignatius von Antiochien, 1–18.
Schweigende Bischöfe. Die Gegensätze in den kleinasiatischen Gemeinden nach den Ignatianen, 19–36.
Die geschichtstheologischen Konzeptionen des Ignatius von Antiochien, 37–47.
Christologie und Jungfrauengeburt bei Ignatius von Antiochien, 48–56.
Die Anschauung des Ignatius von Antiochien von der Kirche, 57–66.
Die Ethik des Ignatius von Antiochien, 67–77.

MICHEL, O.: Art. *κύων κτλ.*, ThWNT 3, 1100–1104.

–, Art. *οἶκος κτλ.*, ThWNT 5, 122–161.

MOFFAT, J.: Two Notes on Ignatius and Justin Martyr, HThR 23, 1930, 153–159.

–, Ignatius of Antioch – a Study in Personal Religion, JR 10, 1930, 169–185.

–, An Approach to Ignatius, HThR 29, 1936, 1–38.

MOLLAND, E.: The Heretics Combatted by Ignatius of Antioch, in: Opuscula Patristica (BTN 2) 17–23, Oslo 1970.

MORTLEY, R.: The Theme of Silence in Clement of Alexandria, JThS 24, 1973, 197–202.

MÜLLER, K.: Beiträge zum Verständnis der valentinianischen Gnosis, NGG 1920, 179–204; 205–242, Berlin 1920.

MÜLLER, U. B.: Prophetie und Predigt im Neuen Testament. Formgeschichtliche Untersuchungen zur urchristlichen Prophetie, StNT 10, Gütersloh 1975.

MUSSNER, F.: Der Galaterbrief, HThK 9, Freiburg–Basel–Wien 1974.

MUSURILLO, H.: Ignatius of Antioch: Gnostic or Essene? A Note on recent Work, TS 22, 1961, 103–110.

NEUHÄUSLER, E.:Der Bischof als geistlicher Vater, München 1964.

NEUMANN, J.: Der theologische Grund für das kirchliche Vorsteheramt nach dem Zeugnis der Apostolischen Väter, MThZ 14, 1963, 253–265.

The New Testament in the Apostolic Fathers, Hg.: A Committee of the Oxford Society of Historical Theology, Oxford 1905.

NEYREY, J. H.: The Form and Background of the Polemic in 2 Peter, JBL 99, 1980, 407–431.

NIEBERGALL, A.: Zur Entstehungsgeschichte der christlichen Eheschließung – Bemerkungen zu Ignatius an Polykarp 5,2, in: Glaube, Geist, Geschichte (E. Benz – Festschr.) 107–124, Leiden 1967.

NIEDERWIMMER, K.: Grundriß der Theologie des Ignatius von Antiochien, Diss. theol., Wien 1956.

–, Askese und Mysterium. Über Ehe, Eheschließung und Eheverzicht in den Anfängen des christlichen Glaubens, FRLANT 113, Göttingen 1975.

NIELSEN, C. M.: Polycarp, Paul and the Scriptures, AThR 47, 1965, 199–216.

NIRSCHL, J.: Die Theologie des heiligen Ignatius, Mainz 1880.

NOCK, A. D.: Rez. H. Schlier, Religionsgeschichtliche Untersuchungen . . ., JThS 31, 1930, 308–313.

–, Liturgical Notes, JThS 30, 1929, 381–395.

–, Paul and the Magus, in: Essays on Religion and the Ancient World 1, 308–330, Oxford 1972.

NOCK, A. D. – FESTUGIÈRE, A. J. (Hgg.): Corpus Hermeticum, Bd. 1–4, Paris 1945–54.

NORDEN, E.: Die antike Kunstprosa vom VI. Jahrhundert v. Chr. bis in die Zeit der Renaissance, Leipzig 1898.

–, Agnostos Theos. Untersuchungen zur Formengeschichte religiöser Rede, Darmstadt 1956[4].

NORMANN, F.: Christos Didaskalos. Die Vorstellung von Christus als Lehrer in der christlichen Literatur des ersten und zweiten Jahrhunderts, MBTh 32, Münster 1967.

NORRIS, F. W.: Ignatius, Polycarp, and I Clement: Walter Bauer Reconsidered, Vig Chr 30, 1976, 23–44.

OEPKE, A.: Art. παρουσία κτλ., ThWNT 5, 856–869..

OPITZ, H.: Ursprünge frühkatholischer Pneumatologie, ThA 15, Berlin 1960.

ORBÁN, A. P.: Les dénominations du monde chez les premiers auteurs chrétiens, Diss., Nijmegen 1970.

ORBE, A.: Estudios Valentinianos, I,1.2; II; III; IV; V, AnGreg 99/100; 65; 113; 158; 83, Rom 1958; 1955; 1961; 1966; 1956.

OVERBECK, F.: Christentum und Kultur. Gedanken und Anmerkungen zur modernen Theologie, Darmstadt 1963[2].

PADBERG, R.: Geordnete Liebe – Amt, Pneuma und kirchliche Einheit bei Ignatius von Antiochien, in: Unio Christianorum (L. Jaeger – Festschr.) 201–217, Paderborn 1962.

–, Vom gottesdienstlichen Leben in den Briefen des Ignatius von Antiochien, ThGl 53, 1963, 331–347.

–, Das Amtsverständnis der Ignatiusbriefe, ThGl 62, 1972, 47–54.

PAGELS, E. H.: The Johannine Gospel in Gnostic Exegesis: Heracleon's Commentary on John, New York 1973.

PAULSEN, H.: Überlieferung und Auslegung in Römer 8, WMANT 43, Neukirchen-Vluyn 1974.

–, Das Kerygma Petri und die urchristliche Apologetik, ZKG 88, 1977, 1–37.

–, Zur Wissenschaft vom Urchristentum und der alten Kirche – ein methodischer Versuch, ZNW 68, 1977, 200–230.

–, Die Bedeutung des Montanismus für die Herausbildung des Kanons, VigChr 32, 1978, 19–52.

–, Studien zur Theologie des Ignatius von Antiochien, FKDG 29, Göttingen 1978 (Paulsen).

–, Papyrus Oxyrhynchus I.5 und die ΔΙΑΔΟΧΗ ΤΩΝ ΠΡΟΦΗΤΩΝ, NTS 25, 1978/79, 443–453.

–, Einheit und Freiheit der Söhne Gottes – Gal 3,26–29, ZNW 71, 1980, 74–95.

–, Schisma und Häresie. Untersuchungen zu 1 Kor 11,18.19, ZThK 79, 1982, 180–211.

–, Die Witwe und der Richter (Lk 18,1–8), ThGl 74, 1984, 13–39.

PAX, E.:ΕΠΙΦΑΝΕΙΑ. Ein religionsgeschichtlicher Beitrag zur biblischen Theologie, MThSt I, 10, München 1955.

PERLER, O.: Ignatius von Antiochien und die römische Christengemeinde, DT 22, 1944, 413–451.

–, Das vierte Makkabäerbuch, Ignatius und die ältesten Märtyrerakten, RivAC 25, 1949, 47–72.

–, Eucharistie et Unité de l'église d'après Saint Ignace d'Antioche, in: XXXV Congreso Eucarístico Internacional. Sesiones des Estudio II, 424–429, Barcelona 1953.

–, Pseudo-Ignatius und Eusebius von Emesa, HJ 77, 1958, 73–82.

–, Ein Hymnus zur Ostervigil von Melito? (Papyrus Bodmer XII), Par. 15, Freiburg 1960.

–, Der Bischof als Vertreter Christi nach den Dokumenten der ersten Jahrhunderte, in: Y. Congar (Hg.), Das Bischofsamt und die Weltkirche 35–73, Stuttgart 1964.

–, Méliton de Sardes. Sur la Pâques et Fragments, SC 123, Paris 1966.

–, „Universo caritatis coetui praesidens". Zur dogmatischen Konstitution „Lumen gentium" II/13, FZPhTh 17, 1970, 227–238.

–, Die Briefe des Ignatius von Antiochien. Frage der Echtheit – neue, arabische Übersetzung, FZPhTh 18, 1971, 381–396.

PESCE, M.: Paolo e gli Arconti a Corinto, Brescia 1977.

PETERSON, E.: Christianus, in: Frühkirche, Judentum und Gnosis 64–87, Rom–Freiburg–Wien 1959.

–, Über einige Probleme der Didache-Überlieferung, in: Frühkirche, Judentum und Gnosis 146–182, Rom–Freiburg–Wien 1959.

–, Die Behandlung der Tollwut bei den Elchasaiten, in: Frühkirche, Judentum und Gnosis 221–235, Rom–Freiburg–Wien 1959.

14

PFITZNER, V. C.: Paul and the Agon Motif, NT.S 16, Leiden 1967.

PFLEIDERER, O.: Das Urchristentum. Seine Schriften und Lehren, Bd. 2, Berlin 1902².

PIESIK, H.: Die Bildersprache der Apostolischen Väter, Diss. phil., Bonn 1961.

PIZZOLATO, L. F.: Silenzio del Vescovo e Parola degli Eretici in Ignazio d'Antiochia, Aevum 44, 1970, 205–218.

POLLARD, T. E.: Johannine Christology and the Early Church, Cambridge 1970.

PONTHOT, J.: La signification religieuse du „nom" chez Clément de Rome et dans la Didachè, EThL 35, 1959, 325–361.

PREISENDANZ, K. (Hg.): Papyri Graecae Magicae, Bd. 1/2, Leipzig–Berlin, 1928/31.

PREISS, TH.: La Mystique de l'Imitation et de l'Unité chez Ignace d'Antioche, RHPhR 18, 1938, 197–241.

PRIGENT, P.: L'Hérésie asiate et l'Église confessante, Vig Chr 31, 1977, 1–22.

QUACQUARELLI, A.: Retorica e liturgica antenicena, Rom–Paris–Tournai–New York 1960.

QUASTEN, J.: Der Gute Hirte in hellenistischer und frühchristlicher Logostheologie, in: Heilige Überlieferung (I. Herwegen – Festschr.) 51–58, Münster 1938.

–, Patrology, Bd. 1, Utrecht–Antwerpen 1950.

RACKL, M.: Die Christologie des heiligen Ignatius von Antiochien, Freiburg/Br. 1914.

VON RAD, G. – FOERSTER, W.: Art. εἰρήνη κτλ., ThWNT 2, 398–418.

RATHKE, H.: Ignatius von Antiochien und die Paulusbriefe, TU 99, Berlin 1967.

REICKE, B.: Diakonie, Festfreude und Zelos in Verbindung mit der altchristlichen Agapenfeier, UUA 1951,5, Uppsala–Wiesbaden 1951.

REILING, J.: Hermas and Christian Prophecy. A Study of the Eleventh Mandate, NT.S 37, Leiden 1973.

REINACH, S.: Ignatius, Bishop of Antioch, and the *APXEIA,* in: Anatolian Studies (W. M. Ramsay – Festschr.; PUM 160) 339–340, Manchester–London 1923.

REINHOLD, H.: De graecitate patrum apostolicorum librorumque apocryphorum Novi Testamenti quaestiones grammaticae, Dissertationes philologicae Halenses 14,1, Halle 1898.

REITZENSTEIN, R.: Poimandres. Studien zur griechisch-ägyptischen und frühchristlichen Literatur, Leipzig 1904.

–, Rez. C. Schmidt – W. Schubart, Altchristliche Texte, GGA 173, 1911, 537–568.

–, Die Formel „Glaube, Liebe, Hoffnung" bei Paulus, NGG 1916, 367–416, Berlin 1916.

–, Bemerkungen zur Martyrienliteratur I. Die Bezeichnung Märtyrer, NGG 1916, 417–467, Berlin 1916.

–, Das mandäische Buch des Herrn der Größe und die Evangelienüberlieferung, SAH 1919,12, Heidelberg 1919.

–, Das iranische Erlösungsmysterium, Bonn 1921.

–, Die hellenistischen Mysterienreligionen, Leipzig 1927³.

–, Die Vorgeschichte der christlichen Taufe, Leipzig–Berlin 1929.

RENGSTORF, K. H.: Art. διδάσκω κτλ., ThWNT 2, 138–168.

–, Art. μανθάνω κτλ., ThWNT 4, 392–465.

RESCH, A.: Agrapha. Außercanonische Schriftfragmente, TU 30,1/2, Leipzig 1906².

RÉVILLE, J.: Étude sur les origines de l'épiscopat: la valeur du témoignage d'Ignace d'Antioche, Paris 1890.

–, Les Origines de l'Épiscopat. Étude sur la formation du gouvernement ecclésiastique au sein de l'église chrétienne dans l'empire romain, T. 1, Paris 1894.

RICHARDSON, C. C.: The Christianity of Ignatius of Antioch, New York 1935.

–, The Church in Ignatius of Antioch, JR 17, 1937, 428–443.

RICHTER, G.: Die Fleischwerdung des Logos im Johannesevangelium, NT 13, 1971, 81–126; 14, 1972, 257–276.

RIESENFELD, H.: Reflections on the Style and the Theology of St. Ignatius, Studia Patristica (TU 79) 312–322, Berlin 1961.

–, Das Bildwort vom Weizenkorn bei Paulus (Zu I Cor 15), in: Studien zum Neuen Testament und zur Patristik (E. Klostermann – Festschr.; TU 77) 43–55, Berlin 1961.

15

RITSCHL, A.: Die Entstehung der altkatholischen Kirche, Bonn 1857².

RITZER, K.: Formen, Riten und religiöses Brauchtum der Eheschließung in den christlichen Kirchen des ersten Jahrtausends, LQF 38, Münster 1962.

RIUS-CAMPS, J.: The Four Authentic Letters of Ignatius, the Martyr, Rom 1979.

ROGGE, J.: Ἕνωσις und verwandte Begriffe in den Ignatiusbriefen, in: . . . und fragten nach Jesus (E. Barnikol – Festschr.) 45–51, Berlin 1964.

ROHDE, J.: Häresie und Schisma im ersten Clemensbrief und in den Ignatius-Briefen, NT 10, 1968, 217–233.

ROPES, J. H.: Die Sprüche Jesu, die in den kanonischen Evangelien nicht überliefert sind, TU 14,2, Leipzig 1896.

RORDORF, W.: Der Sonntag, AThANT 43, Zürich 1962.

–, Sabbat und Sonntag in der Alten Kirche, Zürich 1972.

ROTHE, R.: Die Anfänge der christlichen Kirche und ihrer Verfassung, Bd. 1, Wittenberg 1837.

RÜSCH, T.: Die Entstehung der Lehre vom Hl. Geist bei Ignatius von Antiochia, Theophilus von Antiochia und Irenäus, Zürich 1952.

SÄNGER, D.: Antikes Judentum und die Mysterien, WUNT II, 5, Tübingen 1980.

SAUSER, E.: Tritt der Bischof an die Stelle Christi? Zur Frage nach der Stellung des Bischofs in der Theologie des hl. Ignatios von Antiocheia, in: Festschr. F. Loidl I, 325–339, Wien 1970.

SCHÄFER, K. TH.: Art. Antidotum, RAC 1, 457–461.

SCHÄFERS, J.: Eine altsyrische antimarkionitische Erklärung von Parabeln des Herrn und zwei andere altsyrische Abhandlungen zu Texten des Evangeliums, NTA VI, 1.2, Münster 1917.

SCHENKE, G.: „Die dreigestaltige Protennoia", ThLZ 99, 1974, 731–746.

SCHERMANN, TH.: Griechische Zauberpapyri und das Gemeinde- und Dankgebet im I. Klemensbriefe, TU 34,2b, Leipzig 1909.

–, Zur Erklärung der Stelle ad Ephes. 20,2 des Ignatius von Antiocheia: φάρμακον ἀθανασίας κτλ., ThQ 92, 1910, 6–19.

SCHILLE, G.: Frühchristliche Hymnen, Berlin 1962.

SCHILLING, F. A.: The Mysticism of Ignatius of Antioch, Thesis, Philadelphia 1932.

SCHLIER, H.: Religionsgeschichtliche Untersuchungen zu den Ignatiusbriefen, BZNW 8, Gießen 1929.

–, Christus und die Kirche im Epheserbrief, BHTh 6, Tübingen 1930.

–, Der Brief an die Epheser, Düsseldorf 1963⁴.

–, Art. αἵρεσις, ThWNT 1, 179–184.

SCHMID, W.: Der Atticismus in seinen Hauptvertretern von Dionysius von Halikarnass bis auf den zweiten Philostratus, Bd. 1–5, Stuttgart, 1887–1897.

SCHMIDT, C. – SCHUBART, W.: Altchristliche Texte, Berliner Klassikertexte 6, Berlin 1910.

SCHMIDT, K. L.: Art. καλέω κτλ., ThWNT 3, 488–539.

SCHMITHALS, W.: Zur Abfassung und ältesten Sammlung der paulinischen Hauptbriefe, in: Paulus und die Gnostiker. Untersuchungen zu den kleinen Paulusbriefen 175–200. Hamburg-Bergstedt 1965.

–, Der Römerbrief als historisches Problem, StNT 9, Gütersloh 1975.

SCHNACKENBURG, R.: Das Johannesevangelium, T. I/II/III/IV, HThK IV,1–4, Freiburg–Basel–Wien, 1972³ (1978⁴)/ 1977²/ 1982⁴/ 1984.

SCHNEIDER, J.: Art. ἔκτρωμα, ThWNT 2, 463–465.

SCHOEDEL, W. R.: A Blameless Mind ‚Not on Loan' but ‚By Nature' (Ignatius, Trall. i.1), JThS 15, 1964, 308–316.

–, Ignatius and the Archives, HThR 71, 1978, 97–106.

SCHUBERT, P.: Form and Function of the Pauline Thanksgivings, BZNW 20, Berlin 1939.

SCHWARTZ, E.: Über die pseudoapostolischen Kirchenordnungen, in: Ges. Schriften 5, 192–273, Berlin 1963.

SCHWARTZ, J.: Du Testament de Lévi au Discours véritable de Celse, RHPhR 40, 1960, 126–145.

SCHWEIZER, E.: Rez. C. Maurer, Ignatius von Antiochien . . ., ThZ 5, 1949, 463–466.

SCHWEIZER, E. – BAUMGÄRTEL, F. – MEYER, R.: Art. σάρξ κτλ., ThWNT 7, 98–151.

16

Schweizer, E. – Baumgärtel, F.: Art. σῶμα κτλ., ThWNT 7, 1024–1091.

Shepherd, M. H.: Smyrna in the Ignatian Letters. A Study in Church Order, JR 20, 1940, 141–159.

Sieben, H. J.: Die Ignatianen als Briefe. Einige formkritische Bemerkungen, VigChr 32, 1978, 1–18.

Smit Sibinga, J.: Ignatius and Matthew, NT 8, 1966, 263–283.

Snyder, G. F.: The Text and Syntax of Ignatius ΠΡΟΣ ΕΦΕΣΙΟΥΣ 20:2c, VigChr 22, 1968, 8–13.

Staats, R.: Die Sonntagnachtgottesdienste der christlichen Frühzeit, ZNW 66, 1975, 242–263.

–, Die martyrologische Begründung des Romprimats bei Ignatius von Antiochien, ZThK 73, 1976, 461–470.

Stählin, G.: Art. περίψημα, ThWNT 6, 83–92.

–, Art. χήρα, ThWNT 9, 428–454.

Stählin, L.: Christus praesens. Vorerwägungen zu einer Grundfrage der Kirchen- und Dogmenge-schichte, BEvTh 3, München 1940.

Stahl, A.: Ignatianische Untersuchungen I. Die Authentie der sieben Ignatiusbriefe, Diss. theol., Greifswald 1899.

–, Patristische Untersuchungen II. Ignatius von Antiochien 121–122, Leipzig 1901.

Stalder, K.: Apostolische Sukzession und Eucharistie, IKZ 63, 1973, 100–128.

Steck, O. H.: Israel und das gewaltsame Geschick der Propheten, WMANT 23, Neukirchen-Vluyn, 1967.

Steinmetz, P.: Polykarp von Smyrna über die Gerechtigkeit, Hermes 100, 1972, 63–75.

Stockmeier, P.: Bischofsamt und Kircheneinheit bei den Apostolischen Vätern, TThZ 73, 1964, 321–335.

–, Zum Begriff καθολικὴ ἐκκλησία bei Ignatius von Antiochien, in: Ortskirche–Weltkirche (J. Döpf-ner – Festschr.) 63–74, Würzburg 1973.

Stommel, E.: Die bischöfliche Kathedra im christlichen Altertum, MThZ 3, 1952, 17–32.

–, Bischofsstuhl und Hoher Thron, JAC 1, 1958, 52–78.

Story, C. I. K.: The Text of Ignatius' Letter to the Trallians, VigChr 33, 1979, 319–323.

Streeter, B. H.: The Primitive Church, London 1930.

Stuhlmacher, P.: Der Brief an Philemon, EKK, Neukirchen–Einsiedeln 1975.

Stumpff, A.: Art. εὐωδία, ThWNT 2, 808–810.

Swartley, W. M.: The Imitatio Christi in the Ignatian Letters, VigChr 27, 1973, 81–103.

Swete, H. B.: The Holy Spirit in the Ancient Church. A Study of Christian Teaching in the Age of the Fathers, London 1912.

Tachau, P.: „Einst" und „Jetzt" im Neuen Testament. Beobachtungen zu einem urchristlichen Predigtschema in der neutestamentlichen Briefliteratur und zu seiner Vorgeschichte, FRLANT 105, Göttingen 1972.

Tarvainen, O.: Glaube und Liebe bei Ignatius von Antiochien, SLAG 14, Joensuu–Stuttgart 1967.

Theissen, G.: Untersuchungen zum Hebräerbrief, StNT 2, Gütersloh 1969.

–, Psychologische Aspekte paulinischer Theologie, FRLANT 131, Göttingen 1983.

Thiele, J.: „Vorrang in der Liebe". Eine Untersuchung über „προκαθημένη τῆς ἀγάπης", ThGl 19, 1972, 701–709.

Thomsen, H.: Lighed med Gud hos Ignatius af Antiokia, DTT 29, 1966, 144–163.

Tibiletti, C.:: Terminologia gnostica e cristiana in „ad Diognetum" VII,1, AAST.M 97, 1962/63, 105–119.

–, Osservazioni lessicali sull' ad Diognetum, AAST.M 97, 1962/63, 210–248.

Tinsley, E. J.: The „imitatio Christi" in the Mysticism of St. Ignatius of Antioch, Studia Patristica 2 (TU 64) 553–560, Berlin 1957.

Torrance, T. F.: The Doctrine of Grace in the Apostolic Fathers, Edinburgh–London 1948.

Trentin, G.: Rassegna di studi su Ignazio di Antiochia, St Pat 19, 1972, 75–87.

–, Eros e Agape. A proposito di una interpretazione teologica delle lettere di Ignazio di Antiochia, St Pat 19, 1972, 495–538.

Trevett, C.: Ignatius and his opponents in the divided church of Antioch, Thesis, Sheffield 1980.

–, Prophecy and Anti-Episcopal Activity: a Third Error Combatted by Ignatius?, JEH 34, 1983, 1–13.

–, Approaching Matthew from the Second Century: The Under-Used Ignatian Correspondence, JSNT 20, 1984, 59–67.

TROELTSCH, E.: Die Soziallehren der christlichen Kirchen und Gruppen, Tübingen 1922.

TUILIER, A. – RORDORF, W.: La doctrine des douze apôtres (Didachè), SC 248, Paris 1978.

UHLHORN, G.: Art. Ignatius von Antiochien, RE³ 9, 49–55.

VAN UNNIK, W. C.: Die Rücksicht auf die Reaktion der Nicht-Christen als Motiv in der altchristlichen Paränese, in: Judentum–Urchristentum–Kirche (J. Jeremias – Festschr.; BZNW 26) 221–234, Berlin 1960.

–, „Tiefer Friede" (1.Klemens 2,2), VigChr 24, 1970, 261–279.

–, Worthy is the Lamb. The Background of Apoc. 5, in: Mélanges B. Rigaux 445–461, Bruges 1970.

–, Words come to life, NT 13, 1971, 199–216.

–, Noch einmal „Tiefer Friede", VigChr 26, 1972, 24–28.

VIELHAUER, PH.: Geschichte der urchristlichen Literatur, Berlin 1975.

–, Oikodome. Das Bild vom Bau in der christlichen Literatur vom Neuen Testament bis Clemens Alexandrinus, in: Oikodome. Aufsätze zum Neuen Testament (ThB 65) 2, 1–168, München 1979.

DE VITO, J.: The Leopards of Ignatius of Antioch (Romans 5.1), ClB 50, 1974, 62–63.

VÖLKER, W. (Hg.): Quellen zur Geschichte der christlichen Gnosis, SQS 5 NF, Tübingen 1932.

VÖLTER, D.: Die ignatianischen Briefe auf ihren Ursprung untersucht, Tübingen 1892.

–, Polycarp und Ignatius und die ihnen zugeschriebenen Briefe neu untersucht, Leiden 1910.

VÖÖBUS, A.: Liturgical Traditions in the Didache, PETSE 16, Stockholm 1968.

VOGT, H. J.: Ignatius von Antiochien über den Bischof und seine Gemeinde, ThQ 158, 1978, 15–27.

WAGENMANN, J.: Die Stellung des Apostels Paulus neben den Zwölf, BZNW 3, Gießen 1926.

WAITZ, H.: Neue Untersuchungen über die sogenannten judenchristlichen Evangelien, ZNW 36, 1937, 60–81.

WALLACH, L.: A palestinian Polemic against Idolatry. A Study in Rabbinic Literary Forms, HUCA 19, 1945/46, 389–404.

VON WALTER, J. W.: Ignatius von Antiochien und die Entstehung des Frühkatholizismus, in: Reinhold Seeberg – Festschr. 2, 105–118, Leipzig 1929.

WEIGANDT, P.: Der Doketismus im Urchristentum und in der theologischen Entwicklung des zweiten Jahrhunderts, Diss. theol., Heidelberg 1961.

WEIJENBORG, R.: Is Euagrius Ponticus the Author of the longer Recension of the Ignatian Letters?, Anton. 44, 1969, 339–347.

–, Les lettres d'Ignace d'Antioche. Étude de critique littéraire et de théologie, Leiden 1969.

WEINEL, H.: Die Wirkungen des Geistes und der Geister im nachapostolischen Zeitalter bis auf Irenäus, Freiburg 1899.

WEISS, J.: Das Urchristentum, Göttingen 1917.

WEISS, K.: Art. στόμα, ThWNT 7, 692–701.

WELTE, B.: Die postbaptismale Salbung. Ihr symbolischer Gehalt und ihre sakramentale Zugehörigkeit nach den Zeugnissen der alten Kirche, FThSt 51, Freiburg 1939.

WENDLAND, P.: Philo und die kynisch-stoische Diatribe, Berlin 1895.

WENGER, A.: A propos des lettres d'Ignace d'Antioche, REByz 29, 1971, 313–316.

WENGST, K.: Tradition und Theologie des Barnabasbriefes, AKG 42, Berlin 1971.

–, Didache (Apostellehre), Barnabasbrief, Zweiter Klemensbrief, Schrift an Diognet, Darmstadt 1984.

WESSELY, C.: Neue Materialien zur Textkritik der Ignatius-Briefe, SAW 172,4, Wien 1913.

WESTMANN, R.: Plutarch gegen Kolotes. Seine Schrift „adversus Colotem" als philosophiegeschichtliche Quelle, Helsingfors 1955.

WIDMANN, M.: Der Begriff οἰκονομία im Werk des Irenäus und seine Vorgeschichte, Diss. theol., Tübingen 1956.

WILCKENS, U.: Weisheit und Torheit. Eine exegetisch-religionsgeschichtliche Untersuchung zu 1. Kor. 1 und 2, BHTh 26, Tübingen 1959.

–, Der Brief an die Römer, Bd. 1/2/3, EKK VI/1–3, Neukirchen–Einsiedeln, 1978/ 1980/ 1982.

18

WILES, M. F.: The Spiritual Gospel. The Interpretation of the Fourth Gospel in the Early Church, Cambridge 1960.

–, The Divine Apostle. The Interpretation of St. Paul's Epistles in the Early Church, Cambridge 1967.

WINDISCH, H.: Der Barnabasbrief, HNT 19, Tübingen 1920.

–, Die Sprüche vom Eingehen in das Reich Gottes, ZNW 27, 1928, 163–192.

WISCHMEYER, O.: Agape in der außerchristlichen Antike, ZNW 69, 1978, 212–238.

–, Der höchste Weg. Das 13. Kapitel des 1. Korintherbriefes, StNT 13, Gütersloh 1981.

–, Traditionsgeschichtliche Untersuchungen der paulinischen Aussagen über die Liebe *(ἀγάπη)*, ZNW 74, 1983, 222–236.

WLOSOK, A.: Laktanz und die philosophische Gnosis, AAH 1960, 2, Heidelberg 1960.

WOLFF, C.: Der erste Brief des Paulus an die Korinther, 2. T., ThHK 7/II, Berlin 1982.

WOOLCOMBE, K. J.: The Doctrinal Connexions of the Pseudo-Ignatian Letters, Studia Patristica VI, 4 (TU 81) 269–273, Berlin 1962.

WREDE, W.: Über Aufgabe und Methode der sogenannten Neutestamentlichen Theologie, Göttingen 1897.

WRIGHT, L. E.: Alterations of the Words of Jesus as quoted in the Literature of the Second Century, HHM 25, Cambridge/Mass. 1952.

WUSTMANN, G.: Die Heilsbedeutung Christi bei den apostolischen Vätern, BFChTh IX, 2.3, Gütersloh 1905.

YSEBAERT, J.: Greek Baptismal Terminology. Its Origins and early Development, GCP 1, Nijmegen 1962.

ZAHN, TH.: Ignatius von Antiochien, Gotha 1873.

–, Geschichte des neutestamentlichen Kanons, Bd. 1/2, Erlangen–Leipzig 1888/92.

ZAÑARTU, S.: El concepto de ZΩH en Ignacio de Antioquia, Madrid 1977.

ZANETTI, P. S.: Una nota ignaziana: ἀντίψυχον, in: Forma Futuri (M. Pellegrino – Festschr.) 963–979, Turin 1975.

ZIEGLER, A. W.: Neue Studien zum ersten Klemensbrief, München 1958.

ZIEGLER, J.: Dulcedo Dei. Ein Beitrag zur Theologie der griechischen und lateinischen Bibel, ATA XIII, 2, Münster 1937.

DE ZWAAN, J.: Ignatius and the Odist, AJT 15, 1911, 617–625.

Ignatius an die Gemeinde in Ephesus

Inhalt

Zuschrift mit dem Eingangsgruß. Ign hat auf seiner Reise nach Rom die Kirche von Ephesus begrüßen können. Er äußert sich darüber lobend 1,1–2,2, um sodann Gehör für einige Mahnungen zu erbitten 3.

Die Epheser sollen sich ihrem Bischof und dem Presbyterium unterordnen 4,1–6,2. Ihrem Verhalten gegenüber den Häretikern wird Anerkennung gezollt 7,1–9,2. Aufforderung zum Gebet für die anderen Menschen, die des Christen Bruder sind, 10. Die letzten Zeiten sind da, und das Gericht steht vor der Tür 11,1. Deshalb kommt alles darauf an, zu Christus zu gehören 11,2–12,2. Häufigere Gemeindezusammenkünfte sind wünschenswert 13. Alles gründet auf Glauben und Liebe 14. Schweigen erscheint besser als ein Reden, das nicht von entsprechendem Handeln begleitet wird. Jesus ist Vorbild für beides, Reden und Schweigen 15. Die Sünde hingegen, vor allem die Irrlehre, führt zum Verderben 16. Das ist nicht das Ziel, das Christus mit seiner Kirche verfolgt, sondern entspricht den Absichten des Fürsten dieser Welt 17,1, dem das Evangelium vom Kreuz verborgen geblieben ist, 17,2–19,3. Das Verständnis für diese Dinge zu vertiefen, stellt Ign den Ephesern ein weiteres Schreiben in Aussicht 20,1. Die Hauptsache bleibt aber fester Zusammenhalt im Glauben 20,2. Schluß: Aufforderung zur Fürbitte für die Kirche von Syrien 21.

inscriptio

Ignatius, der auch Theophorus heißt, grüßt die in Größe durch Gott des Vaters Fülle gesegnete, die vor ewigen Zeiten durch den Willen des Vaters und Jesu Christi, unseres Gottes, dazu vorausbestimmte, immerfort zu bleibender, unveränderlicher Herrlichkeit geeint und auserwählt zu sein durch wahres Leiden, die preiswürdige Kirche zu Ephesus in Asien von ganzem Herzen in Jesus Christus und in untadeliger Freude.

inscriptio

Das Präskript des Eph beginnt mit einem anschaulichen Beispiel für stilistische Eigentümlichkeiten des Ign, die sich in einer Flut von Worten und Wendungen niederschlagen, deren präzise Zuordnung oft auf Schwierigkeiten stößt. Diese Individualität der ign Sprache (vgl. dazu E. Norden, Kunstprosa 510f.; von der Goltz, Ignatius 88ff.; Reinhold, De graecitate) zeigt sich neben Wortschöpfungen (vgl. Bartelink, Studie) auch an der Souveränität des Umgangs mit traditionellen Sprachformen: in alldem sind die Briefe auch Ausdruck der besonderen Situation ihres Autors und seines theologischen Anspruchs. Jedoch wird zu bedenken sein, daß Ign in vielerlei Hinsicht dem ‚Asianismus‘ zuzuordnen ist (vgl. hierzu vor allem O. Perler, 4 Makkabäer 47ff.; Riesenfeld, Reflections 312ff.), ohne daß dies Abhängigkeit von bestimmten Texten voraussetzt (kritische Bemerkungen zur Beziehung auf IVMakk etwa bei Breitenstein, Beobachtungen 22f.), daß er aber auch sonst der Sprach- und Redeform seiner Zeit verpflichtet bleibt (vgl. auch Elze, Christologie 44ff.). Während sich πλήρωμα auf Gott bezieht, orientiert sich ἐν μεγέθει an der Gemeinde (vgl. Rm 3,3; Sm 11,2). In der Sache berühren sich IgnEph inscr und der Anfang des pln Eph (1,3ff.), ohne daß sich zwingend eine literarische Abhängigkeit (so Rathke, Ignatius 45f.) wird feststellen lassen (vgl. zuletzt Lindemann, Paulus 205). Wenn stärker mit inhaltlicher und traditionsgeschichtlicher Parallelität gerechnet wird (vgl. Schlier, Untersuchungen 85), so trifft dies auch für den πλήρωμα-Begriff zu; vgl. neben Kol 1,19f.; 2,9f. noch pln Eph 3,19. Der Gedanke des πλήρωμα Gottes verbindet sich für Ign mit dem Motiv der Präexistenz: sie wird von der ἐκκλησία ausgesagt, der so schon vor der Zeit die Zuwendung Gottes galt. παράμονος und ἄτρεπτος gehören zu den zahlreichen Wörtern bei Ign, die sich im neutestamentlichen Sprachgebrauch nicht finden (vgl. die Zusammenstellung bei von der Goltz, Ignatius 89). παράμονος belegt noch Phld inscr, ist zwar auch LXX fremd, kommt aber sonst als Ersatz für das verbreitetere παραμόνιμος vor (vgl. Hermas 58,1; 65,2; 100,3). ἄτρεπτος, nur hier bei Ign, wird mit Vorliebe von den unveränderlichen Dingen der Ewigkeit ausgesagt, speziell von Gott (vgl. nur Philo, All I,51). Für Ign kennzeichnend ist die Zuordnung der christologischen Motive in der inscr: dies zeigt sich auch an πάθος, das trotz des fehlenden Artikels nur das Leiden Christi meinen kann. In einem anderen Sinn wird der Begriff von Ign auch nicht verwandt, wobei neben die Passion andere Heilsdaten wie Geburt, Taufe und Auferstehung treten können (vgl. Eph 20,1; Magn 11; Phld 9,2; Sm 1,2; 7,2; 12,2). Wenn solche Reihungen auch traditionell sein dürften, so zeigt die isolierte Verwendung von πάθος (vgl. Eph 18,2; Magn 5,2; Trall inscr; 11,2; Phld inscr; 3,3; Sm 5,3; Rm 6,3), daß die Aussage für Ign von außerordentlicher Bedeutung ist. Sie bildet das Zentrum seiner Christologie, bestimmt auch die Soteriologie. Zu Beginn des Eph wird zudem die Einheit und die Erwählung der Gemeinde auf das πάθος gegründet. Dies wirkt nämlich in der Kirche den Frieden (Trall inscr). Während die Häretiker von ihm geschieden sind (Phld 3,3), heißt es auf der anderen Seite (Trall 11,2): ἐν τῷ πάθει αὐτοῦ προσκαλεῖται ὑμᾶς. Das πάθος wird als ἀληθινόν bezeichnet in deutlichem Gegensatz zu den Gegnern, die gerade die Passion Jesu in Schein auflösen und denen die Umkehr zum Leiden Christi zugemutet wird (Sm 5,3). Ἰησοῦς Χριστός: so wird bei Ign der Kyrios in der Mehrzahl der Fälle genannt; daneben findet sich 13 oder 14mal Χριστὸς Ἰησοῦς, Ἰησοῦς ὁ Χριστός nur Eph 18,2, lediglich Ἰησοῦς Eph 15,2; Magn 1,2; Phld 5,1, bloß Χριστός Eph 14,2; Sm 1,1; 6,1; 10,1, endlich ὁ Χριστός Magn 13,2; Rm 4,1f. Daraus läßt sich schließen, daß die Differenzierung zwischen Ἰησοῦς und Χριστός Ign wenigstens z. T. noch bewußt ist, aber daß Ἰησοῦς Χριστός im allgemeinen schon titular von ihm gebraucht wird. ἀξιομακάριστος (noch 12,2; Rm inscr; 10,1) gehört zu den von Ign besonders geschätzten Zusammensetzungen mit ἄξιος; vgl. noch ἀξιαγάπητος (Phld 5,2; auch 1 Clem 1,1; 21,7); ἀξιέπαινος, ἀξιόαγνος, ἀξιοεπίτευκτος (Rm inscr), ἀξιοθαύμαστος (Phld 5,2), ἀξιόθεος (Magn 2,1; Trall inscr; Rm inscr; 1,1; Sm 12,2), ἀξιονόμαστος (Eph 4,1), ἀξιόπιστος (Phld 2,2; Pol 3,1; auch Diogn 8,2; Justin. dial 7; Tatian, orat 2), ἀξιόπλοκος (Magn 13,1), ἀξιοπρεπής (Magn 13,1; Rm inscr). Die Intensität dieses Sprachgebrauchs bleibt auch dann zu beachten, wenn die Beziehung auf ἄξιος in hellenistischen Texten berücksichtigt wird (dazu z. B. van Unnik, Words come to Life 199ff., bes. 213f.). Die Näherbestimmung τῆς Ἀσίας überrascht, weil die Stadt nicht mit anderen Orten gleichen Namens verwechselt werden konnte (anders Ἀντιόχεια τῆς Συρίας in Phld 10,1; Sm 11,1; Pol 7,1). Sie dürfte aber ursprünglich sein, da Ign auch sonst die Namen der Städte, an deren Gemeinden er schreibt, abgesehen von Rm, mit einer geographischen Näherbestimmung versieht (vgl.

21

für Ephesus aber auch Irenäus, adv.haer. III,1,1). *πλεῖστα χαίρειν* lautet der Gruß in allen Briefeingängen, außer in Phld, bald (in Eph und bes. in Rm) durch einen Einschub erweitert, bald ohne solchen. Das *χαίρειν* findet sich regelmäßig in der Einleitung des antiken Briefes, auch die Hinzufügung des im NT fehlenden *πλεῖστα* ist nicht ungewöhnlich. Zu *ἐν ἀμώμῳ χαρᾷ* vgl. Rm inscr; Sm inscr, wo *ἄμωμος* als Bestandteil des Grußes wiederkehrt. Auch sonst verwendet Ign den Begriff gern zu Beginn (Trall 1,1; Pol 1,1) wie am Schluß (Trall 13,3) seiner Briefe (vgl. noch Magn 7,1). Insgesamt gilt für das Briefpräskript des Eph, was sich – wie bei der Sprache – auch im Blick auf die anderen Briefe verallgemeinern läßt: die ign Briefe spiegeln die individuellen Bedingungen ihrer Abfassung (zur Briefsammlung der Ignatianen vgl. z. B. Harnack, Briefsammlung 28ff.; Schubert, Thanksgivings 100ff.; Sieben, Ignatianen als Briefe 1ff.). Denn nicht die Wiederkehr bestimmter Themen ist angesichts der kurzen Zeitspanne ihrer Abfassung das Erstaunliche, sondern die partielle Formlosigkeit, die ihnen eignet (vgl. auch Andresen, Kirchen der alten Christenheit 44f.). Auf der anderen Seite enthalten sie aber – über Einleitung und Schluß hinaus – eine Reihe durchaus konventioneller Züge (vgl. dazu Sieben, Ignatianen als Briefe; siehe auch Schubert, Thanksgivings 100), die sie mit der antiken Briefliteratur verbinden (zum Ganzen vgl. zuletzt K. Berger, Apostelbrief 190ff.).

Exkurs: *ΘΕΟΦΟΡΟΣ*

Ἰγνάτιος ist gewiß der den Lateinern geläufige Eigenname *Egnatius*. Zwar findet sich bei Griechen auch die Schreibung *Ἐγνάτιος* (CIG Index 85) wie bei Lateinern *Ignatius* (CIL II,1475; IX,353). Aber daß es sich dabei um keinen sachlichen Unterschied handelt, scheint daraus hervorzugehen, daß die Formen mit *i* und *e* mehrfach gleichgesetzt werden. Der Name *Ἰγνάτιος* war ziemlich selten; sieht man von der späteren christlichen Verwendung ab, so haben ihn z. B. ein Offizier des Crassus (Plutarch, Crass 27,7), eine Persönlichkeit vorchristlicher Zeit (BGU 1109) und ein Jude (Grabschrift CIG III,4129) getragen.

Immerhin steht es mit ihm hinsichtlich der Bezeugung ungleich besser als mit dem, vor Ign noch nicht nachgewiesenen, anderen Namen, den sich der Briefschreiber beilegt. Denn daß die Wendung *ὁ καί* das folgende Wort *Θεοφορος* als einen zweiten Namen kennzeichnet, keineswegs jedoch ein schmückendes Beiwort, eine Amtsbezeichnung oder etwas Ähnliches hinzufügt, kann angesichts der Fülle der Belege nicht bezweifelt werden, die Literatur (z. B. Josephus, ant I,15; V,1,22; XII,6,4; XIII,12,1; XVIII,2.2; Euseb, h. e. IV, 14,10, Cyprian, epist. 66 inscr), Inschriften (vgl. Lightfoot z. St.; daneben noch Dittenberger, Or.inscr. II,565; 574; 583; 589; 603; 604; 620; 623; 636) und Papyrusurkunden bieten (vgl. P.Oxy. I,45; 46; 54; 101 u. ö.). Weiteres Material bei W. Schmid, Atticismus III,338; Deißmann, Bibelstudien 181ff. Der Name könnte an sich, der Akzentuierung entsprechend, aktivisch (*Θεοφόρος*) oder passivisch (*Θεόφορος*) gedeutet werden. Beides würde einen guten Sinn ergeben; vgl. ClemAl, strom. VII,13,82: *θεῖος ἄρα ὁ γνωστικὸς καὶ ἤδη ἅγιος θεοφορῶν καὶ θεοφορούμενος* (zum *θεοφορεῖσθαι* vgl. Euseb, h. e. VI,14,7). Doch scheint der Gebrauch der passivischen Form der der aktivischen erheblich nachgestanden zu haben. Dafür, daß bei Ign *Θεόφορος* zu lesen ist, läßt sich nur auf die spätere Legende verweisen (Lightfoot I,27), die aus der Art zu betonen das Recht herleitete, in Ign jenes Kind zu sehen, das Jesus in seine Arme nahm (Mk 9,36f.). Zahlreiche und bessere Gründe sprechen deshalb für *Θεοφόρος*, was übrigens ebenfalls die Legendenbildung angeregt hat (Lightfoot I,27f.): zunächst die Analogie zahlreicher anderer mit *φορος* zusammengesetzter Namen und Beinamen. Ferner ist die aktivische Form für den christlichen Sprachgebrauch gesichert durch Stellen wie ClemAl, Exc. ex Theod. 27,6; GregNaz, epist. 102 (Basilius der Große redet mehrfach von der *θεοφόρος σάρξ* Christi; de spir. sancto 5,12). Auch dem Dialog zwischen Trajan und Ignatius im apokryphen Martyrium Ignatianum liegt diese Bedeutung zugrunde, wenn Ign auf die Frage: *καὶ τίς ἐστιν θεοφορος;* antwortet: *ὁ Χριστὸν ἔχων ἐν στέρνοις* (Funk-Diekamp 328,4f.). Was die ign Briefe angeht, so betonen die griechischen Textzeugen *Θεοφόρος*. Auch die Übersetzungen belegen, soweit sie den Namen übertragen, denselben Sinn. Daß dies auch die Meinung des Ign trifft, ergibt sich vor allem aus Eph 9,2 (vgl. dazu Dölger, Christophoros 73 ff.; Bommes, Weizen Gottes 257 f.), wo die Verbindung mit ναοφόροι, χριστοφόροι, ἁγιοφόροι die aktive Fassung auch für die θεοφόροι ganz eindeutig macht; vgl. auch die Bildungen σαρκοφόρος und νεκροφόρος Sm 5,2. Bild und Begriff des Tragens der Gottheit sind zudem in der damaligen religiösen Welt durchaus verbreitet gewesen: vgl. Epiktet II,8,12f.; II,16,33; an christlichen Texten z. B. Tertullian, de pud. 16; de res. carn. 10; 16.

Die Vorstellungen, die der Entstehung des Wortes zugrunde liegen, sind vielschichtig. Der Mensch, der θεοφόρος heißt, kann als das tragende Gefäß des in ihm wohnenden Gottes begriffen werden. Für Ign würde solche Auffassung nahegelegt durch Magn 14, wo die Christen „Gottes voll" genannt werden. In diesem Fall wäre θεοφόρος nahe verwandt mit dem πνευματοφόρος aus Hermas 43,16, das 43,2.9 mit ἔχων ἐν ἑαυτῷ δύναμιν πνεύματος θείου erklärt wird. Fraglicher erscheint die Vermutung, es könne bei dem Gebrauch von θεοφόρος an eine Prozession gedacht sein, bei der man die Götterbilder trug (vgl. zu Eph. 9,2; auch an die Sitte, das Bild der Gottheit als Amulett zu tragen, ist kaum zu denken). Schließlich haben sowohl die syrische als auch die armenische Übersetzung ‚der mit Gott Bekleidete' mit dem θεοφόρος die verbreitete Vorstellung assoziiert, daß der Glaubende die Gottheit wie ein Gewand anzieht (vgl. Gal 3,27; plnRm 13,14). Diese unterschiedlichen Verstehensmöglichkeiten kommen darin überein, daß sie das enge, unauflösliche Verhältnis zwischen dem Glaubenden und der Gottheit hervorheben. Dies entspricht dem ign Verständnis, wobei allerdings die pneumatologische Komponente (vgl. Eph 9,2!) eine besondere Rolle spielen dürfte.

Nimmt man diese Überlegungen zusammen, bedenkt, daß Θεοφόρος als Name sonst nicht begegnet, so wird sich diskutieren lassen, ob er nicht geradezu im Blick auf Ign und seine religiöse Art hin geprägt wurde. Es erscheint deshalb als wenig wahrscheinlich, daß Ign von Anfang an so geheißen hat. Vielmehr entspricht die Bezeichnung sehr genau ign Gottesverständnis und seiner Auffassung von seiner Situation als dem Weg zu Gott. Das hebt allerdings nicht die Beobachtung auf, daß Ign auch die Epheser so bezeichnen kann (Eph. 9,2). Dennoch wird – von dem Zusammenhang ign Theologie und seinem Insistieren auf dem eigenen Weg zu Gott her – ein letzter Punkt zu diskutieren sein: die Vorstellung, daß der Märtyrer in ganz besonderer Weise Gott als Geist oder auch Christus in sich trägt, war derart verbreitet, daß der Gedanke naheliegt, θεοφόρος solle Ign als einen solchen Christen hervorheben, der sich auf dem Weg ins Martyrium befindet. Dafür spricht auch, daß χριστοφόρος zum Beiwort für den Märtyrer werden kann; vgl. Phileas ap. Euseb, h. e. VIII,10,3 (siehe auch das MartIgn Antiochenum 5, wo dies von Ign gilt). Jedoch ist eine solche Präzisierung des θεοφόρος gegenüber dem prinzipiellen Verständnis im Kontext einer engen Beziehung zu Gott und im Zusammenhang der Pneumatologie nicht wirklich zwingend; sie kann allerdings auch nicht mit Sicherheit ausgeschlossen werden (vgl. auch Bommes, Weizen Gottes 257 f.).

Exkurs: Die Gottheit Christi

Literatur: RACKL, Christologie 89 ff.; SCHLIER, Untersuchungen 5 ff.; BARTSCH, Gemeindetradition 53 ff.; NIEDERWIMMER, Grundriß 26 ff.; CORWIN, Ignatius 91 ff.; ELZE, Christologie 60 ff.; PAULSEN 169 ff. (Lit.).

Daß Christus für Ign Gott ist, ist unzweifelhaft. Er legt ihm nicht nur eine Anzahl göttlicher Eigenschaften und Prädikate bei, sondern er nennt ihn an zahlreichen Stellen (wie im Eingang des Eph) direkt θεός. Dies ist innerhalb der urchristlichen Theologiegeschichte nicht grundsätzlich neu, neu ist aber der Nachdruck, mit dem dies bei Ign geschieht. Allerdings erscheint nicht als gesichert, in welchem Sinne Ign Christus die Bezeichnung Θεός gibt. Eduard von der Goltz (Ignatius; zurückgenommen ThLZ 40, 1915, 349 f.) hat eine Auffassung vertreten, die der Gottheit Christi vor allem eine „rein religiös subjektive" Bedeutung zumißt. Indem der Glaubende seinen Herrn als Gott preist, bringe er zum Ausdruck, daß er in ihm Gott als das ewige Heilsgut ergriffen habe. Christus solle hingegen nicht ‚objektiv' als Gott ausgegeben werden. Die wichtigste Stütze für eine solche Behauptung liegt in der Beobachtung, daß Christus nicht Gott schlechthin, sondern u n s e r (oder mein) Gott heiße (Eph inscr; 15,3; 18,2; Rm inscr; 3,3; 6,3; Pol 8,3). Aber da von der Goltz selbst den subjektiven

Sinn nur Eph 15,3 deutlich zum Ausdruck gebracht findet, die anderen Stellen dagegen von hier aus interpretieren muß, da außerdem nur eine gewaltsame Textbehandlung leugnen kann, daß Christus auch das Prädikat θεός ohne ἡμῶν oder einen gleichwertigen Zusatz trägt (Trall 7,1; Sm 10,1), so befriedigt die Hypothese nicht wirklich. Bedenkt man ferner, daß Ign von Christus als ἐν σαρκὶ γενόμενος θεός (Eph 7,2) oder θεὸς ἀνθρωπίνως φανερούμενος (Eph 16,3) redet, wird man kaum bestreiten können, daß Christus für Ign wirklich θεός war. Die beliebte Hinzufügung des Possessivpronomens der ersten Person erklärt sich durch die Tatsache, daß die Christologie von Ign besonders als Unterscheidungsmerkmal der christlichen Gemeinde begriffen wird. Denn dies ist festzuhalten (und darin behalten die Überlegungen bei von der Goltz ihren provokativen Nutzen): Ziel ign Christologie ist vor allem das soteriologische Moment (vgl. dazu besonders Eph 19), die Offenbarung Christi als des θεός gilt der Eröffnung des Heils und der Vernichtung des falschen Lebens.

Diskutieren mag man, in welchem Verhältnis sich Jesus Christus zu Gott befindet. Daß beide identisch wären, Christus also nur Erscheinungsform der einen Gottheit ist, läßt sich nicht halten. Dagegen sprechen die zahlreichen Aussagen, in denen Vater und Christus als Personen genau unterschieden werden, speziell dieser jenem als Sohn zur Seite oder gegenübertritt (vgl. Eph 2,1; 4,2; 5,1; 18,2; Magn 1,2; 5,2; 13,1; Trall 1,1; 12,2 u. ö.). Und wenn Ign die Glaubenden an Christus als das Ziel ihrer Gebete verweist, so gilt solche Unterscheidung auch für den Erhöhten, und ähnliches trifft für die Präexistenz zu (vgl. Magn 6,1). Hat Christus so jederzeit als θεός bestanden, so ist er damit noch nicht dem Schöpfergott und dem Vater gleichgestellt; die Unterordnung wird Magn 7,1; Sm 8,1 deutlich ausgesprochen. Auch die Rückkehr zum Vater scheint für Christus keinen Eintritt in eine Gott vollkommen gleiche Position zu bedeuten. Die Forderung, die Diakonen wie Jesus Christus zu achten, im Bischof dagegen das Abbild des Vaters zu sehen (Trall 3,1; Magn 6,1), legt doch wohl auch eine Unterscheidung und einen Abstand zwischen Gott und seinem Sohn nahe. Die Stufenfolgen: Vater, Jesus Christus, Bischöfe (Eph 3,2) und Kirche, Jesus Christus, Vater (Eph 5,1) sind bezeichnend. Und nur der Vater heißt der Höchste, während Jesus Christus sich mit dem Titel des einzigen Sohnes begnügen muß (Rm inscr).

1   **¹Willkommen geheißen habe ich in Gott deinen vielgeliebten Namen, den ihr führt durch eine gerechte Natur gemäß dem Glauben und der Liebe in Christus Jesus, unserem Heiland. Als Nachahmer Gottes, wiederbelebt durch Gottes Blut habt ihr das eurer Art entsprechende Werk vollkommen verrichtet. ²Denn als ihr hörtet, daß ich für den gemeinsamen Namen und die Hoffnung von Syrien her die Fesseln trug voller Hoffnung, auf euer Gebet hin es zu erlangen in Rom mit den wilden Tieren zu kämpfen, um dadurch ein Jünger zu sein, habt ihr euch beeilt, mich zu sehen. ³Da ich nun eure ganze große Zahl im Namen Gottes empfangen habe in der Person des Onesimus, des in der Liebe Unbeschreiblichen, eures Bischofs im Fleische, von dem ich wünschte, ihr möchtet ihn nach Jesu Christi Art lieben und alle ihm ähnlich sein, – denn gepriesen sei, der euch, die ihr es wert seid, begnadete, einen solchen Bischof zu besitzen.**

1,1 Die Worte, mit denen der eigentliche Brief beginnt, werden in der Regel als unvollendetes Satzgefüge betrachtet und auf verschiedene Art ergänzt. Zuzutrauen ist eine solche Schreibweise dem Ign durchaus, zumal in 1,3 dem Vordersatz mit ἐπεί der Nachsatz fehlt. Erforderlich erscheint eine solche Ergänzung in diesem Fall jedoch nicht, weil schon in vorchristlicher Zeit die Volkssprache das Partizip ganz frei als verbum finitum verwendet (vgl. dazu Bl.-D.-R. § 468). Ein analoger Fall liegt bei Ign Sm 1,1 vor, wo das δοξάζων von G in g δοξάζω lautet und durch die Übersetzungen entsprechend wiedergegeben wird. Während Ign die Wendung ἐν Χριστῷ ᾿Ιησοῦ mit der pln und nachpln Literatur teilt, begegnet das ἐν θεῷ bei Paulus kaum (1 Thess 2,2; daneben noch 1 Thess 1,1; siehe auch

Kol 3,3), wobei es Ign bereits formelhaft braucht (vgl. Eph 6,2; Magn 3,1; 14; Trall 4,1; 8,2; Pol 1,1; 6,1; 8,3). Das durch GL bezeugte, vor allem aber durch seine relative Schwierigkeit gesicherte *σου* bezieht sich auf die Gemeinde und wird, da diese sich aus einer Mehrzahl von Glaubenden zusammensetzt, dem Sinne nach korrekt durch den Plural *κέκτησθε* aufgelöst. Vgl. dazu Phld inscr. Der Satz *τὸ πολυαγάπητόν σου ὄνομα, ὃ κέκτησθε φύσει δικαίᾳ* ist in seinem Verständnis außerordentlich umstritten (zur Interpretation vgl. Stahl, Patristische Untersuchungen 171f.; Niederwimmer, Grundriß 91ff.; Schoedel, Trall. i.1 308ff.; Paulsen 93ff.). Sieht man von der Hypothese ab, daß sich der Gebrauch von *ὄνομα* durch das Verständnis des Begriffs in der valentinianischen Gnosis erhellen läßt (so Niederwimmer, Grundriß 91f.), so ist zunächst auf das Scholion in der lateinischen Übersetzung zu verweisen: *ephesis graece, desiderium latine; Ephesii desiderabiles dicuntur.* Trifft diese Vermutung zu, so gestattet sich Ign ein Wortspiel, indem er *Ἔφεσος* mit *ἔφεσις* = Streben, Wunsch zusammenbringt. Die Epheser sind die „Erstrebenswerten“; und es ist vielleicht mehr als ein Zufall oder ein Ausfluß unergründlicher Laune, wenn g das *πολυαγάπητος* in *πολυπόθητος* umwandelt (so W. Bauer 1.A.; vgl. auch Schoedel, Trall. i.1 312, der an ein Wortspiel mit *ἐφίημι* denkt). Eine solche Erklärung bedeutet aber doch wohl nur eine Verlegenheitslösung, zumal Analogien in der ign Literatur fehlen. Zur Erklärung bietet sich neben dem Paralleltext in Trall 1,1 vor allem die Korrespondenz mit dem Gebrauch von *ὄνομα* in 1,2 (bzw. 1,3) an, die von Ign bewußt eingesetzt ist. Wenn das *κοινὸν (!) ὄνομα* in 1,2 in Richtung = Christentum tendiert (vgl. dazu u.), so geht es in 1,1 um die individuelle Aneignung dieses *ὄνομα* durch die ephesinische Gemeinde und deshalb kann es heißen *σου ὄνομα*. Solche Erklärung wird durch die Verwendung des absoluten *ὄνομα* bei Ign (vgl. noch 3,1; 7,1; Magn 1,2; 10,1; Phld 6,1; 10,1; vor allem ist die Verbindung mit *Χριστιανισμός* zu bedenken), durch traditionsgeschichtliche Parallelen (vgl. Paulsen 96ff.) und die briefliche Topik bestätigt (ein ähnliches Aufgreifen von *ὄνομα* zu Beginn eines Textes z. B. bei Theophilus, ad Autol. I,1). Von diesem *ὄνομα* wird gesagt, daß es die Epheser besitzen *φύσει δικαίᾳ;* wie Trall 1,1 deutlich macht, impliziert dies den Gegensatz zum *κατὰ χρῆσιν:* ihr Glaube und ihre christliche Lebenspraxis gehört zu ihnen *φύσει δικαίᾳ* hinzu. Die Fortsetzung mit *κατὰ πίστιν καὶ κατὰ ἀγάπην* unterstreicht dieses Verständnis, zumal die Verbindung beider Begriffe für Ign inhaltlich das Christentum definiert (vgl. dazu Tarvainen, Glaube und Liebe; Trentin, Eros e Agape 496ff.). Die Zusammenstellung von *πίστις* und *ἀγάπη* ist dem Ign traditionsgeschichtlich vorgegeben (vgl. zur traditionsgeschichtlichen Analyse z. B. A. Brieger, Urchristliche Trias; O. Wischmeyer, Agape in der außerchristlichen Antike 212ff.); an Texten siehe z. B. 1 Thess 3,6; 5,8; Gal 5,6; Kol 1,4; pln Eph 3,17; 6,23; 1 Tim 1,4f.14; 4,12; 6,11; 2 Tim 1,13; 2,22; 3,10; Tit 2,2. Bei Ign erscheint die Verbindung als so eng (vgl. Eph 9,1; 14,1f.; Magn 1,2; 13,1; Trall 8,1; Phld 11,2; Sm inscr.; 1,1; 6,1; 13,2; vgl. Eph 20,1), daß er die Christen *πιστοὶ ἐν ἀγάπῃ* nennt (Magn 5,2) und zum ‚Glauben in Liebe‘ (Phld 9,2) auffordern kann. Dies belegt zugleich, daß die Dyas gerade in der *Verbindung* beider Größen für ign Theologie konstitutiv ist. Die Bezeichnung Jesu als des *σωτήρ* ist dem Ign aus der Tradition überkommen (vgl. noch Magn inscr; Phld 9,2; Sm 7,1), wobei der titulare Gebrauch gegenüber dem inhaltlichen Verständnis überwiegt (vgl. W. Foerster, Art. *σῴζω κτλ.* 1019, der auf den erstaunlich zurückhaltenden Gebrauch des Wortes bei den ‚apostolischen Vätern‘ verweist). Der Zusammenhang wie die Parallelen Eph 10,3; Trall 1,2; 2,1; Phld 7,2 legen die Vermutung nahe, daß mit dem *θεός* Jesus Christus gemeint ist (dann vgl. 1 Kor 11,1; 1 Thess 1,6). *ἀναζωπυρεῖν* hat neben seiner transitiven Bedeutung (2 Tim 1,6) auch eine intransitive (Gen 45,27; IMakk 27,3; 1 Clem 37,2 u. ö.). Das sonst bei Ign betonte αἷμα Ἰησοῦ Χριστοῦ (Trall 8,1; Rm 7,3; Phld inscr; 4; Sam 1,1; 6,1; 12,2) erscheint in 1,1 als αἷμα θεοῦ (vgl. o.). Vgl. dazu Apg 20,28 mit den unterschiedlichen Varianten (daneben siehe noch Tertullian, ad uxor. II,3); zu vergleichen ist auch die Rede vom Leiden Gottes im Blick auf Christus (hierfür z. B. IgnRm 6,3; 1 Clem 2,1; Tatian, orat. 13; Tertullian, de carne Christi 5; adv.Marc. II,16; 27). Allerdings dürfte Ign, wenn er von der Segenswirkung des Blutes Gottes redet, nicht nur an den Tod Christi denken, sondern zugleich die Vermittlung dieses Sterbens in der Eucharistie einschließen. συγγενικός = verwandt, von gleicher Art; dazu vgl. z. B. Diogenes Laert. X,129; Plutarch, de sera num. vind. 19; Arist 147. Gemeint ist mit dem, ihrer Art verwandten, Werk das Verhalten der Epheser dem Ign gegenüber.

1,2 Zum gemeinsamen (Christen-)Namen (vgl. o. zu 1,1) und der gemeinsamen Hoffnung (Eph 21,2; Phld 5,2; 11,2) vgl. auch die κοινὴ πίστις Tit 1,4 und die κοινὴ σωτηρία Jud 3. Der Name grenzt die Christenheit gegenüber den anderen Menschen ab und zieht ihr deren Feindschaft zu (vgl. Mk 13,13; Mt 10,22; 24,9; Lk 21,12; Joh 15,21; 1 Petr 4,14ff.; Apg 5,41; PolPhil 8,2; Hermas 10,1; 105,2.3.5f. dazu P. Knorz, Theologie des Hirten des Hermas 62ff.; Justin, apol. I,4,3; Tertullian, apol. 2; zum Ganzen vgl. H. Bietenhard, Art. ὄνομα κτλ. 242ff.; H. Karpp, Art. Christennamen 1114ff.; Ponthot, „nom" 325ff.). Über ἐπιτυγχάνειν, einen Zentralbegriff der ign Theologie, vgl. zu 12,2. θηριομαχεῖν hat vielleicht Paulus (1 Kor 15,32; vgl. dazu zuletzt Chr. Wolff, 1 Kor 191f. mit der entsprechenden Lit.), Ign in Rm 5,1 sicher bildlich aufgefaßt. Hier dürfte das Wort (wie Trall 10) wirklich gemeint sein. Vom Ausgang der ersten Hälfte des 2. Jahrhunderts an mehren sich die Belege, daß Christen zum Tierkampf verurteilt wurden: vgl. Hermas 10,1; Diogn 7,7; Justin, dial. 110; MartPol 2,4; 3; 4; 12,2; Euseb, h. e. V,1,37.47.50; Minucius Felix, Octav. 37,5. Daß die Verurteilten nach Rom transportiert wurden, ist nicht außerordentlich (vgl. die Bestimmungen in Corpus iuris Dig. 48,19,31). Ign wurde dabei als ein rechtskräftig Verurteilter (also wohl kaum auf Grund einer Appellation!) nach Rom gebracht. Die Verwendung von μαθητής bei Ign geht über die traditionelle Nuance hinaus (dazu K. H. Rengstorf, Art. μαθητής κτλ. 392ff.), sofern μαθητής für ihn vor allem im martyrologischen Zusammenhang wichtig wird (siehe dazu Schlier, Untersuchungen 56; Bommes, Weizen Gottes 50ff.): Ign steht erst am Anfang des μαθητεύειν (Rm 5,3), er wird erst nach dem Tode wahrhaft μαθητής sein (Rm 4,2); auch dann erst gilt für ihn der Titel Χριστιανός und πιστός (Rm 3,2). So sehr dies Ign von der Gemeinde trennt, so ist solches martyrologische Verständnis von μαθητής auch sonst nachzuweisen. Charakteristisches Beispiel dafür ist die Gestaltung des MartPol (vgl. z. B. 1; 17,3; 19,1) in Analogie zur Passion Jesu *(κατὰ τὸ εὐαγγέλιον)*, auch wenn dies möglicherweise erst literarisch sekundär hinzugefügt worden ist (vgl. jedoch Hegesipp ap. Euseb, h. e. II,23; siehe auch Euseb, h. e. V,1,10); zum Ganzen vgl. von Campenhausen, Martyrium 52ff.; Brox, Zeuge und Märtyrer 203ff.; E. Lohse, Märtyrer und Gottesknecht 205ff.; W. M. Swartley, Imitatio Christi 81ff.! Das ἰδεῖν ist (vgl. 2,1 und Magn 2; 6,1; Trall 1,1) durch eine Gesandtschaft vermittelt, die aus den in 1,3 (und 2,1) genannten Personen bestanden hat.

1,3 Die πολυπληθία der Christen von Ephesus läßt sich zahlenmäßig kaum sicher abschätzen. Der Name Ὀνήσιμος war recht häufig und besonders beliebt für Sklaven (vgl. Stuhlmacher, Phlm 39). Daß er auch in Ephesus vorkam, beweist CIG 2983. ἀδιήγητος = „unbeschreiblich" wie in Arist 89; 99. Der Bischof ἐν σαρκί steht im Gegensatz zu einem anderen Bischof, der kein Mensch ist, entweder zu Gott (so Magn 3,1f.) oder zu Christus

(Rm 9,1) oder auch zu beiden zusammen (Pol inscr.). Das κατὰ Ἰησοῦν Χριστόν (vgl. pln Rm 15,5; 2 Kor 11,17) gehört kaum zum εὔχομαι (hier = „wünschen"; vgl. 2,1), sondern ist zum Folgenden zu ziehen. Wie die Komposita mit ἄξιος (vgl. o.) benutzt Ign auch gern das Adjektivum in unverbundenem Zustand: dabei hebt er die Würdigkeit anderer hervor (Eph 2,1; Rm 10,2; Sm 9,2; Pol 8,1; bes. ἄξιος θεοῦ Eph 2,1; 4,1; Rm 10,2), während er die eigene (im Blick auf das Martyrium!) in Zweifel ziehen oder ganz bestreiten kann (Eph 2,2; Magn 12; 14; Trall 4,2; 13,1; Rm 9,2; Sm 11,1); vgl. auch Eph 3,1.

2 **¹Bezüglich meines Mitsklaven Burrus, eures nach Gottes Sinn in allen Stücken gesegneten Diakon, wünsche ich wohl, daß er bei mir bliebe zu eurer und des Bischofs Ehre. Auch Krokus, der Gottes und eurer Würdige, den ich als Abbild der von euch ausgehenden Liebe aufgenommen habe, hat mir in allen Dingen Erholung verschafft, wie auch ihn der Vater Jesu Christi erquicken möge zusammen mit Onesimus, Burrus, Euplus und Fronto, durch die ich euch alle mit den Augen der Liebe erblickt habe. ²Ich möchte euer immerfort froh werden, wenn anders ich würdig bin. Darum ist es angemessen, auf jede Weise Jesus Christus zu verherrlichen, der euch verherrlicht hat, damit ihr in einmütiger Unterordnung festgeschlossen, dem Bischof und dem Presbyterium gehorsam, in jeder Hinsicht geheiligt seid.**

2,1 Aus der Tatsache, daß Ign das Wort σύνδουλος, wo er es verwendet, als Bezeichnung für die Diakone gebraucht (so noch Magn 2; Phld 4; Sm 12,2), läßt sich kaum schließen, daß er selbst Diakon gewesen ist. Zum Nebeneinander von ‚Mitsklave' und ‚Diakon' vgl. auch noch Kol 1,7; 4,7. Der Name des ‚Mitsklaven' findet sich in seiner griechischen wie in seiner lateinischen Form bei Schriftstellern und in Inschriften; für Βοῦρρος vgl. z.B. Josephus, ant XX,8,2; Dio Cassius 68,8; 72,3; IG III,901; 3056; für *Burrus* siehe etwa Martial IV, 45,4; V,6,6; CIL III,3193. Das formelhafte κατὰ θεόν ist wie das ähnliche κατὰ Ἰησοῦν Χριστόν (siehe zu 1,3) dem Ign geläufig (Eph 8,1; Magn 1,1; 13,1; Trall 1,2; Phld 4; Sm 11,3); vgl. 2 Kor 7,9.11. Die Bitte im Blick auf Burrus ist in Erfüllung gegangen. Während die anderen ephesinischen Gesandten von Smyrna aus, wo das Zusammentreffen des Ign mit der Abordnung stattfand und Eph geschrieben wurde (21,1), in die Heimat zurückkehrten, ist er bei Ign geblieben, um ihm das Geleit nach Troas zu geben. Er ist damit zugleich einem Wunsch und dem Auftrag der Kirche von Smyrna nachgekommen (vgl. Phld 11,2; Sm 12,1). Der nicht sehr häufige Name Κρόκος, dessen Träger Rm 10,1 wieder erwähnt wird, findet sich bei Dittenberger, Or. inscr. 140; CIG III addenda 4716d[44]; P.Lond. II, 257[221.223]; BGU 537[1], als *Crocus* im CIL X,826; 2547; auch bei Ovid, Metam. IV, 283. ἐξεμπλάριον (noch Trall 3,2; Sm 12,1) gehört zu den Latinismen des Ign (vgl. auch zu Pol 6,2), die zuweilen als Merkmal des römischen Ursprungs der Briefe gewertet wurden. Dies trifft für ἐξεμπλάριον nicht zu; vgl. das Material bei Lampe, Lexicon s.v. Wie das lateinische *exemplarium* bedeutet auch das griechische Äquivalent 1. Muster, Vorbild, Modell, 2. Kopie, rechtsgültige Abschrift, dann auch verkörperndes Abbild. ἀναψύχειν (auch Trall 12,2) wie an der ähnlichen Stelle 2 Tim 1,16. Die Beobachtung, daß der Optativ im zweiten nachchristlichen Jahrhundert wieder häufiger gebraucht wird, läßt sich auch an Ign machen: vgl. noch Eph 2,2; 11,2; 12,2; Magn 2; 12; Trall 13,3; Rm 5,2f.; Phld 11,1; Sm 5,3; 9,2; Pol 1,1; 6,1f. (vgl. H. Reinhold, De graecitate 109f.). Der Name Εὔπλους z.B. auch CIG 1211; 2072; als *Euplus*

z. B. CIL III,2571. *Φρόντων* ist der bei den Lateinern sehr beliebte Name *Fronto;* das griechische *Φρόντων* z. B. Josephus, bell VI,4,3; 9,2. *κατὰ ἀγάπην* impliziert den Gegensatz des *κατὰ σάρκα.*

2,2 Der mit dem *ὀναίμην* (siehe auch Magn 2; 12; Rm 5,2; Pol 1,2; 6,2; vgl. auch Phlm 20) beginnende Satz steht fast wörtlich auch Magn 12, seine erste Hälfte Pol 6,2. *πρέπον ἐστίν* (auch Magn 3,2; 4; Rm 10,2; Phld 10,1; Sm 7,2) wechselt mit *πρέπει* (Eph 4,1; Magn 3,1; Trall 12,2; Sm 11,2; Pol 5,2; 7,2). Das *οὖν* schließt das Folgende an und gibt einen Hinweis, wie die Leser dem Ign zur Erfüllung seines eben geäußerten Verlangens verhelfen könnten. Zu dem Gedankenspiel, das das Aktivum (verherrlichen) mit dem Passivum (Verherrlichung empfangen) verbindet, vgl. Phld 10,1f.; Trall 5,2; Rm 8,1; Phld 11,1; Sm 5,1; 10,2; Pol inscr; 6,1 und siehe Gal 4,9; 1 Kor 13,12; 1 Joh 4,10f.19. Zur gegenseitigen Verherrlichung Jesu Christi und der Gläubigen vgl. Joh 17,10.22. Zu *κατηρτισμένοι* (Phld 8,1; Sm 1,1) vgl. noch 1 Kor 1,10. *πρεσβυτέριον* (vgl. Eph 4,1; 20,2; Magn 2; 13,1; Trall 2,2; 7,2; 13,2; Phld 4; 5,1; 7,1; Sm 8,1; 12,2) bezeichnet bei Ign die Gesamtheit der christlichen Presbyter (vgl. G. Bornkamm, Art. *πρέσβυς κτλ.* bes. 674f.).

3 **¹Nicht Befehle erteile ich euch, als wäre ich irgendwer. Denn, wenn ich auch gefesselt bin im Namen, so bin ich noch nicht vollendet in Jesus Christus. Stehe ich doch jetzt erst am Anfang des Jüngerwerdens und rede zu euch wie zu meinen Mitschülern. Eigentlich müßte ich ja von euch gesalbt werden mit Glauben, Ermahnung, Geduld, Langmut. ²Aber da die Liebe mich im Blick auf euch nicht schweigen läßt, habe ich deshalb den Gedanken gefaßt, euch zuzureden, daß ihr mit Gottes Sinn übereinstimmt. Ist doch auch Jesus Christus, unser unerschütterliches Leben, des Vaters Sinn, wie auch die Bischöfe, die bis an die Grenzen eingesetzt sind, in Jesu Christi Sinn sind.**

3,1 *οὐ διατάσσομαι* wie Trall 3,3; Rm 4,3. Dort gewinnt auch das *τὶς* seinen Inhalt durch *ἀπόστολος* oder *Πέτρος καὶ Παῦλος.* Über den ign Ausdruck der Bescheidenheit vgl. zu 1,3. Ähnliche Wendungen finden sich auch sonst in der altkirchlichen bzw. urchristlichen Lit.; vgl. zu 8,1 und siehe z. B. Barn 1,8; 4,6.9; Polcrates ap. Euseb, h. e. V,24,6; PolPhil 12,1; Cyprian, ep. 22,1. Über den Gedanken, daß auch der Weg ins Martyrium noch keinen vollkommenen Jünger macht, vgl. zu 1,2. Das absolute *ὄνομα* (noch 7,1; Phld 10,1; vgl. auch Apg 5,41; 3 Joh 7; 1 Clem 43,2; 2 Clem 13,1.4; Hermas 76,3; 90,2 105,3; Tertullian, apolog. 2) dürfte hier den Namen Christi meinen (vgl. auch o. zu 1). *συνδιδασκαλίτης* scheint bisher noch an keiner anderen Stelle nachgewiesen zu sein; es bedeutet aber ohne Zweifel den Mitschüler (= *συνμαθητής* Joh 11,16). Gemeinsamer Lehrer ist nach Eph 15,1 Christus (vgl. dazu u.). Das Bild des Athleten, der gesalbt werden soll, dürfte nur noch indirekt anklingen; entscheidend sind die Dinge, mit denen er begabt werden soll. Ign nennt jene Größen, die für ihn auf dem Weg in den Tod essentiell sind und rückt deshalb auch *ὑπομονή* bzw. *μακροθυμία* an das Ende der Aufzählung. *πίστις* kaum = „Treue", vielmehr entsprechend dem sonstigen ign Sprachgebrauch = „Glaube".

3,2 *προλαμβάνειν* = „ergreifen" (Gal 6,1; Weish 17,17), dann auch: „geistig erfassen", „an etwas denken" (Arist 206). Das *γνώμη τοῦ θεοῦ* ist eine dem Ign eigentümliche Wendung; vgl. auch Rm 8,3; Sm 6,2; Pol 8,1; *γνώμη Ἰησοῦ Χριστοῦ* z. B. noch Phld inscr (vgl. auch zu Phld 3,3). Dabei macht die Bezeichnung Jesu als der *γνώμη τοῦ θεοῦ* sichtbar, daß der Begriff originär den Offenbarer meint. Dies läßt es verständlich erscheinen, daß γνώμη für Ign in Eph 3.4 letztlich auf das συντρέχειν τῇ τοῦ ἐπισκόπου γνώμη zuläuft. Der Aufbau ist durchsichtig, weil darin das συντρέχειν τῇ γνώμῃ τοῦ θεοῦ von 3,2 aufgenommen wird. Über ἀδιάκριτος vgl. Lightfoot z. St.; wie Magn 15; Trall 1,1; Rm inscr; Phld inscr belegen, dürfte dem ign Verständnis ein „unerschütterlich" entsprechen. Die Identifikation von Jesus Christus und dem ζῆν unterstreicht, daß dieser Jesus Leben eröffnet. Für Ign ist dies eine zentrale Aussage, die von ihm immer wieder aufgenommen werden kann: vgl. 11,1; Magn 1,2; 5,2; Trall 9,2; Rm 6,2; Sm 4,1 (zum Ganzen siehe S. Zañartu, El concepto de ZΩH, bes. 113ff.). Das absolute τὰ πέρατα = τὰ πέρατα τῆς γῆς (Rm 6,1) wie Ps 64,9 LXX; Philo, LegGai 18; 173; Celsus ap. Origenes, contra Cels. VIII,72. Über ὁρίζειν in der Bedeutung „jemand zu etwas machen", „als etwas einsetzen" vgl. plnRm 1,4. Die Bemerkung οἱ κατὰ τὰ πέρατα ὁρισθέντες unterstreicht im Blick auf die Bischöfe, daß sie ἐν Ἰησοῦ Χριστοῦ γνώμῃ sind. Das Motiv einer historischen Einsetzung, das darin aufgenommen wird, spielt sonst im Horizont der ign Ekklesiologie kaum eine Rolle (vgl. Meinhold, Kirche 62); es dürfte sich um einen traditionellen Topos handeln –vgl. Ker.Petr. fragm. 3 (ClemAl, strom. VI,6,48; dazu Paulsen, Kerygma Petri 26f.). Er ist Ausdruck des Bewußtseins, daß das Christentum bis in die entlegensten Gegenden gedrungen ist (vgl. Harnack, Mission und Ausbreitung II,530ff.).

Exkurs: Gemeindeverfassung in den Ignatiusbriefen

Literatur: NIEDERWIMMER, Grundriß 57ff.; MEINHOLD, Studien 19ff.; 57ff.; RATHKE, Ignatius 79ff.; DASSMANN, Entstehung 74ff.; P. STOCKMEIER, Zum Begriff καθολικὴ ἐκκλησία 63ff.; PAULSEN 132ff.; H. J. VOGT, Ignatius von Antiochien 15ff.; E. LOHSE, Entstehung des Bischofsamtes 58ff.

Für das Verständnis der Gemeindeverfassung in den ign Briefen kommen allein die kleinasiatischen Schreiben in Betracht, während der Rm auf Grund seiner besonderen Zielsetzung ausscheidet. Diese Briefe beziehen sich auf die Verhältnisse in den Teilen Kleinasiens, an die sie sich wenden, und haben zugleich Relevanz für die Situation in Syrien. Denn man darf vermuten, daß Ign auch in Syrien durchzusetzen bemüht gewesen ist, was er für Kleinasien verlangt. Dies weist auf ein methodisches Problem hin, das für das Verständnis der ign Ekklesiologie von ausschlaggebender Bedeutung ist: die Briefe sind Ergebnis historischer Entwicklung, sie bilden zwar reale Verhältnisse ab, aber dies trifft nicht generell zu. Denn die strikt theologische Begründung, die Ign seinem Gemeindeverständnis gibt, weist zugleich darauf hin, daß viele Aussagen mehr Forderung und Hoffnung als bloßer Niederschlag gemeindlicher Wirklichkeit sind. Beide Seiten werden in der ign Theologie und ihrem Begriff von Kirche konsequent vermittelt. Dies zeigt sich bereits an jenem Punkt, der für die Gemeindeverfassung immer wieder besonders in den Mittelpunkt gerückt worden ist: dem Hinweis auf den *einen* Bischof an der Spitze der Gemeinde. Von fast allen Gemeinden nennt Ign seinen Namen: Onesimus von Ephesus (Eph 1,3; 2,1; 6,2), Damas von Magnesia (Magn 2); Polykarp von Smyrna (Magn 15; Pol inscr; Eph 21,1), Polybius von Tralles (Trall 1,1). Der einzigen Ausnahme gegenüber wird wie auf etwas Selbstverständliches auf das εἷς ἐπίσκοπος gepocht (Phld 4; 1,1; 3,2). Und wie sich Ign von Antiochien Bischof von Syrien nennt (Rm 2,2; vgl. Eph 21,1), so könnten auch die kleinasiatischen Bischöfe über die Städte hinaus Funktionen im Blick auf die dazugehörige Umgebung wahrgenommen haben (vgl. Kilikien: Phld 11,1; und siehe zu Rm inscr). Wenn so das Problem einer Mehrzahl von Bischöfen in den Briefen nicht auftaucht, so wird das ign Interesse vor allem an der Hervorhebung des *einen* Bischofs und seiner theologischen Begründung deutlich. Dabei kommen unterschiedliche Motive zusammen: wichtig ist sicher die Absicht, in solcher Weise die Gemeinden gegenüber den Häretikern zu sichern und zu festigen. Wenn Häresie jenseits ihrer inhaltlichen Fehler Zerstörung der Einheit der Gemeinde ist, so erscheint der Bischof als der Garant dieser Einheit (vgl. Magn 6,1; 7,1; 13,2; Trall 6; 7; Phld inscr; 3,2; 8,1). Die Einheit untereinander und mit dem Bischof bedeutet aber zugleich Unterordnung unter ihn (vgl. Eph 2,2; 4,1; 5,3; 6,1; 20,2; Magn 3,1f.; 13,2; Trall 2,1; 13,2; Sm 8,1). Aus diesem Grunde kann Ign dem Wesen des Bischofs, seiner Stellung und Bedeutung außerordentlichen Rang verleihen: der Bischof ist vom Herrn gesandt (Eph 6,1) und mit besonderer Gebetskraft ausgestattet (Eph 5,2). Von den ἐπίσκοποι gilt: ἐν Ἰησοῦ Χριστοῦ γνώμῃ εἰσίν (Eph 3,2; vgl. auch z. St.). In der Gemeinde nehmen sie eine einzigartige Stellung ein und finden daher neben den Glaubenden besondere Erwähnung (Eph 2,1). Wo diese Stellung genauer präzisiert wird, ergibt sich das Verhältnis: die Gläubigen zu ihrem Bischof, wie die Kirche zu Christus, wie Christus zum Vater (Eph 5,1). Der Gehorsam gegen den Bischof wird dem gegenüber Christus gleichgestellt (Eph 6,1; Trall 2,1). Ja: des Bischofs Sache ist Gottes Sache (Eph 5,3; Magn 3; Phld 3,2; Sm 9,1; Pol 6,1); denn er führt den Vorsitz an Gottes Statt (Magn 6,1f.). Darum verfällt auch notwendig derjenige, der größere Ehre als er beanspruchen will, dem Verderben (Pol 5,2). Die Gemeinde kann der Würde ihres Bischofs nur dadurch gerecht werden, daß sie sich gesagt sein läßt, nichts ohne ihn zu tun. Alle Handlungen innerhalb der ἐκκλησία erhalten durch ihn erst eigentlich ihre Berechtigung (vgl. z. B. Magn 4; 7,1; Trall 2,2; 7,2; Phld 7,2; Sm 8,1f.; 9,1; Pol 5,2). Wenn so die Wirksamkeit des Bischofs innerhalb der Gemeinde als umfassend von Ign begriffen wird, so wird dies an vielen Einzelheiten deutlich: um seine Person versammeln sich die Glaubenden, in seiner Gegenwart findet die rechtmäßige Feier der Eucharistie statt, er hat seelsorgerliche Aufgaben (vgl. den Zusammenhang zwischen Taufe bzw. Eheschließung und dem Bischof) und sichert die Reinheit der Lehre. Diese außergewöhnliche Stellung des Bischofs findet bei Ign keine Begründung vom Gedanken der Sukzession her (auch die Rückführung auf Christus in Eph 3,2 erfolgt eher beiläufig; dies bestätigt, wie sehr ign Verständnis des Bischofs in seine Theologie integriert ist). Und wenn Ign von der καθολικὴ ἐκκλησία spricht (Sm 8,2), so nennt er keinen Bischof, der ihr Haupt wäre. Nur die einzelnen Gemeinden haben einen ἐπίσκοπος, Bischof der gesamten Kirche (und durch sie auch der Lokalgemeinden!) ist Gott oder Christus (vgl. zu Eph 1,3).

Eph 2,2 wird neben dem Bischof das *Presbyterium* genannt. Ign zieht diesen Sammelausdruck vor, vermeidet daneben aber keineswegs den Plural οἱ πρεσβύτεροι, um die einzelnen Glieder dieser Körperschaft zu bezeichnen (vgl. Magn 3,1; 7,1; Trall 3,1; 12,2; Phld inscr; Pol 6,1). Auch die Presbyter sind für die Gemeinden Autorität (Eph 2,2; Magn 7,1; Trall 2,2; Pol 6,1). Aber wie die anderen Glieder der Gemeinde sind auch sie den Bischöfen untergeordnet (Magn 3,1; Trall 12,2). Heißen die Presbyter ἄξιοι, so erhält der Bischof das Prädikat ἀξιόθεος (Magn 2). Und schon die Reihenfolge, in der ἐπίσκοπος und πρεσβυτέριον erscheinen, beweist, daß jenem die Vorzugsstellung gebührt. Von der Funktion der Presbyter läßt sich aus den Briefen kein klares Bild gewinnen. Sicher werden sie – wenn auch eine Stufe tiefer stehend – an der Seite des Bischofs ihren Platz gehabt haben. Dies zeigt sich vor allem an der Beobachtung, daß nicht Bischof und Diakonen wohl aber Bischof und Presbyter zu einer Einheit verbunden werden (vgl. Eph 2,2; 20,2; Magn 2; 7,1; Trall 13,2). Dem entspricht auch, daß das Presbyterium τὸ συνέδριον τοῦ ἐπισκόπου heißt (Phld 8,1). Die Presbyter umgeben den Bischof, wie die Apostel Christus umgeben (Trall 2,1f.). So kann dem Presbyterium kein höheres Lob zuteil werden als dies, daß er mit dem Bischof ein harmonisches Ganzes bildet wie die Saiten mit der Zither (Eph 4,1). Bei der Energie, mit der Ign alles in der Kirche dem Bischof unterordnet, kann es eine irgendwie eigenständige Tätigkeit der Presbyter nach seinem Begriff nicht geben.

Zwischen dem Presbyterium und den Glaubenden der Gemeinden stehen die *Diakone* (vgl. Sm 12,2), die immer den dritten Platz einnehmen, wo die Gemeindeämter zusammen genannt werden. Auch ihnen kommt von seiten der Gemeinde Achtung und Gehorsam zu (Trall 3,1; Sm 8,1); aber sie selbst sollen nicht nur dem Bischof, sondern auch dem Presbyterium gehorsam sein (Magn 2). Jenen als den Leitern der Gemeinde treten sie als die ἐκκλησίας θεοῦ ὑπηρέται gegenüber (Trall 2,3). Deshalb sollen sie ihren Ruhm darin suchen, jedermann Dienste zu leisten (Trall 2,3). Ein besonders enges Verhältnis zum Bischof kennzeichnet sie nach ign Verständnis nicht. Wohl spricht er von den Diakonen mit Herzlichkeit und Hochachtung (vgl. o. zu 2,1). Er nennt sie die ihm γλυκύτατοι (Magn 6,1). Das hat aber seinen Grund wohl vor allem in seiner persönlichen Erfahrung. Drei Diakone erscheinen in seiner nächsten Nähe als seine Vertrauten: Burrus, den ihm die Epheser und die Smyrnäer als Begleiter gegeben haben (vgl. zu 2,1), Rheus Agathopus, der ihm von Syrien aus nachgereist ist, und Philo von Kilikien (Phld 11,1; Sm 10,1; 13,1). Zur Erfüllung derartiger Aufgaben eigneten sich die Diakone offenbar besonders gut, da ihr Amt sie nicht so eng an die Heimatgemeinde fesselte. Bischöfe konnten sich wohl nur Reisen in die Nachbarschaft erlauben (Phld 10,2): in

Smyrna hat Ign die Bischöfe von Ephesus (vgl. zu 2,1), Magnesia (Magn 2; 15) und Trall (Trall 1,1), auch zwei Presbyter aus Magnesia (Magn 2) empfangen. Die Briefe aus dem entlegeneren Troas bezeugen keine solchen Besuche.

4 **¹Deshalb gehört es sich für euch, mit des Bischofs Sinn übereinzustimmen, was ihr ja auch tut. Denn euer Presbyterium, das des Namens und das Gottes würdig ist, ist mit dem Bischof so wie die Saiten mit der Zither verbunden. Darum wird in eurer Einmütigkeit und zusammenklingenden Liebe Jesus Christus besungen. ²Aber auch Mann für Mann sollt ihr zum Chor werden, damit ihr in Einmütigkeit zusammenklingend Gottes Tonweise in Einheit aufnehmt und mit *einer* Stimme dem Vater durch Jesus Christus lobsingt, auf daß er euch höre und aus euren guten Werken als Glieder seines Sohnes erkenne. So ist es nun nützlich, wenn ihr euch in untadeliger Einheit befindet, damit ihr auch immerfort an Gott Anteil habt.**

4,1 Ähnliche Wendungen wie das ὅπερ καὶ ποιεῖτε finden sich Trall 2,2; Sm 4,1; Pol 1,2; 4,1; Rm 2,1; Eph 8,1; Trall 3,2. ἀξιονόμαστος zumeist mit ‚das seinen Namen mit Recht trägt‘ (so W. Bauer 1.A.) übersetzt, muß wohl in Verbindung mit 1,2; 3,1 und analog zum τοῦ θεοῦ ἄξιον verstanden werden: ‚das des Namens (scil. Christi) würdig ist‘. Zur Zither und den Saiten vgl. Phld 1,2. Ign bewegt sich auch weiterhin noch in Ausdrücken, die dem Musikleben entnommen sind (vgl. auch Rm 2,2; Irenäus, adv.haer. II,25,2); sie sind bildlich zu verstehen und dienen der Weiterführung des Gedankens der vollkommenen Einheit von Gott, Christus, den Bischöfen und der Gemeinde (vgl. zur Auslegung K. M. Fischer, Tendenz und Absicht 66). Deutlich zeigt sich dies auch an der Aufnahme des Motivs der ὁμόνοια (vgl. daneben noch 13,1; Magn 6,1; 15,1; Trall 12,2; Phld inscr; 11,2; dazu grundsätzlich H. Fuchs, Augustin und der antike Friedensgedanke 109ff.; W. C. van Unnik, „Tiefer Friede" 274f.). Das Ἰησοῦς Χριστὸς ᾄδεται beweist auch in seiner übertragenen Sprache die kirchliche Sitte des Lobgesangs auf Jesus Christus; vgl. dazu pln Eph 5,19; 1 Tim 3,16; Apk 5,9.12; 15,3; 19,6ff.; MartPol 19,2; möglicherweise auch Plinius, epist X,96,7. Zur Verbindung von Einheit und einer Stimme siehe auch 1 Clem 34,6f. (dort in Verbindung mit dem Trishagion; vgl. D. Flusser, Sanctus und Gloria 133f.).

4,2 treten der Gesamtheit die einzelnen gegenüber. Οἱ κατ᾿ ἄνδρα ist ein charakteristischer ign Ausdruck: vgl. Eph 20,2; Trall 13,2; Sm 5,1; 12,2; Pol 1,3. Trotz des ἵνα ist mit G ᾄδετε zu lesen, wie im gleichen Falle am Schluß μετέχετε. Der Indikativ des Präsens nach ἵνα begegnet noch Trall 3,8; 8,2. Zum Bilde von den Gliedern vgl. plnRm 12,4; 1 Kor 12,12ff. (daneben noch 1 Clem 46,7; 37,5). Der tradionsgeschichtliche Zusammenhang mit dem dtpln Eph ist nicht zu übersehen (vgl. K. M. Fischer, Tendenz und Absicht 66): Christus ist das Haupt der Glieder (vgl. Trall 11,2).

5 **¹Denn wenn ich in der kurzen Zeit zu eurem Bischof eine solche Vertrautheit – nicht menschlicher, sondern geistlicher Art – gewonnen habe, um wieviel mehr preise ich euch glücklich, die ihr mit ihm auf so enge Weise verbunden seid, wie die Kirche mit Jesus Christus und Jesus Christus mit dem Vater, auf daß alles in Einheit zusammenklinge. ²Lasse sich niemand täuschen! Wenn einer nicht innerhalb des Altarraumes ist, so entbehrt er das Brot Gottes. Denn wenn schon des einen oder des anderen Gebet solche Kraft besitzt, wieviel mehr erst das des**

Bischofs und der ganzen Kirche. [3]Wer nun nicht zur Versammlung kommt, der ist schon hochmütig und hat sich damit selbst das Urteil gesprochen. Denn es steht geschrieben: Gott stellt sich den Hochmütigen entgegen. Darum wollen wir bestrebt sein, uns nicht dem Bischof entgegenzustellen, damit wir Gott unterstellt seien.

5,1 Es liegt eine Klimax vor: die Gemeinde ist an ihren Bischof gewiesen, wie die Kirche an Jesus Christus gebunden ist. Dies hat seinen letzten Grund in der Einheit Jesu Christi mit dem Vater und mündet so in den Gedanken der ἑνότης.

5,2 Zu μηδεὶς πλανάσθω vgl. 1 Kor 6,9; ähnlich Eph 8,1; 16,1; Phld 3,3; Sm 6,1. θυσιαστήριον ist wohl weniger der Altar selbst, als der Raum, in dem er steht (vgl. Apk 11,1; 14,18). Wie auch immer das Wort aufzufassen ist, es beweist jedenfalls nicht, daß die christlichen Versammlungsstätten der ign Zeit Altäre aufgewiesen hätten. Das Fehlen solcher (wie das von Götterbildern, Tempeln und Opfern) hat den Christen ja gerade den Vorwurf der Gottlosigkeit eingebracht; vgl. z. B. Minucius Felix, Octav. 32,1; Celsus ap. Origenes, contra Cels. VIII,17 (Origenes spricht in seiner Erwiderung konsequent nur von den unsichtbaren Altären der Christen). θυσιαστήριον muß hier – wie auch Rm 2,2; Magn 7,2; Phld 4 (vgl. PolPhil 4,3; ClemAl. strom. VII,6,31) – bildlich begriffen werden (vgl. auch Moffatt, Approach 9; Bieder, Abendmahl 93; Theißen, Untersuchungen 82f.). Der Aufenthalt innerhalb des Altarraumes bedeutet nach dem Zusammenhang und im Blick auf Trall 7,2 das Bleiben in der kirchlichen Gemeinschaft unter der Autorität ihrer Leiter. ἄρτος τοῦ θεοῦ entstammt Abendmahlsterminologie; vgl. Rm 7,3 und vor allem den traditionsgeschichtlich verwandten Text Joh 6,33ff. Wer sich für Ign nicht dort befindet, wo allein das echte Gottesbrot ausgeteilt wird, hat von seiner religiösen Betätigung nichts zu erwarten. Außerhalb der rechtgläubigen Kirche gibt es nach seiner Auffassung kein Heil. Das εἰ γὰρ κτλ. begründet dies damit, daß nur Bischof und Kirche mit der höchsten Fülle der Kraft ausgestattet sind (zum Gedanken vgl. auch Mt 18,19f.). Da der Akzent durchaus auf den Nachsatz fällt, vermißt man es nicht allzusehr, daß Ign zuvor nicht von der Wirkung des Gebetes eines einzelnen gesprochen und damit dem τοσαύτη einen Inhalt gegeben hat.

5,3 Das Zitat aus Prov 3,34 auch 1 Petr 5,5; Jak 4,6; 1 Clem 30,2. Zum Stil des Ign vgl. das Wortspiel: ἀντιτάσσεσθαι von Gott und von den Menschen gegenüber dem die Autorität Gottes verkörpernden Bischof und daneben ὑποτάσσεσθαι.

6 **[1]Und je mehr einer einen Bischof schweigen sieht, um so größere Ehrfurcht soll er vor ihm haben; denn jeden, den der Hausherr in sein Hauswesen schickt, müssen wir so aufnehmen wie den, der ihn geschickt hat. Den Bischof müssen wir also offenbar wie den Herrn selbst ansehen. [2]Nun ist Onesimus voll des Lobes über eure gute Ordnung, daß ihr alle der Wahrheit gemäß lebt und daß keine Sekte bei euch heimisch ist. Vielmehr hört ihr auf niemanden mehr als auf Jesus Christus, wenn anders er in Wahrheit redet.**

6,1 Die auffallende Betonung des *schweigenden* Bischofs erklärt sich kaum von der Annahme her, daß ihm die Rednergabe versagt ist (so W. Bauer 1.A.). Die Aussage macht nur dann Sinn, wenn auf der einen Seite die Zuordnung Gott – σιγή und auf der anderen die Verbindung zwischen Gott und dem Bischof bedacht wird (dazu vor allem H. Chadwick,

Silence of Bishops 169ff.; Meinhold, Schweigende Bischöfe 19ff.; Bieder, Deutung 28ff.).
Das Schweigen des Bischofs bezeichnet damit die Gegenwart Gottes in der Gemeinde
(vgl. auch 15,1f.), und aus dieser Verschränkung erklärt sich die Notwendigkeit zur
Ehrfurcht gegenüber dem Bischof.

6,2 Das Verständnis von αἵρεσις bei Ign geht weniger von dem eschatologischen
Sprachgebrauch bei Paulus (1 Kor 11,18f.) als von der Orientierung an der Einheit der
Gemeinde aus (vgl. auch Trall 6,1); gerade weil die αἵρεσις die Einheit zerbricht, bedeutet
sie höchste Gefährdung (vgl. zur Traditionsgeschichte des Motivs im Einzelnen Paulsen,
Schisma und Häresie 180ff.). Der Schlußsatz kann wohl nur übersetzt werden, wenn das
εἴπερ (G) zu Recht besteht. Ein Jesus Christus, der ἐν ἀληθείᾳ redet, tritt dann einem
häretischen gegenüber, den zu hören die Epheser keine Lust verspüren.

7 ¹**Es haben nämlich gewisse Leute die Gewohnheit, in schlimmer Arglist den
Namen umherzutragen, während sie irgendwelche anderen, Gott unwürdige
Dinge tun. Denen müßt ihr ausweichen wie wilden Tieren. Sind sie doch tolle
Hunde, die tückisch beißen. Vor denen müßt ihr euch in acht nehmen; denn sie
sind schwer heilbar. ²Einer nur ist Arzt, fleischlich zugleich und geistlich, ge-
zeugt und ungezeugt, im Fleisch geboren ein Gott, im Tode wahres Leben, aus
Maria sowohl wie aus Gott, erst dem Leiden unterworfen und dann unfähig zu
leiden, Jesus Christus unser Herr.**

7,1 Zur Charakteristik der Irrlehrer vgl. PolPhil 6,3; Sm 4,1; das περιφέρειν (vgl. 11,2;
Magn 1,2; Trall 12,2) könnte auf Wanderprediger hinweisen, zumal der Gemeinde in
Ephesus durch Ign eben erst bestätigt wurde, daß keinerlei αἵρεσις in ihr eingewurzelt sei.
Über das absolute ὄνομα vgl. zu 3,1. Daß die Gegner als κύνες bezeichnet werden, greift
traditionelle Topik auf (vgl. O. Michel, Art. κύων 1100ff.), die im Anschluß an Jes 56,10 in
der jüdischen Polemik gegen die Heiden eine Rolle gespielt hat (L. Wallach, A palestinian
Polemic 389ff.) und dann in der alten Kirche verbreitet ist (vgl. E. Peterson, Behandlung
der Tollwut 221ff. bes. 227, A.7).

7,2 Die Bezeichnung Jesu als ἰατρός ist in der altkirchlichen Literatur weit verbreitet
(vgl. dazu A. Harnack, Medicinisches; R. Herzog, Art. Arzt, 720ff.; H. J. Frings, Medizin
und Arzt): Jesus ist dabei Arzt schlechthin, dann wieder Arzt der Seele oder des Körpers
oder beider zusammen (wobei möglicherweise der traditionsgeschichtliche Ursprung in
der Übertragung eines Gottesprädikates zu sehen ist; vgl. Theophilus, ad Autolycum I.7).
An Texten vgl. Ps Justin, de resurr. 10; Hermas 29,11 (dazu Dibelius, Hirt des Hermas
507); Diogn 9,6; Origenes, contra Cels. II,67; Ps 37 hom 1,1; ActThom 10; 37; 143; 156.
Die Bezeichnung findet sich auch in gnostischen Texten; vgl. NHC VI (dazu M. Krause,
Petrusakten 36ff. bes. 54). Der sich an die durch das εἷς als Akklamation charakterisierte
Prädikation anschließende Text ist rhetorisch und formal eindrucksvoll gegliedert (zur
Analyse vgl. Elze, Christologie 44ff.; Deichgräber, Gotteshymnus 155ff.): es lassen sich
sechs antithetisch stilisierte Zeilen erkennen, die durch eine christologische Zusammenfassung abgeschlossen werden. Zwar spricht nichts gegen eine vorigen Geschichte der
einzelnen Teile des Textes, sie sind weitgehend traditionell, aber die sprachliche Gestaltung und Zusammenfügung dürfte ign Intention wiedergeben (vgl. Elze, Christologie 47;
Paulsen 48). Für Ign kennzeichnend ist die Doppelung in den jeweiligen Zeilen: der κύριος
ist σαρκικός *und* πνευματικός. Dies hebt letztlich den Gegensatz auf und führt zu einer

complexio oppositorum (Deichgräber, Gotteshymnus 156), die für Ign kennzeichnend ist. Die Herrlichkeitsaussagen bedürfen geradezu nach seinem Verständnis der Antithese der Niedrigkeit.

8 **¹So möge euch nun niemand täuschen, wie ihr euch auch nicht täuschen laßt, weil ihr ganz und gar Gott zugehört. Wenn nämlich kein Streit, der euch plagen könnte, fest unter euch haftet, dann lebt ihr Gott gemäß. Ein Sühnopfer bin ich für euch und weihe mich für euch Epheser, die in alle Ewigkeit berühmte Kirche. ²Die Fleischlichen können das Geistliche nicht tun, und die Geistlichen nicht das Fleischliche; wie der Glaube auch nicht die Werke des Unglaubens und der Unglaube nicht die des Glaubens. Was ihr aber auch nach dem Fleische tut, das ist geistlich; denn in Jesus Christus tut ihr alles.**

8,1 Statt ἔρις (GL) lesen SAg ἐπιθυμία. Das darauffolgende Wort hat G als ἐνείρισται überliefert. Damit ist nichts anzufangen, deshalb wird in den Ausgaben zumeist ἐνήρεισται (von ἐνερείδω) konjiziert. Zu βαοαν. vgl. Iren., adv.haer. V 20,2. Die Einheit der Gemeinde bedeutet für Ign die Vermeidung von Spaltung und ἔρις (vgl. Phld 8,1; ἔρις erscheint zudem als Topos urchristlicher Paränese), sie meint zugleich ein Leben κατὰ θεόν (vgl. Eph 2,1; Magn 1,1; 13,1; Trall 1,2; Phld 4; Sm 11,3; Paulsen 86f.90). Bei περίψημα verbinden sich in den ign Briefen zwei Linien (das Wort – von περιψάω, ringsherum wischen, abstreichen, reinigen herzuleiten – bedeutet ursprünglich das, was beim Reinigungsprozeß abgeht, den Unrat, Schmutz, Abschaum; zu 1 Kor 4,9ff. vgl. H. Conzelmann, 1 Kor 109, A.49): zum einen artikuliert es das ign ‚Demutspathos‘ (vgl. zu Eph 3,1) und wird darin zum Ausdruck höflicher Selbsterniedrigung (vgl. Barn 1,8; 4,9; 6,5; dazu Windisch, Barnabasbrief 309; vgl. auch Dionys. v. Alex. ap. Euseb, h. e. VII,22,7). Dies stimmt mit Formen des antiken Briefstils überein (zur brieflichen ἐλάττωσις vgl. Berger, Apostelbrief 226, A.178) und könnte die Übersetzung ‚euer alleruntertänigster Diener‘ (so W. Bauer in der 1.A.) berechtigt erscheinen lassen. Jedoch läßt sich auf der anderen Seite die Bedeutung ‚Sühnopfer‘ nachweisen (dazu vgl. G. Stählin, Art. περίψημα 83ff.; weitere Belege bei Lampe, Lexicon s. v.); diese Nuance wird für Ign durch die Nachbarschaft mit ἁγνίζομαι nahegelegt und würde das περίψημα dem ἀντίψυχον zur Seite rücken (Eph 21,2; vgl. Sm 10,2; Pol 2,3; 6,1; neben Stählin vor allem von Bommes, Weizen Gottes 221ff. vertreten). Die Verbindung mit der Theologie des Martyriums dürfte stärker für die zweite Möglichkeit sprechen, wenngleich Ign möglicherweise beide Aspekte von περίψημα berücksichtigt (so als Vermutung W. Bauer 1.A. z. St.). – Die nicht unumstrittene Lesart ἁγνίζομαι ὑμῶν (G) hat zwar gegen sich, daß ἁγν. mit bloßem Genitiv sich außerhalb der ign Briefe nicht nachweisen läßt, für sich jedoch, daß diese Konstruktion Trall 13,2 wiederkehrt, also ein mechanisches Fortfallen der Präposition kaum in Frage kommt.

8,2 tritt erneut der aus 7,2 bekannte Gegensatz von σαρκικός und πνευματικός auf. Auch wenn hier die Nähe zu plnRm 8,5ff. besonders auffällt (Lindemann, Paulus 201f.), so wird die pln Antithese durch Ign in neuer Weise aufgenommen: es geht nicht mehr um das Gegeneinander, sondern um die Vermittlung beider Größen (vgl. Elze, Christologie 76f.).

9 **¹Ich habe gewisse Leute kennengelernt, die von dort her auf der Durchreise waren, mit einer schlechten Lehre. Sie habt ihr unter euch nicht Aussaat halten**

lassen, sondern die Ohren verstopft, um das von ihnen Ausgesäte nicht aufnehmen zu müssen; denn ihr seid Steine für den Tempel des Vaters, zubereitet für den Bau Gott Vaters, hinaufgefördert in die Höhe durch die Hebemaschine Jesu Christi, nämlich das Kreuz, wobei der heilige Geist als Seil diente. Euer Glaube ist euer Geleiter nach oben, die Liebe der Weg, der zu Gott hinaufführt. ²So seid ihr nun auch allesamt Weggenossen, Gottesträger und Tempelträger, Christusträger, Heiligträger, in allen Stücken geschmückt mit den Geboten Jesu Christi. Und ich frohlocke über euch, weil ich gewürdigt wurde, durch meinen Brief zu euch zu reden und euch dazu Glück zu wünschen, daß ihr entsprechend einem anderen Leben nichts lieb habt als nur Gott.

9,1 ἐκεῖθεν kann in einem Brief von Smyrna nach Ephesus, der keine andere aufklärende geographische Bestimmung enthält, nur auf die letztgenannte Stadt gehen, während die andere sich als Schauplatz für das Zusammentreffen des Ign mit den durchreisenden Gegnern anbieten könnte. Die Persönlichkeit der Häretiker bleibt im Dunkeln wie Sm 5,3. Das Ausstreuen und Aufnehmen des Samens paßt nicht sonderlich zu dem Verstopfen der Ohren: dies erklärt sich, wenn die Traditionalität der Begriffe beachtet und zugleich bedacht wird, daß die Sache für Ign wichtiger ist als die aufgenommenen Bilder. Über das Bild vom Hausbau und den Steinen vgl. pln Eph 2,20 (zum Ganzen Vielhauer, Oikodome 145ff.). Zu ἀναφερόμενοι – σταυρός vgl. Hippolyt, de Chr. et Antichr. 59; Methodius, de s.cruce 1 (MPG 18,400). Ob auch der Schlußsatz von 9,1 noch zu dem Bilde hinzugehört oder nur durch Wort und Begriff ἀναφέρειν mit dem Vorhergehenden verbunden ist? ἀναγωγεύς kann von allerlei Geräten (spez. Seil, Band) gebraucht werden, mit deren Hilfe etwas in die Höhe gefördert wird. Aber hat ein solches neben μηχανή und σχοινίον noch Platz, und ist für die zweite Hälfte des Satzes ein entsprechendes Verständnis möglich? Die Schwierigkeiten des Textes erklären sich z. T., wenn mit Schlier (Untersuchungen 110ff.) der weite religionsgeschichtliche Hintergrund des Gesagten einbezogen (vgl. besonders Acta Archelai 7f.) und gesehen wird, daß vor allem die Bilder des Textes von diesen gnostischen Zusammenhängen verständlich werden (vgl. auch Bartsch, Gemeindetradition 30ff.; Vielhauer, Oikodome 145ff.). Dies trifft auch für die Spekulationen über σταυρός zu; vgl. PhilEv 91. Allerdings sind die Unterschiede beträchtlich, zumal die mythologischen Spekulationen bei Ign sich kaum noch wahrnehmen lassen. Der Ton liegt in seiner Aussage nicht nur auf der Hervorhebung der Trinität (dazu R. Berthouzoz, Le Père, le Fils et le Saint-Esprit 397ff.), sondern in der abschließenden Betonung von πίστις und ἀγάπη.

9,2 bietet eine Reihe neuer Bilder, die aber wieder sich nicht von der gemeinten Sache (hier der pneumatologischen Aussage!) sondern lassen. Möglicherweise hat der Eindruck der heidnischen Prozessionen Ign in seiner Ausdrucksweise bestimmt. Die Wirkung derartiger Aufzüge, auch auf die Sprache dessen, der in ihnen keinen legitimen Gottesdienst erblickt, zeigt sich an Philo, Op 69; Epiktet II,8,12f.; ClemAl, protr. IV,59,2. Auch das θεοφόροι und χριστοφόροι erklärt sich von der pneumatologischen Färbung her (vgl. F. J. Dölger, Christophoros 73ff.), ohne daß dadurch den Ephesern der Charakter als Märtyrer zugeschrieben wird. An den eigenen Namen Θεοφόρος könnte Ign also nur denken, wenn derselbe nicht von seiner Eigenschaft als Blutzeuge her zu begreifen ist (es bleibt allerdings der identische, pneumatologische Hintergrund zu berücksichtigen). ναοφόροι: Nachbildungen der Tempel mit dem Götterbild darin wurden in feierlicher Prozession herumgetragen oder dienten dem Verehrer der Gottheit, der sich damit schmückte, als Andenken und Amulett (vgl. Herod. II,63; Diod. Sic. I,97; XX,14). ἁγιοφόρος (vgl. Sm inscr) ist der Träger der heiligen Geräte. Und wie die Teilnehmer am heidnischen Festaufzug außer den Feierkleidern Kränze und Zweige tragen, so sind auch die Gläubigen geschmückt ἐν ταῖς ἐντολαῖς Ἰησοῦ Χριστοῦ. Zum Bilde vom geistigen Schmuck vgl. auch 1 Petr 3,3; 1 Tim 2,9f. All dies macht für Ign deutlich, daß die Gemeinde in Ephesus im Kontrast zu den Gegnern von der Gegenwart des Pneuma her bestimmt ist und geleitet wird. Das schwer verständliche κατ’ ἄλλον βίον nötigt nicht zu einer Konjektur, sondern läßt sich im Gegensatz zu ‚diesem Leben‘ (Rm 7,3) begreifen.

10 **¹Auch für die anderen Menschen aber betet unablässig. Denn es besteht für sie Hoffnung auf Buße, damit sie zu Gott gelangen. Darum gewährt ihnen, wenigstens aus den Werken von euch belehrt zu werden. ²Gegenüber ihren Zornausbrüchen sollt ihr sanftmütig sein, gegenüber ihren Prahlereien demütig, ihren Beschimpfungen sollt ihr Gebete entgegensetzen, gegenüber ihrem Irrtum sollt ihr fest im Glauben sein, gegenüber ihrer Unbändigkeit zahm, nicht bestrebt, mit ihnen in einen nachahmenden Wettbewerb zu treten. ³Als ihre *Brüder* wollen wir uns erweisen durch mildes Wesen, Nachahmer aber des Herrn zu sein uns bestreben – wer hätte größeres Unrecht erlitten, wer wäre so beraubt, wer so mißachtet worden –, damit keiner als des Teufels Pflanze unter euch erfunden werde; vielmehr bleibt fleischlich und geistlich in aller Keuschheit und Zucht in Jesus Christus.**

10,1 Die ἄλλοι ἄνθρωποι sind die Nichtchristen (vgl. ClemAl, paed. II,1,1). ἀδιαλείπτως προσεύχεσθε (Pol 1,3) vgl. 1 Thess 5,17; siehe auch Hermas 88,7. Die Forderung des Gebetes für die ungläubige Menschheit wie 1 Tim 2,1; vgl. 1 Clem 60,4; PolPhil 12,3. Die Begründung mit ἐλπὶς μετανοίας findet sich nahezu wörtlich Hermas 73,2 wieder und belegt die Traditionalität der Aussage, die vor allem in apologetischem Kontext wichtig war. Das τυχεῖν θεοῦ bezeichnet hier nur die relative Zukünftigkeit, sofern es sich stärker an der Umkehr zur Gemeinde orientiert (zur Diskussion vgl. auch Bommes, Weizen Gottes 245, A.458). Die Predigt der Tat als Überzeugungskraft gegenüber den Außenstehenden wie Trall 3,2; 1 Petr 3,1.

10,2 kommt Welt – schon an der langen Kette der Gegenüberstellungen zu erkennen – nur als Kontrast für das Gemeindeverhalten in den Blick, bildet die Folie, von der sich das Handeln der Glaubenden desto deutlicher abheben läßt. βλασφημία meint hier wohl weniger die (Gottes-)Lästerung als die Verleumdung, die schimpfliche Nachrede, wie sie Menschen trifft (vgl. plnEph 4,31; Kol 3,8; 1 Tim 6,4; pln Rm 3,8; 1 Kor 10,30; Tit 3,2); inhaltlich ist Mt 5,44 zu vergleichen, wobei die Differenzen zu beachten bleiben. ἑδραῖοι τῇ πίστει vgl. Kol 1,23.

10,3 Das betont am Anfang stehende ἀδελφοί gewinnt seine Bedeutung aus der Gegenüberstellung zum Vorhergehenden: das ἀντιμιμεῖσθαι gilt im Verhältnis zur Welt, während für die Christen ein μιμηταί zutrifft. Über das Vorbild des Herrn vgl. zu 1,1 und PolPhil 8,2. Die Wortgruppe mit dreimaligem τίς ist als Zwischensatz zu begreifen (die beiden ersten Verben stehen auch 1 Kor 6,7f. nebeneinander). Zur Bezeichnung des schlechten Christen als Teufelspflanze vgl. Phld 3,1; Trall 6,1; 11,1; dahinter steht weniger ein Anklang an Mt 13,24–30 (bzw. 15,13) als die verbreitete Vorstellung von Jesus als dem

Pflanzer der Gemeinde bzw. der Glaubenden (vgl. die Zusammenstellung der Texte bei Schlier, Untersuchungen 48ff.). *ἀγνεία* und *σωφροσύνη* bilden auch 1 Clem 64 ein Paar (vgl. Tit 2,5). Fleisch *und* Geist bezeichnen auch hier den gesamten Menschen (vgl. Magn 1,2; 13,1; Trall inscr; 12,1; Rm inscr; Sm 1,1; 12,2; 13,2; Pol 1,2; 5,1).

11 **¹Es sind letzte Zeiten. Darum wollen wir uns schämen und die Langmut Gottes fürchten, damit sie uns nicht zum Gericht werde. Denn entweder müssen wir den kommenden Zorn fürchten oder die gegenwärtige Gnade lieben – eins von beiden –, um nur in Christus Jesus erfunden zu werden zum wahrhaftigen Leben. ²Nichts soll euch wichtig sein außer diesem; in ihm trage ich die Fesseln, die geistlichen Perlen, in denen mir die Auferstehung zuteil werden möchte durch euer Gebet, dessen ich immer teilhaftig sein möchte, damit ich mich innerhalb des Erbgutes der Epheser befände, der Christen, die auch immer mit den Aposteln übereinstimmten in der Kraft Jesu Christi.**

11,1 Ign knüpft mit der einleitenden Formulierung an gewohnte Aussagen urchristlicher Eschatologie an (vgl. dazu U. B. Müller, Prophetie und Predigt 171ff.; an Texten siehe z. B. 1 Kor 7,29; 10,11; Hebr 1,2; 9,26; 1 Joh 2,18; 1 Petr 4,7; Jak 5,8f. u. ö.). Auch im Folgenden bleibt Ign terminologisch im Horizont der eschatologischen Erwartungen seiner Zeit. Um so bedeutsamer erscheint, daß die Zentrierung in der Christologie mit dem *τὸ ἀληθινὸν ζῆν* solche Zukunftsorientierung aufbricht und überholt. *λοιπόν* (vgl. auch 1 Thess 4,1) leitet die Folgerung ein (= darum) wie z. B. Epiktet I,24,1; 27,1f. *κρῖμα* = *κατάκριμα* vgl. z. B. Rm 13,2; 1 Kor 11,29; Gal 5,10. Auch das Motiv der Langmut Gottes gehört ursprünglich in einen eschatologischen Zusammenhang (vgl. dazu H. Paulsen, Die Witwe und der Richter 13ff. bes. 31).

11,2 *τούτου* d. h. *Ἰησοῦ Χριστοῦ*. Als Plural zu *ὁ δεσμός* (Eph 19,3; Phld 8,1) gebraucht Ign ständig *τὰ δεσμά* (vgl. Trall 12,2; Sm 10,2; Pol 2,3), was auch sonst üblich ist (vgl. Lk 8,29; Apg 16,26; 20,23; dagegen *οἱ δεσμοί* in Phil 1,13). Zu dem Bild, das die Fesseln der Märtyrer „geistliche Perlen" nennt, vgl. PolPhil 1,1; Euseb, h. e. V,1,35; Cyprian, epist 76,2. Unter den Aposteln begreift Ign die unmittelbaren persönlichen Begleiter Jesu (Magn 6,1; 7,1; 13,1f.; Trall 2,2; 3,1.3; 7,1; 12,2; Phld 9,1; Sm 8,1), dazu Paulus (Rm 4,3); sie bilden für ihn eine Größe der Vergangenheit, die den Christen den gleichen Respekt abnötigt wie die Propheten (Phld 9,1). Sie und ihre Vorschriften (Magn 13,1; Trall 7,1) bilden eine vollkommene Einheit, mit der im Einklang sich zu befinden höchstes Lob für die Gemeinde bedeutet.

12 **¹Ich weiß, wer ich bin und an wen ich schreibe. Ich bin ein Verurteilter, ihr habt Erbarmen gefunden; ich bin in Gefahr, ihr seid gefestigt. ²An euch führt der Weg derer vorbei, die durch ihren Tod zu Gott kommen, ihr seid Miteingeweihte des Paulus, des Geheiligten, des Wohlbezeugten, Preiswürdigen, in dessen Spuren mich zu befinden mir zuteil werden möchte, wenn ich zu Gott gelange, des Paulus, der euch in jedem Brief erwähnt in Christus Jesus.**

12,1 Vgl. Rm 4,3. Der dort vorliegende Gegensatz von *ἀπόστολος* und *κατάκριτος* (vgl. Trall 3,3) zeigt, wie Ign auch an dieser Stelle das letztere Wort auffaßt. Rein äußerlich waren ja auch die Rm 4,3 genannten Apostel Petrus und Paulus *κατάκριτοι* gewesen. Ign sieht also in seiner Verurteilung durch ein menschliches Gericht ein Symbol für eine Verdammung anderer Art, und ebenso verhält es sich mit der Gefahr, die ihn bedroht. Zudem ist auch hier zu beachten, mit welchem Nachdruck Ign in solchem Demutspathos seine Situation von der Lage der Gemeinde sondern kann (vgl. zu 1,3; 3,1; 8,1; 21,2). Zur Form vgl. auch 1 Kor 4,10.

12,2 Da weder Ign noch Paulus auf ihrer letzten Reise durch Ephesus gekommen sind, ist *πάροδος* hier wohl nicht „Durchgang", sondern der „Weg an etwas vorbei". Oder sollte sich die Übersetzung „Durchgang" durch die Erwägung rechtfertigen lassen, daß Ign die ephesinische Gemeinde in ihrer Abordnung passiert hat (vgl. 1,2f.; für Paulus möglicherweise Apg 20,16ff.)? Zu *συμμύσται* vgl. Dittenberger, Or.inscr. 541; Pap.graec. mag. XII,94 (weiteres bei Lampe, Lexicon s. v.; der Begriff ist weit verbreitet). Bei Ign könnte eine traditionsgeschichtliche Beziehung zu Texten wie plnEph 1,9; 3,3f.9; 5,32; 6,19; Phil 4,12 bestehen (zum Ganzen vgl. G. Bornkamm, Art. *μυστήριον*), in denen das Evangelium als ein *μυστήριον* begriffen wird (vgl. dazu bei Ign Eph 19,1; Magn 9,2; Trall 2,3). Zu *μεμαρτυρημένος* (Phld 11,1) vgl. Apg 6,3; 10,22; 22,12; 1 Clem 17,1; 47,4 u. ö. *θεοῦ ἐπιτύχω* artikuliert einen zentralen ign Gedanken und findet sich in seinen Briefen außerordentlich oft (zur Analyse vgl. vor allem H. Hanse, Art. *ἔχω κτλ.* 816ff. bes. 824, A.48; Niederwimmer, Grundriß 80; Bower, Meaning 1ff.; Paulsen 70ff.). Dies trifft auch dann zu, wenn der religionsgeschichtliche Hintergrund in hellenistischer Religiosität einbezogen wird (vgl. dazu Reitzenstein, Mysterienreligionen 185ff.; Hanse, „Gott haben"). Für Ign liegt zumeist auf dem *θεοῦ* als dem Objekt des *ἐπιτυγχάνειν* der Ton: Ziel ist die Einigung mit Gott (Rm 5,3 auch mit Christus), die sich vor allem auf den Weg des Märtyrers bezieht, wenngleich die Gemeinde z. T. mitgenannt werden kann. Für Ign geht es darum, im Tode an Gott teilzuhaben. *ἐν πάσῃ ἐπιστολῇ* ist zu verstehen = „in jedem Briefe". Die erleichternde Übersetzung „in einem ganzen Brief" wäre auch nur dann beweiskräftig, wenn der dtpln Eph damals wirklich als *Epheser*brief gegolten hat, was durchaus nicht sicher scheint. Deshalb wird das *ἐν πάσῃ ἐπιστολῇ* als Übertreibung des Ign anzusehen sein, die keine weitgehenden Folgerungen zuläßt. Wohl aber zeigt die Äußerung, daß für ihn die Briefe fest zum Bild des Paulus hinzugehören (Lindemann, Paulus 85). Zum anderen berechtigt Eph 12,2 durchaus zur Hypothese, daß Ign sein Paulusbild nicht auf wirklich detaillierte Kenntnisse der paulinischen Theologie oder des Lebens des Paulus stützt (vgl. Bauer, Rechtgläubigkeit, 220; Schneemelcher, Paulus 1ff.). Solche Überlegung gewinnt um so mehr Wahrscheinlichkeit, wenn gesehen wird, wie Ign die Erwähnung des Paulus *seiner* eigenen Theologie unterordnet.

13 ¹**So bemüht euch nun, häufiger zusammenzukommen zum Herrenmahl Gottes und zum Lobpreis. Denn wenn ihr häufig zusammenkommt, werden die Mächte Satans vernichtet, und das von ihm drohende Verderben zerbricht an eurer Glaubenseinigkeit. ²Es gibt nichts besseres als den Frieden, durch den jeder Kampf himmlischer und irdischer Mächte ein Ende findet.**

13,1 Das *πυκνότερον* kann sowohl stärker besuchte (in diesem Sinne möglicherweise Did 16,2) als auch öfter sich wiederholende Gottesdienste meinen; dies dürfte hier gelten (vgl. dazu Pol 4,2; 2 Clem 17,3; Barn 4,10; Hermas 103,3; Ap Const II,59,60). Wichtiger als diese traditionelle Mahnung ist für Ign der Hinweis auf die *ὁμόνοια* (vgl. zu 4,1), die sich so herstellt und von universaler Konsequenz ist (wie die Fortsetzung in 13,2 belegt!). Auch der Hinweis auf εὐχαριστία erfolgt im Rahmen des Gedankens gemeindlicher Einheit; zu dem Terminus vgl. noch Did 9,1; Justin, apol I,65f. (dazu Lietzmann, Messe und Herrenmahl 256ff.; W. Bieder, Abendmahl 75ff.; O. Perler, Eucharistie et Unité 424ff.; zur Bezeichnung εὐχαριστία siehe Knopf, Lehre der zwölf Apostel 24f.).

13,2 nimmt den Gedanken umfassender Konsequenz der gemeindlichen Einheit wieder auf, indem Ign dies durch den Begriff des Friedens verdeutlicht (vgl. dazu H. Fuchs, Augustin und der antike Friedensgedanke 109ff.; W. C. van Unnik, „Tiefer Friede" 261ff.; K. Beyschlag, Zu *EIPHNH BAΘEIA* 18ff.). Auch die Nennung der δυνάμεις in 13,1 wie der Hinweis auf die himmlischen und irdischen Mächte fügt sich in diesen universalen Kontext ein.

14 ¹**Hiervon bleibt euch nichts verborgen, wenn ihr in vollkommener Weise den Glauben und die Liebe, die Anfang und Ende des Lebens sind, auf Jesus Christus richtet; der Anfang der Glaube, das Ende die Liebe. Die beiden aber zur Einheit geworden, das ist Gott; alles andere, was zur Vollkommenheit gehört, folgt daraus. ²Niemand, der sich zum Glauben bekennt, sündigt, noch haßt, wer Liebe besitzt. Erkannt wird der Baum an seiner Frucht; so werden auch die, die sich als Christus angehörend bekennen, an ihrem Tun und Treiben sichtbar werden. Denn jetzt kommt es nicht auf Bekenntnis an, sondern ob einer in Kraft des Glaubens erfunden wird, und das bis ans Ende.**

14,1 In der Verbindung von πίστις und ἀγάπη benennt 14,1 zwei zentrale ign Aussagen (vgl. o. zu 1,1), so sehr dies auch traditionsgeschichtliche Voraussetzungen in der urchristlichen Theologie hat (vgl. dazu zuletzt O. Wischmeyer, Traditionsgeschichtliche Untersuchungen 222ff.). Glaube und Liebe sind für ign Denken in der Tat ‚Anfang' und ‚Ende' (zu diesem Ausdruck vgl. Hommel, Satorformel 108ff., bes. 161ff.) und konstituieren so ethisches Verhalten. Eine analoge Anordnung auch 2 Petr 1,3ff., wo die Klimax der Paränese in verwandter Weise durch πίστις und ἀγάπη gerahmt wird; vgl. daneben noch Hermas 16,3–5; 92,2; 1 Tim 1,5; Barn 1,6; ClemAl, strom. VII,10,55. Ähnlich zentral erscheint der sich anschließende Gedanke: in der Vereinigung (ἕνωσις!) von Glaube *und* Liebe *ist* Gott (vgl. dazu Rogge, Ἕνωσις 50; Martin, Pneumatologia 386; formale Parallelen zur Aussage in 17,2; Sm 10,2).

14,2 Der Besitz von Glauben (vgl. zu dem πίστιν ἐπαγγελλόμενος 1 Tim 2,10) und Liebe schließt für Ign Sünde und Haß aus (die nächsten traditionsgeschichtlichen Parallelen enthalten die Johbriefe; vgl. 1 Joh 3,6; 5,18). Dies aber heißt zugleich: die laute Beteuerung, Christus anzugehören, muß im Tun des Menschen ihre Bewährung finden (vgl. auch Mt 12,33). νῦν d. h. jetzt, in der Zeit der Verfolgung.

15 ¹**Besser ist es zu schweigen und zu sein, als zu reden und nicht zu sein. Gut ist das Lehren, wenn man tut, was man sagt. So ist nun *einer* Lehrer, der sprach und es geschah; und was er schweigend getan hat, ist des Vaters würdig. ²Wer Jesu Wort wirklich besitzt, der kann auch seine Stille vernehmen, damit er vollkommen sei, damit er durch sein Reden handle und durch sein Schweigen erkannt werde. ³Nichts bleibt dem Herrn verborgen, vielmehr ist auch das, was an uns verborgen bleibt, ihm nahe. So laßt uns nun alles tun, wie wenn er in uns wohnte, auf daß wir seine Tempel seien und er in uns als unser Gott sei. So verhält es sich ja**

auch und wird vor unserem Angesicht offenbar werden daran, daß wir ihn lieben, wie es recht ist.

15,1 Daß das *σωπᾶν* gegenüber dem *λαλεῖν* von höherer Wertigkeit ist, ergibt sich für Ign folgerichtig aus seinem Verständnis von *σιγή* und der Korrelation dieses Begriffs mit Gott (vgl. o. zu 6). Deshalb wird *σωπᾶν* zugleich auch mit *εἶναι* identifiziert und steht dem *μὴ εἶναι* gegenüber. Schwierig erscheint die Einfügung des anschließenden Satzes in den Kontext (zur Interpretation vgl. vor allem F. Normann, Christos Didaskalos 87ff.; siehe auch Magn 9,1). Auf der einen Seite wird das *καλὸν τὸ διδάσκειν κτλ.* wieder aufgegriffen: der *εἷς οὖν διδάσκαλος* redet und es geschieht. Darin wird eine schöpfungstheologische Aussage (vgl. Ps 32,9) auf Christus übertragen, wie auch ähnliches für das *εἷς διδάσκαλος* gelten dürfte (vgl. Normann, Christos Didaskalos 89). Allerdings läßt sich ein präzises Verständnis von *εἶπεν* in diesem christologischen Kontext kaum noch gewinnen. Im anschließenden Satz kehrt Ign dann zum Thema des Schweigens zurück: 15,2 belegt, daß für ihn die Verbindung zwischen Tat und Schweigen den Ton trägt.

15,2 Ign zieht aus dem Gesagten jetzt die paränetische Konsequenz: für den Glaubenden geht es auf der einen Seite um die Übereinstimmung zwischen Handeln und Reden, andererseits um das Orientieren an dem Schweigen des *κύριος* (vgl. auch 6). Dies mündet in den Gedanken des *τέλειος εἶναι* (vgl. Sm 11,2f. u. ö.), mit dem Ign an traditionelle Motive urchristlicher Paränese anknüpfen kann.

15,3 Zu 3a vgl. 1 Clem 27,3.6; der Text zeigt, daß Ign erneut eine Gottesaussage auf Christus überträgt (zur Traditionsgeschichte des Motivs vgl. Theißen, Psychologische Aspekte 88ff.). Zur Übertragung des Tempels auf die Existenz der Christen und zur Traditionalität des Motivs vgl. 1 Kor 3,16f.; 6,19f.; 2 Kor 6,16ff.; pln Eph 2,21f.; Barn 6,15; 2 Clem 9,3 (siehe auch Paulsen, Überlieferung und Auslegung 48ff.).

16 ¹**Laßt euch nicht täuschen, meine Brüder. Die Häuserverwüster werden das Reich Gottes nicht erben. ²Wenn nun schon die, welche nach dem Fleisch solches tun, starben, wieviel mehr dann, wenn einer den Glauben Gottes, für den Jesus Christus gekreuzigt worden ist, durch schlechte Lehre verwüstet? Ein solcher wird, schmutzig geworden, in das unauslöschliche Feuer wandern; und ebenso, wer auf ihn hört.**

16,1 Über *μὴ πλανᾶσθε* vgl. zu 5,2. In der Polemik gegen die Gegner greift Ign auf traditionelles Material zurück, wobei vor allem der eschatologische Akzent des Abschnitts zu beachten ist. Die Nähe des Textes (vgl. auch Phld 3,3) zu 1 Kor 6,9f. bzw. 1 Kor 15,50 ist auffällig (vgl. Rathke, Ignatius 33ff.), sie erstreckt sich vor allem auf die übereinstimmende Begrifflichkeit, auch die Verbindung der Termini läßt sich parallelisieren. Dies legt die Vermutung nahe, Ign zitiere den pln Text (so W. Bauer 1. A.; Rathke, Ignatius 33ff.); sicher ist dies nicht, weil eine genaue Übereinstimmung nicht vorliegt (vgl. auch Lindemann, Paulus 202f.) und der Gedanke zudem in seiner Traditionalität sich nicht auf Ign und Paulus einschränken läßt (vgl. J. Jeremias, „Flesh and Blood" 298ff.). Deutlich benutzt Ign den Hinweis auf die moralische Defizienz (vgl. zu diesem Verständnis von *οἰκοφθόρος* Perler, Hymnus 67; in dem *οἶκος* dürfte auch 15 mit dem *ναός*-Motiv wieder aufgenommen sein!) zur Polemik gegen die Gegner. Dem dient auch der Schluß a minore ad maius in 16,2.

16,2 Wenn der Ausschluß aus dem Reich Gottes bereits für die irdischen Verhältnisse zutrifft, so gilt dies um so mehr für die Zerstörung der Gemeinde durch die κακὴ διδασκαλία. Sie zieht das Gericht nach sich; in der Formulierung bezieht sich Ign erneut auf traditionelles Gedankengut: vgl. z. B. 2 Clem 10,5.

17 ¹**Deshalb nahm der Herr Salbe auf sein Haupt, damit er der Kirche Unvergänglichkeit zudufte. Laßt euch nicht salben mit dem Gestank der Lehre des Fürsten dieser Weltzeit, damit er euch nicht in Gefangenschaft führe aus dem Leben, das vor euch liegt. ²Warum werden wir denn nicht alle vernünftig, da wir doch Gottes Erkenntnis empfangen haben, d. h. Jesus Christus? Was gehen wir in Torheit zugrunde, ohne Verständnis für die Gnadengabe, die der Herr wahrhaftig gesandt hat?**

17,1 setzt die Warnung vor der Häresie und ihren Gefahren fort: οἰκοφθόροι 16,1 φθείρῃ 16,2 ἀφθαροία 17 sollen wohl eine Kette bilden. διὰ τοῦτο weist voraus auf den ἵνα-Satz (vgl. 2 Kor 13,10; 2 Thess 2,11f.; Phlm 15; 1 Tim 1,16). Möglicherweise ist das μύρον ἔλαβεν (vgl. dazu z. B. Schlier, Untersuchungen 82ff.; K. M. Fischer, Tendenz und Absicht 199) wegen der Parallelität mit 16,2 auf die Passion zu deuten (so Bommes, Weizen Gottes 253ff.). Ob Ign auf die synoptische Salbungsüberlieferung anspielt (so Bauer 1. A.), ist wegen der Verbreitung des Motivs nicht mehr mit Sicherheit zu entscheiden. Wichtig ist für ihn jene Bedeutung, die der Salbung im Blick auf die Kirche zukommt. Der Text lebt von dem Gedanken des ‚Duftes‘ (vgl. dazu E. Lohmeyer, Vom göttlichen Wohlgeruch; J. Ziegler, Dulcedo Dei; A. Stumpff, Art. εὐωδία 808ff.), mit dem der κύριος der Gemeinde die ἀφθαροία gibt (vgl. auch Magn 10,2). Dieses Motiv von ὀσμή bzw. εὐωδία hat in hellenistischer Religiosität eine weite Verbreitung erfahren (vgl. dazu die Nachweise bei Lohmeyer; zum Gedanken bei den Mandäern G. Furlani, Il buon odore 317ff.; siehe auch H.-G. Gaffron, Studien zum koptischen Philippusevangelium 140ff.), die vor allem das soteriologische Verständnis des Gedankens bei Ign verstehbar macht. Wichtiger erscheint allerdings, daß die in 17 vorliegende Verbindung von εὐωδία und γνῶσις auch schon eine christliche Traditionsgeschichte gehabt hat: dies gilt weniger für pln Eph 5,1f. als für 2 Kor 2,14ff. Gott offenbart in der Verkündigung und mit Hilfe der Verkündiger die γνῶσις θεοῦ. Dies aber impliziert für Paulus, daß die Boten selbst zur Χριστοῦ εὐωδία werden. Solche Korrelation trifft auch für 17 zu: εὐωδία ist für Ign ein christologisch definierter Terminus, der in der Verbindung zur γνῶσις immer auch die wahre διδασκαλία einschließt. Nur so kann Ign mit Hilfe des Gegenbildes – der δυσωδία – vor den Gegnern warnen: diese δυσωδία ist geradezu Zeichen des ἄρχων τοῦ αἰῶνος τούτου (vgl. 19,1; Magn 1,3; Trall 4,2; Rm 7,1; Phld 6,2; siehe auch 1 Kor 2,6.8; 2 Kor 4,4).

17,2 ὅ ἐστιν Ἰησοῦς Χριστός wie Magn 7,1; 10,2. Die Gleichsetzung von Christus und Erkenntnis verschärft nach ign Verständnis das Ausmaß der Häresie, die darin ihre ἄγνοια gegenüber Geber und Gabe offenkundig werden läßt.

18 ¹**Mein Geist ist Sühnopfer des Kreuzes, das den Ungläubigen ein Ärgernis ist, uns jedoch Heil und ewiges Leben. Wo ist ein Weiser? Wo ein Forscher? Wo der Ruhm derer, die man Verständige nennt? ²Denn unser Gott Jesus, der Christus, wurde von Maria im Leibe getragen nach dem Heilsplan Gottes, aus Davids**

Samen zwar, und doch aus dem heiligen Geist; er wurde geboren und getauft, um durch sein Leiden das Wasser zu reinigen.

18,1 Über das auch an dieser Stelle umstrittene περίψημα vgl. zu 8,1. Zum τὸ ἐμὸν πνεῦμα vgl. Martin, Pneumatologia 387ff. Die Fragesätze wirken wie eine Aufnahme von 1 Kor 1,20 (vgl. Rathke, Ignatius 30ff.), die Berührung zwischen beiden Texten ist eindeutig und nicht zu leugnen. Aber erneut läßt sich einschränkend auf Differenzen verweisen, zudem ist die Formulierung durchaus traditionell vorgegeben. Dennoch bleibt die Beziehung zwischen 18,1 und 1 Kor 1,20 wohl nur durch die Annahme literarischer Aufnahme zu erklären (möglicherweise zitiert Ign auch, verständlich auf Grund seiner Situation, aus dem Gedächtnis; so Lindemann, Paulus 203).

18,2 Seit H. Schlier (Untersuchungen 44) ist für 18,2 immer wieder vorign Tradition vermutet worden (vgl. auch Bartsch, Gemeindetradition 137; Schille, Hymnen 119; Deichgräber, Gotteshymnus 159f.). Ergebnisse und Begründungen differieren dabei; eine besonders sorgfältige Analyse bei Elze, Christologie 5ff., der mit einer dreistufigen Traditionsgeschichte rechnet: am Anfang steht eine Formel, die 1. von der Herkunft Jesu, des Christus, aus Maria und dem Geschlecht Davids, 2. von seiner Geburt und 3. von seiner Taufe sprach. Noch vor Ign kamen die Interpretamente πνεύματος ἁγίου und κατ' οἰκονομίαν sowie der ἵνα-Satz hinzu, während auf Ign selbst das ὁ θεός sowie das πάθος zurückgeht. Aber auch dies bleibt nicht ohne Zweifel. Methodisch spricht in jedem Fall für eine vorign Traditionsgeschichte der relativische Anschluß mit ὅς, die Singularität des Ἰησοῦς ὁ Χριστός bei Ign, die Auseinandersetzung mit den Gegnern, die den Rückgriff auf Überlieferung denkbar erscheinen läßt, und die konkurrierende Tradition in 19. Dies läßt auch Schlüsse für die vorign Textgeschichte zu: ihr dürften neben dem ἐκυοφορήθη ὑπὸ Μαρίας noch die Paare ἐκ σπέρματος μὲν Δαυίδ / πνεύματος δὲ ἁγίου sowie ὅς ἐγεννήθη καὶ ἐβαπτίσθη angehört haben. Die enge Verbindung von καὶ ἐβαπτίσθη und dem Inhalt des sich anschließenden Satzes könnte auch für die Traditionalität dieser Aussage sprechen (zur Traditionsgeschichte solcher ἵνα-Aussagen vgl. N. A. Dahl, Beobachtungen 7). Auf Ign gehen als Interpretamente das ὁ θεὸς ἡμῶν, der Hinweis auf πάθος sowie das κατ' οἰκονομίαν (vgl. 20,1!) zurück. Rechnet man mit einer in sich geschlossenen Einheit vor Ign, so wäre ihre Einbindung in Tauftheologie und Taufpraxis der Gemeinde zu vermuten (Deichgräber, Gotteshymnus 160); wenn von der Hypothese einzelner Traditionssplitter ausgegangen wird, läßt sich der ‚Sitz im Leben' nicht mehr bestimmen. Für die vorign Aussage ist die Betonung der Reinigung des Wassers auffällig, sie ist aber traditionell (vgl. für die spätere Zeit z. B. ClemAl, paed. I,6,25f.; Eclog.proph. 7,1; Tertullian, de bapt. 4; 8; 9 u. ö.). Bezeichnenderweise interpretiert Ign den Satz nicht sakramental, sondern legt ihn durch die Verwendung von πάθος (vgl. noch Eph inscr. 20,1; Magn 5,2; 11; Trall inscr; 11,2; Rm 6,3; Phld inscr; 3,2; 9,2; Sm 1,2; 5,3; 7,2; 12,2) im Kontext seiner Leidenstheologie aus (vgl. dazu Elze, Christologie 60ff.). Auch das Interpretament des κατ' οἰκονομίαν integriert die Überlieferung der gesamten ign Theologie, wie das pointierte ὁ θεὸς ἡμῶν sich aus der Polemik gegen die Gegner schlüssig herleiten läßt.

19 **¹Und verborgen blieb dem Fürsten dieser Weltzeit die Jungfräulichkeit der Maria und ihre Niederkunft, gleicherweise auch der Tod des Herrn; drei laut**

rufende Geheimnisse, die in dem Schweigen Gottes vollbracht wurden. ²Wie wurden sie nun den Äonen offenbar?

Ein Stern erstrahlte am Himmel
  heller als alle Sterne,
  und sein Licht war unaussprechlich,
  und seine Neuheit erregte Befremden.
  Alle übrigen Sterne aber
  zusammen mit Sonne und Mond
  umgaben den Stern im Chor;
  er aber übertraf mit seinem Licht sie alle,
  und Unruhe herrschte, woher die neue, ihnen ungleichartige Erscheinung
  wäre.
³Von da an wurde alle Zauberei aufgelöst,
  und jede Fessel der Schlechtigkeit verschwand;
  die Unwissenheit wurde zerstört,
  die alte Herrschaft ging zugrunde.
  Gott offenbarte sich als Mensch
  zu einem neuen ewigen Leben.
  Seinen Anfang nahm, was bei Gott zur Vollendung gelangt war.
  Von da an war alles zugleich in Bewegung,
  weil die Vernichtung des Todes betrieben wurde.

19,1 Kaum ein Text der ign Briefe hat in einem solchen Ausmaß die Aufmerksamkeit auf sich gezogen wie Eph 19 (zur Analyse vgl. vor allem Schlier, Untersuchungen 5ff.; Bartsch, Gemeindetradition 133ff.; Niederwimmer, Grundriß 115f.; Corwin, Ignatius 154ff.; Deichgräber, Gotteshymnus 157ff.). Dies gilt bereits für die intensive Wirkungsgeschichte in der altkirchlichen Literatur (vgl. die Zusammenstellung bei Lightfoot z. St.), wenngleich die Texte z. T. mehr die Motive von Eph 19 aufnehmen. Methodisch sind für das Verständnis von Eph 19 vor allem zwei Aspekte zu bedenken: Ign bezieht sich in diesem Text nachhaltig auf Motive und Traditionen hellenistischer Religiosität (vgl. dazu vor allem Schlier, Untersuchungen 5ff.), so schwierig deren Herkunft und Charakter im einzelnen auch zu bestimmen ist. Auf der anderen Seite hat Ign diese Überlieferungen konsequent seinem eigenen theologischen Entwurf integriert, Stilisierung und rhetorische Gestaltung gehen auf ihn zurück. Diese enge Verbindung von überkommener Aussage und eigener Theologie wird bereits in 19,1 deutlich: auf dem Hintergrund des Textes steht – durch den μυστήριον-Begriff initiiert – die mythologische Vorstellung (vgl. dazu im einzelnen Schlier, Untersuchungen 5ff.; fraglich erscheint nur, ob sich wirklich noch ein in sich geschlossener Mythos rekonstruieren läßt!) von der uranfänglichen Verborgenheit des Heils, die zugleich aber auch gegenüber dem ἄρχων τοῦ αἰῶνος τούτου gilt. Es verbinden sich unterschiedliche Motive: die religions- und traditionsgeschichtlich verbreitete μυστήριον-Vorstellung (vgl. dazu G. Bornkamm, Art. μυστήριον bes. 831), das Verständnis von ἡσυχία als Charakteristik der göttlichen Sphäre (vgl. zu σιγή o. zu 6) und der Gedanke der feindlichen Mächte, deren Entmachung in diesem μυστήριον gerade vollzogen wird. In der Rezeption dieser differenten Topik bleiben Parallelen in der urchristlichen Theologie für das Verständnis des Ign traditionsgeschichtlich bedenkenswert: im Blick auf den Begriff μυστήριον vgl. besonders plnRm 16,25; Kol 1,26; plnEph 3,9. Vor allem 1 Kor 2,6ff. enthält verwandte Motive (zur Analyse vgl. U. Wilckens, Weisheit und Torheit 60ff.). Ign setzt dies überlieferte Material im Kontext eigener Theologie ein: dies zeigt sich an der Betonung der Inkarnation (vgl. auch den Zusammenhang mit 18,2), die μυστήρια bestehen in den christologischen Heilsdaten (mit besonderer Hervorhebung der παρθενία Marias; vgl. dazu von Campenhausen, Jungfrauengeburt 22f.). Zugleich insistiert er auf dem Gedanken der Offenbarung, wie an der überraschenden Zusammenstellung von κραυγή und ἡσυχία (vgl. Bornkamm, μυστήριον 831,1ff.) erkennbar ist (wobei sich dies, bedingt durch ἡσυχία, mit der Präexistenzvorstellung verbindet).

19,2 Um diese Frage der Offenbarung bzw. des πῶς der Offenbarung kreist das in gehobener Sprache verfaßte, sich anschließende Stück. Seit E. Lohmeyer (Kyrios Jesus 64) und C. F. Burney (Aramaic Origin 161f.) ist Gliederung und Aufbau von 19,2f. umstritten, ein Konsens wird sich kaum erzielen lassen (am überzeugendsten Deichgräber, Gotteshymnus 158f.). Dies erscheint darum nicht als zufällig, weil 19,2f. in toto kaum vorign sein dürfte, sondern von ihm gestaltet wurde (angesichts des stilistischen Vermögens des Ign ist dies nicht überraschend zu nennen!). Unter der dominierenden Thematik der Offenbarung subsumiert 19,2 unterschiedliche Motive: die Hervorhebung des Sterns (vgl. neben Mt 2,1ff. noch ClemAl, Exc. ex Theod. 74,2; Origenes, contra Cels. I,34) unterstreicht den universalen, grundstürzenden Charakter des φανεροῦν. Ähnliches gilt für die Betonung der καινότης (vgl. auch 19,3 καινότης ἀϊδίου ζωῆς und 20,1 καινός ἄνθρωπος).

19,3 beschreibt die Folgen der Offenbarung in der Aufhebung des bisherigen schlechten Lebens: für den Abscheu vor der μαγεία vgl. etwa Apg 8,9.11; 13,6.8; Barn 20,1; Did 2,2; 5,1. Er wird umso lauter geäußert, je öfter die Christen sich gerade diesen Vorwurf gefallen lassen mußten. Zum Gedanken, daß Christus das Ende aller Magie sei, vgl. Tertullian, de idol. 9; Origenes, contra Cels. I,60; zum Folgenden vor allem Irenäus, adv. haer. II,20,3. Wenn Ign so nachdrücklich die Vernichtung der ἄγνοια als eines Grundübels durch das Erscheinen des Erlösers anspricht, so erklärt sich dies, wenn die Konnotationen von ἄγνοια in damaliger Zeit beachtet werden (vgl. R. Bultmann, Art. ἀγνοέω). Dies gilt weniger für das apologetische Verständnis von ἄγνοια, wie es nach Apg 17,30 etwa in Ker.Petr. fragm. 2 ap. ClemAl, strom. VI,5,40 (dazu Paulsen, Kerygma Petri 15f.) besonders deutlich hervortritt. Hier meint Nichtwissen die eher entschuldbare Vorgabe des jeweiligen Daseins, die durch Umkehr und Bekehrung sich aufheben läßt. Wichtiger sind jene Texte, in denen ἄγνοια geradezu Synonym wird für die Verfallenheit an die Bindungen dieser Welt, für die Ausweglosigkeit menschlicher Existenz, die allein durch die Erfahrung der Transzendenz aufgehoben werden kann: dies zeigt sich vor allem an den hermetischen Schriften (vgl. dazu Kroll, Hermes Trismegistos 353, bes. A.3; Wlosok, Laktanz 130ff.; an Texten siehe z. B. CH XI,21; XIII,7f.; XIV,8 u. ö.) aber auch an gnostischen Zusammenhängen (vgl. etwa NHC XIII,49,29ff.). Die παλαιὰ βασιλεία, die Herrschaft des Fürsten dieser Welt, wird so durch den Offenbarer aufgehoben und darin konstituiert sich die καινότης ἀϊδίου ζωῆς. Das ἀρχὴν κτλ. spricht überraschend davon, daß mit dem Kommen Jesu in die Welt die οἰκονομία erst *beginnt*. Dies eröffnet, wie am Folgenden deutlich wird, den Blick in die Zukunft, erinnert zugleich mit dem τὸ παρὰ θεῷ ἀπηρτισμένον aber auch an 19,1. Erneut weitet Ign den Gedanken kosmologisch aus: auf solche Weise gerät zugleich τὰ πάντα in Bewegung (vgl. plnRm 8,19ff.; das συνκινεῖσθαι nimmt stoische Motive möglicherweise auf, vgl. SVF IV, s. v. κίνησις). Mit dem Gedanken der Zerstörung des Todes wird abschließend noch einmal der soteriologische Akzent in den Mittelpunkt gerückt.

20 ¹**Wenn Jesus Christus mich auf euer Gebet hin würdigt und es der Wille ist, werde ich in dem zweiten Schriftstück, das ich an euch zu richten vorhabe, euch weiterhin aufklären über das, womit ich begonnen habe: den Heilsplan, der sich auf den neuen Menschen Jesus Christus bezieht, im Glauben an ihn und in der Liebe zu ihm, in seinem Leiden und seiner Auferstehung vor allem werde ich dies tun, wenn der Herr mir offenbaren sollte,** ²**daß ihr alle Mann für Mann, jeder einzelne ohne Ausnahme, gemeinsam in Gnade zusammenkommt, in** *einem* **Glauben und in Jesus Christus, der dem Fleische nach aus Davids Geschlecht stammt, dem Menschensohn und Gottessohn, um dem Bischof und dem Presbyterium zu gehorchen mit ungeteiltem Sinn,** *ein* **Brot brechend, das ist die Unsterblichkeitsarznei, Gegengift gegen den Tod, Gabe, um immerfort in Jesus Christus zu leben.**

20,1 Das absolute θέλημα (vgl. auch das absolute ὄνομα in 3,1 und das sich gleich anschließende οἰκονομία) = θέημα θεοῦ (Eph inscr; Trall 1,1; Sm 1,1) auch Rm 1,1; Sm 11,1; Pol 8,1; doch vgl. schon plnRm 2,18. Im Gegensatz zu βίβλος, dem ‚literarischen' Buch, bedeutet βιβλίδιον (Hermas 5,3f.; 8,1) kleinere oder kleinste Schriftstücke, speziell die Eingabe. Weshalb Ign die weitere Belehrung einem zweiten Schreiben vorbehält, läßt sich nicht mehr erkennen (vgl. auf der anderen Seite Pol 8,1). Zudem bleibt briefliche Topik zu bedenken; in jedem Fall gibt es kein Zeugnis dafür, daß die Absicht je zur Tat wurde. Ign resümiert mit οἰκονομία noch einmal die Gedankenführung seit 18 (zu οἰκονομία vgl. vor allem Lindemann, Aufhebung der Zeit 79ff.). Diese οἰκονομία hat ihre Mitte im καινὸς ἄνθρωπος Jesus Christus; καινός (vgl. dazu Schlier, Epheserbrief 134) insofern, als der Offenbarer in seinem Kommen neues, i. e. ewiges Leben eröffnet (19,3). Traditionsgeschichtlich ist weniger auf 1 Kor 15,45.47 als auf den plnEph zu verweisen (vgl. 2,15f.; 4,24; siehe auch Kol 3,10; zum Ganzen Lindemann, Paulus 205). πίστις αὐτοῦ bzw. ἀγάπη αὐτοῦ meint kaum jene Liebe und jenen Glauben, den Christus entwickelt hat (so Zahn, Ignatius 457, A.1). Wie auch sonst bei Ign bezieht es sich auf den Menschen, wobei der prinzipielle Charakter der beiden Begriffe zu bedenken ist. Demgegenüber fassen πάθος und ἀνάστασις noch einmal die christologische Aussage bündig zusammen. Die Anschauung, daß sich der Einblick in die οἰκονομία der Offenbarung durch den Kyrios verdanke, ist traditionell (vgl. Weinel, Wirkungen des Geistes 190ff.).

20,2 Dem Nachdruck, mit dem Ign seine Forderungen erhebt, entspricht das Übermaß seiner inneren Teilnahme. Von den Gemeindeversammlungen, ihrem vollzähligen Besuch redet er auch 5,3; 13; Magn 4; 7,1; Pol 4,2, über die richtige Feier der Eucharistie Phld 4; Sm 8. ἐξ ὀνόματος wie Pol 4,2; 8,2. Zum Brotbrechen als Ausdruck für das Herrenmahl vgl. 1 Kor 10,16; Apg 2,42.46; 20,7.11; 27,35. Der ign Text erinnert an die Aussage in Did 9,4 (vgl. A. Vööbus, Liturgical Traditions 137ff.; L. Clerici, Einsammlung der Zerstreuten). Umstritten ist der Anschluß ὅς; möglicherweise ist gegen den handschriftlichen Befund ein ὅ zu lesen (vgl. Snyder, Text 8ff.), was allerdings nicht zwingend erscheint. Mit φάρμακον ἀθανασίας (vgl. dazu Schermann, Griechische Zauberpapyri 43; Reitzenstein, Mysterienreligionen 314f.; 400f.; A. D. Nock, Liturgical Notes 390ff.) wie auch mit ἀντίδοτος (vgl. K. Th. Schäfer, Art. Antidotum 457ff.) greift Ign

45

verbreitete .medizinische Termini auf. Wichtig ist, daß sich der Begriff des φάρμακον ἀθανασίας auch JosAs 8,5 in ähnlicher Weise aufzeigen läßt (siehe die traditionsgeschichtliche Analyse bei Sänger, Antikes Judentum und die Mysterien 169ff.). Wenn Ign die Aussage in kultischem Kontext benutzt, so hebt er so das gegenwärtige Heil für die geeinte Gemeinde hevor: Christus *ist* für sie das Leben und darin die Überwindung des Todes. Das macht auf der anderen Seite verständlich, daß Ign auf seinem Weg ins Martyrium in der Trennung von der Gemeinde dieses Leben von der Zukunft erst erwartet.

21 **¹Ein Lösegeld bin ich für euch und die, die ihr zu Gottes Ehre nach Smyrna gesandt habt, von wo ich euch schreibe, dankbar dem Herrn, voller Liebe zu Polykarp wie auch zu euch. Gedenket meiner, wie auch Jesus Christus euer. ²Betet für die Kirche zu Syrien, woher ich gebunden als der geringste der dortigen Gläubigen nach Rom fortgeführt werde, so wie ich gewürdigt worden bin, zu Gottes Ehre erfunden zu werden. Lebet wohl in Gott Vater und in Jesus Christus, unserer gemeinsamen Hoffnung.**

21,1 Über ἀντίψυχον vgl. zu 8,1. Der Gedanke, daß der Tod des Märtyrers für die Glaubensgenossen als Lösegeld dient, bereits IV Makk 6,29; 17,22; vgl. noch 2 Tim 2,10; Phil 2,17. Über die Gesandtschaft der ephesinischen Gemeinde nach Smyrna vgl. zu 1,2; 2,1.

21,2 Das Verlangen nach Fürbitte für die syrische Kirche, das Magn 14; Trall 13,1 (vgl. Sm 11,1) und ebenso auch im Rm (9,1), dem einzigen Schreiben, das Ign als Bischof bezeichnet (2,2), wiederkehrt, versteht sich am besten, wenn diese Kirche durch die Abreise des Ign in außergewöhnliche Bedrängnis geraten ist, in ihm also nicht bloß einen Diakonen (vgl. zu 2,1), sondern ihr Oberhaupt verloren hat (vgl. besonders Rm 9,1). Ign als ἔσχατος der Gläubigen Syriens auch Trall 13,1; Rm 9,2; Sm 11,1. Zur Erklärung vgl. o. Eph 8,1. ἔρρωσθε (auch Magn 15; Trall 13,2; Rm 10,3; Phld 11,2; Sm 13,2; Pol 8,3) ist ein Briefen häufiger Schlußwunsch. Jesus Christus heißt „unsere (gemeinsame) Hoffnung" wie Phld 11,2; Magn 11; Trall inscr; 2,2 (vgl. auch τελεία ἐλπίς Sm 10,2). Die christologische Bestimmung der ἐλπίς wird darin zum Inbegriff des Christentums (vgl. Eph 1,2; zur traditionsgeschichtlichen Bestimmung solcher ἐλπίς vgl. 1 Tim 1,1; R. Bultmann, Art. ἐλπίς S. 529, A. 115).

Ignatius an die Gemeinde in Magnesia

Inhalt

Zuschrift mit dem Eingangsgruß

Ign legt Berechtigung und Art seiner Bemühung um die Kirchen dar 1. Die Gemeinde von Magnesia ist ihm in einer Gesandtschaft begegnet 2. Sie wird zunächst ermahnt, sich dem Bischof trotz seines jugendlichen Alters unterzuordnen 3, nicht aber das Verhalten gewisser Leute nachzuahmen 4. Bei der Entscheidung über den einzuschlagenden Weg gilt es an das Ziel zu denken, dem er zusteuert. Es gibt zwei Wege, wie es zwei Gruppen von Menschen gibt 5. Aufforderung zur Herstellung einer vollkommenen Einheit aller Gemeindeglieder, die keine Angelegenheit ohne den Bischof regeln sollen 6.7. Warnung vor der Irrlehre 8–11. Wendungen der Bescheidenheit 12 führen zu Mahnungen allgemeiner Natur, die wieder in die Forderung nach Unterordnung unter Bischof, Presbyter und Diakone einmünden 13. Aufforderung zur Fürbitte für seine Person und die syrische Kirche 14. Schlußgrüße 15.

inscriptio

Ignatius, der auch Theophorus heißt, an die gesegnete Kirche in Magnesia am Mäander durch Gottes des Vaters Gnade in unserem Heiland Jesus Christus, in dem ich sie begrüße und ihr in Gott Vater und in Jesus Christus alles Gute wünsche.

1 **[1]Da ich erfahren habe, wie ausgezeichnet geordnet eure gottgemäße Liebe ist, habe ich mir voller Freude vorgenommen, im Glauben Jesu Christi zu euch zu reden. [2]Denn da ich des Namens von göttlicher Herrlichkeit gewürdigt worden bin, preise ich in den Fesseln, die ich herumtrage, die Kirchen, denen ich Einigung wünsche des Fleisches und des Geistes Jesu Christi, der allezeit unser Leben ist, die Einigung des Glaubens und der Liebe, die von nichts übertroffen wird, vor allem aber die Einigung Jesu mit dem Vater; [3]in ihm werden wir, wenn wir allem Übermut des Fürsten dieser Weltzeit standhalten und entkommen, zu Gott gelangen.**

inscriptio

Die diesem Brief vorgesetzte, nicht auf Ign zurückgehende Überschrift lautet bei GL *Μαγνησιεῦσιν*, bei g(A) *πρὸς Μαγνησίους*. Aber sowohl *Μαγνησιεύς* wie *Μαγνήσιος* ist sprachlich unmöglich, die richtige Bezeichnung = *Μάγνης*. Dem entspricht der Befund der Münzen, Inschriften und Literatur (vgl. Lightfoot z. St., dazu Dittenberger, Or.inscr. 12; 231ff.; 319; 501, auch Syll. III,132 und O. Kern, Inschriften 206). Die in südöstlicher Richtung nicht weit von Ephesus gelegene Stadt wird zum Unterschied von anderen Städten des gleichen Namens, einer thessalischen, die als ihre Gründerin angesehen wurde, und einer kleinasiatischen am Berge Sipylus Magnesia am Mäander genannt. Der

Flußname wird meist durch die Präposition angefügt. Wie hier durch πρός c.Dativ z. B. auch Dittenberger, Or.inscr. 229,84; 503; Kern, Inschriften 40,11.16; 44,4; 101,8.

1,1 πολυεύτακτος ist bisher nur an dieser Stelle nachgewiesen worden. Das ἐν πίστει bezeichnet kaum das Thema des nachfolgenden Schreibens (so Moffatt, Notes 153ff.), sondern Grund und Ermöglichung des ign Redens.

1,2 Erneut findet sich das eigentümliche Verständnis von ὄνομα (vgl. zu Eph 1); der Begriff rückt wieder in die Nähe von ‚Christentum‘, wobei dies von Ign auf dem Hintergrund seiner Gefangenschaft individuell ausgelegt wird. Der Text zeigt mit der dreimaligen Nennung von ἕνωσις die zentrale Stellung dieses Begriffs in der ign Theologie (Paulsen 186); dies wird auch durch die inhaltliche Füllung hervorgehoben, in der ebenfalls prinzipielle Theologumena des Ign erscheinen. Über das τοῦ διὰ παντὸς ἡμῶν ζῆν vgl. zu Eph 3,2; über Glaube und Liebe Eph 14,1. Sm 6,1 gilt das, was hier von der Liebe gesagt wird, auch vom Glauben.

1,3 ἐν ᾧ muß, wie sich aus dem Zusammenhang ergibt, mit Ἰησοῦ verbunden werden (zur Sache vgl. Joh 17,21).

2   Da ich nun gewürdigt worden bin, euch zu sehen durch Damas, euren gottwürdigen Bischof und die würdigen Presbyter Bassus und Apollonius und meinen Mitsklaven, den Diakon Zotion, dessen ich froh werden möchte, weil er sich dem Bischof unterwirft wie der Gnade Gottes und dem Presbyterium wie dem Gesetze Jesu Christi –

2 stellt einen Vordersatz dar, dem der Nachsatz fehlt; ähnlich 5,1.2; Eph 1,2; Rm 1,1. Die Situation entspricht ganz der von Eph (1,2f.; 2,1; auch Trall 1,1) vorausgesetzten: Ign hat in Smyrna (Magn 15) eine Abordnung der Kirche von Magnesia empfangen. Über Bischof, Presbyter und Diakone vgl. den Exkurs zu Eph 3. Der Name Damas (Δαμᾶς, Gen Δαμᾶ) ist in den Inschriften nicht selten und besonders auch für das westliche Kleinasien bezeugt; z. B. CIG 2562; 2869; 2880; 3507. Speziell für Magnesia belegt ihn O. Kern, Inschriften 321. Der Name Bassus war in jenen Gegenden gleichfalls nicht unbekannt; z. B. CIG 3112; 3148; 3151; 3493. Für Magnesia Kern, a.a.O. 122 g 5. Wie hier erscheint er CIG 2248 neben Apollonius, einem weitverbreiteten Namen (für seine Beliebtheit in Magnesia vgl. Dittenberger, Syll 525,14.18; 929,4.8; Or inscr 319,6f.). Der hier Ζωτίων geschriebene Name erscheint in den Inschriften zumeist als Σωτίων (zu dieser Vertauschung vgl. Lightfoot II,331f.).

3   [1]Für euch aber schickt es sich, das jugendliche Alter des Bischofs nicht auszunutzen, vielmehr entsprechend der Kraft Gottes, des Vaters, ihm alle Achtung zu erzeigen, wie ich erfahren habe, daß auch die heiligen Presbyter seine offensichtliche Jugend nicht mißbrauchten, sondern als Verständige in Gott sich ihm fügten, nicht ihm aber, sondern dem Vater Jesu Christi, dem Bischof aller. [2]Zur Ehre dessen nun, der seinen Liebeswillen auf ihn gerichtet hat, ist es angemessen, ohne alle Heuchelei zu gehorchen, da man ja nicht diesen sichtbaren Bischof betrügt, sondern den unsichtbaren täuscht. In solchem Falle aber hat man es nicht mit dem Fleisch zu tun, sondern mit Gott, der das Verborgene kennt.

3,1 Zum Ganzen vgl. 1 Tim 4,12. συγχρᾶσθαι (statt χρῆσθαι wie 2 Clem 6,5) bedeutet „gebrauchen", „verwenden", auch im Sinne von „sich zu Nutze machen", in erlaubter wie unerlaubter Weise; vgl. Epiktet II,19,1; Arist 162; 266. ἡλικία bekommt durch den Zusammenhang die Bedeutung *jugendliches* Alter, wie es Joh 9,21 = *„mündiges"* Alter ist. κατὰ δύναμιν: die Achtung soll der δύναμις entsprechen, die Gott dem Bischof gegeben hat. προσλαμβάνειν hat fast die gleiche Bedeutung wie συγχρᾶσθαι, nämlich „seinen Vorteil aus etwas ziehen", sensu malo „etwas mißbrauchen". τάξις ist hier „Beschaffenheit", „Zustand"; vgl. Diodor.Sic. I,25; Arist 69. φαινομένη kann sowohl besagen, daß der jugendliche Zustand des Bischofs vor aller Augen liegt, als auch im Sinne eines „äußerlich betrachtet" besagen, daß die innere Beschaffenheit die äußere Lügen straft. Zu φρόνιμοι ἐν θεῷ vgl. die φρόνιμοι ἐν Χριστῷ 1 Kor 4,10. Wie Gott hier ἐπίσκοπος πάντων heißt (vgl. auch zu Eph 1,3), so PolPhil 5,2 der Herr διάκονος πάντων.

3,2 θέλω c.Acc. = „seinen Liebeswillen auf jemanden richten"; vgl. Ps 21,9 (= Mt 27,43); 40,12; Tob 13,8. Deshalb kann Ign in Rm 8,3 mit μισεῖν den direkten Gegensatz dazu bilden (vgl. auch Rm inscr). Zu κατὰ ὑπόκρισιν = heuchlerisch, in heuchlerischer Weise vgl. 1 Kor 7,6. Zum Schlußsatz vgl. Hebr 4,13; für die Übersetzung von οὐ πρὸς σάρκα ὁ λόγος, ἀλλὰ πρὸς θεόν vgl. Libanius, Leg. Ulixis (= Declamatio IV) 2 sowie die in den Inschriften häufige Wendung ἔσται αὐτῷ πρὸς τὸν θεόν (CIG 3890; 3902; 3980). Zu τὰ κρύφια εἰδότα vgl. Eph 15,3; Phld 7,1.

4 Darum gehört es sich, nicht nur Christen zu heißen, sondern es auch zu sein. Wie ja auch gewisse Leute den Bischof zwar so nennen, aber alles ohne ihn tun. Solche scheinen mir kein gutes Gewissen zu haben, weil sie nicht in fester Ordnung nach der Vorschrift zusammenkommen.

4 Zu Χριστιανός vgl. Apg 11,26; 26,28; 1 Petr 4,16 (dazu Brox, 1 Petr 220ff.). Der Gegensatz von Christ heißen und es wirklich sein wie Rm 3,2. Bei ἐπίσκοπος in Magn 4 ist durchaus die Empfindung noch lebendig, daß es eigentlich eine Funktion aussagen sollte. πάντα = alles, was zum Gemeindeleben gehört; vgl. den Exkurs zu Eph 3.

5 ¹Da nun die Taten ein Ziel haben und beides zugleich vor uns liegt, der Tod und das Leben, und ein jeder an seinen Ort gehen wird – ²Denn wie es zweierlei Münzen gibt, die Gottes und der Welt, und eine jede von ihnen ihre eigene Prägung trägt, die Ungläubigen die dieser Welt, die Gläubigen aber in Liebe die Prägung Gottes, des Vaters, durch Jesus Christus, dessen Leben durch ihn nicht in uns ist, wenn wir nicht freiwillig das Sterben haben auf sein Leiden hin –

5 enthält zwei Perioden, die beide angefangen, jedoch nicht zu Ende gebracht werden; vgl. Eph 1,3.

5,1 ist weniger der *Weg* des Lebens und des Todes ins Auge gefaßt (so Did 1,1) als das *Ziel,* dem der Mensch auf seinem Lebensweg, durch sein Handeln zusteuert. Jeder muß schließlich „an seinem Ort" (wie Apg 1,25; Hermas 81,7; 82,4; 89,4), d. h. an dem Ziel anlangen, das seiner Lebensführung entspricht. Daraus hätte sich als Folgerung die Aufforderung zu einer entsprechenden Entscheidung und dem damit verbundenen Verhalten ergeben können. Doch geht solche Konsequenz verloren, weil Ign zunächst eine Begründung *(γάρ)* für das δύο gibt. Die ursprünglich eschatologisch gemeinte Aussage von 5,1 wandelt sich so im Folgenden zur scharfen Antithese zwischen Gott und Welt, die im Gegensatz von Gemeinde und κόσμος wiederkehrt.

5,2 Aus dem gleichen Vorstellungskreis wie 5,2 schöpft das bekannte Agraphon γίνεσθε τραπεζῖται δόκιμοι (Belege bei Resch, Agrapha 112ff.). Zum Glaubenden als einer Münze mit einer bestimmten Aufschrift vgl. ClemAl, Exc. ex Theod. 86,2: ἐπιγραφὴν μὲν ἔχει (scil. ὁ πιστός) διὰ Χριστοῦ τὸ ὄνομα τοῦ θεοῦ. Das ἔχομεν von G ist gegen ein ἔχωμεν (so gL) beizubehalten; zu ἐάν c.ind. vgl. Bl.-D.-R. § 371.

6 ¹Da ich nun in den eben erwähnten Personen die ganze Gemeinde im Glauben erblickt und liebgewonnen habe, so mahne ich: in der Eintracht Gottes bemüht euch, alles zu tun, wobei der Bischof den Vorsitz führt an Gottes Stelle, und die mir besonders lieben Diakone mit dem Dienst Jesu Christi betraut sind, der vor aller Zeit beim Vater war und am Ende erschienen ist. ²Alle nun, die ihr eine göttliche Übereinstimmung der Gesinnung empfangen habt, achtet einander; und niemand soll in fleischlicher Weise auf den Nächsten blicken, sondern in Jesus Christus liebt einander fort und fort. Nichts sei unter euch, was euch trennen könnte, vielmehr bildet eine Einheit mit dem Bischof und den Vorgesetzten zu Vorbild und Lehre der Unvergänglichkeit.

6,1 belegt (vgl. Trall 3,1) die Verschränkung von Irdischem und Himmlischem zur Begründung konkreter Paränese (vgl. Dassmann, Monepiskopat 79). τὸ πλῆθος (Trall 8,2; Sm 8,2) meint im Gegensatz zu ἐκκλησία, der verfaßten und organisierten Gemeinde, die versammelte Schar der Glaubenden (vgl. Apg 15,12.30). ἐν ὁμονοίᾳ θεοῦ wohl kaum als gen.obj. zu verstehen; derartige Wendungen gebraucht Ign (vgl. 6,5; 15; Phld inscr; 1,2; 8,1; Pol 1,3), um ein „von Gott gewirkt" bzw. ein „Gott gemäß" auszusagen. Jedoch ist die Doppeldeutigkeit dieser Ausdrücke schwerlich zufällig, weil sich geschenktes Leben zugleich am Geber orientiert. Das zweimalige τύπον (SA) dürfte gegenüber τόπον als sekundäre Erleichterung anzusehen sein. Die Presbyter werden hier, wie so oft bei Ign (doch vgl. schon 1 Petr 5,1), mit den Aposteln zusammengestellt (Trall 2,2; 3,1; Phld 5,1; Sm 8,1; vgl. auch ApConst II,28). Dies läßt aber nur sehr bedingt einen Schluß auf die Zahl der Presbyter zu (zur 12-Zahl des Presbyteriums vgl. Achelis, Christentum II,449). Das Wort συνέδριον wird in Beziehung auf dieses Kollegium auch Trall 3,1; Phld 8,1 verwandt; zu beachten bleibt, daß auch die städtische Verfassung der Asia ein συνέδριον τῶν πρεσβυτέρων kannte (CIG 3417 für Philadelphia). Über das besonders innige (γλυκύτατος ist ein Ausdruck der Zuneigung, den man nächsten Verwandten widmet: Dittenberger, Or inscr 382; 526) Verhältnis des Ign zu den Diakonen vgl. den Exkurs zu Eph 3. Zur Traditionalität der Präexistenzaussage in 6,1 vgl. Elze, Christologie 54. Für Ign bezeichnet die Inkarnation zugleich das Ende der Zeiten; solche Veränderung der eschatologischen Aussage ist ebenfalls ein überlieferter Topos: vgl. 1 Petr 1,20; Hebr 1,2; 9,26; 2 Clem 14,2; Hermas 89,3; OrSib VIII,456; ActPetr 24; Irenaeus, adv.haer. I,10,3.

6,2 Über ὁμοήθεια θεοῦ vgl. zu 6,1 *(ὁμόνοια θεοῦ)*. Die „fleischliche" Weise ist nach dem Zusammenhang eine Art, die nicht von der Liebe hervorgerufen und erfüllt ist, die „natürliche" Art, auf den Nächsten zu schauen. Zu τύπον καὶ διδαχὴν ἀφθαρσίας vgl. den in sich allerdings höchst umstrittenen Text plnRm 6,17 (dazu zuletzt U. Wilckens, Brief an die Römer VI/2, 35ff. mit Lit). Wenn bei Paulus ein traditionelles Motiv aufgegriffen ist, so belegt die Verbindung von ἀφθαρσία und Ekklesiologie in Eph 17,1, daß Ign in 6,2 die orthodoxe Lehre der Gemeinde aussagt. An ihr soll sich das Verhalten der Adressaten ausrichten.

7 **¹Wie nun der Herr nichts getan hat ohne den Vater, mit dem er eins ist, weder in eigener Person noch durch die Apostel, so sollt auch ihr ohne den Bischof und die Presbyter nichts tun; und versucht nicht, etwas als verständig anzusehen, was ihr im privaten Kreis tut. Vielmehr soll bei eurer Zusammenkunft *ein* Gebet, *eine* Bitte, *ein* Sinn, *eine* Hoffnung sein in Liebe und untadeliger Freude, das ist Jesus Christus, über den nichts geht. ²Strömt alle zusammen wie zu *einem* Tempel Gottes, zu *einem* Altar, zu *einem* Jesus Christus, der von dem *einen* Vater ausging und bei dem Einen ist und zu ihm zurückkehrte.**

7,1 Magn 7 weist traditionsgeschichtlich eine besondere Nähe zu plnEph 4,4ff. (vgl. Dibelius-Greeven, An die Epheser 79f.) und zu bestimmten johanneischen Motiven auf (vgl. vor allem Joh 17), wobei literarische Abhängigkeit nicht anzunehmen ist (zur Traditionsgeschichte von 7,1 vgl. vor allem K. M. Fischer, Tendenz und Absicht 138). Zu ὁ κύριος ἄνευ τοῦ πατρὸς οὐδὲν ἐποίησεν κτλ. vgl. Joh 5,19.30; 8,28; 12,49; zu ἡνωμένος ὤν (scil. τῷ πατρί, Sm 3,3) vgl. Joh 10,30. Natürlich bezieht sich das Gebot, nichts ohne Bischof und Presbyter zu tun, auf die Gemeindeangelegenheiten (vgl. Sm 8,1). Keine kirchliche Handlung sollen die Christen als gültig vollzogen betrachten, die abseits der Gemeindeversammlung (d. h. auch fern von ihren Leitern) vorgenommen worden ist. Der Schluß von 7,1 ruft die Faktoren in das Bewußtsein, auf Grund derer die Einheit der Gemeinde tatsächlich vorhanden ist und in denen sie sich darstellt (zur Wirkung der προσευχή in dieser Richtung vgl. Magn 14; auch Trall 12,2); dadurch wird sie als ein Gut erwiesen, das nicht geschmälert werden darf und so christologisch definiert ist. Zur „untadeligen Freude" vgl. Eph inscr.

7,2 Herkunft vom Vater und Rückkehr zu ihm traditionell wie Joh 8,42; 13,3; 14,12.28; 16,10.17.28; zu εἰς ἕνα ὄντα vgl. Joh 1,18. So sehr sich Ign in 7,1.2 traditioneller Motive und Aussagen (εἷς!) bedient, so bleibt die Formulierung insgesamt originell, ist Ausdruck seiner Theologie (vgl. auch Elze, Christologie 55).

8 **¹Laßt euch nicht täuschen durch irrige Ansichten und alte Fabeln, die nichts wert sind. Denn wenn wir bis heute dem Judentum entsprechend leben, so bekennen wir, die Gnade nicht empfangen zu haben. ²Denn die Propheten, die Gott besonders nahestanden, haben nach Christus Jesus gelebt. Deshalb sind sie auch verfolgt worden, angeweht von seiner Gnade, damit die Ungehorsamen vollkommen überzeugt würden, daß *ein* Gott ist, der sich offenbart hat durch Jesus Christus, seinen Sohn, der sein Wort ist, das aus dem Schweigen hervorgegangen ist, und in allem dem gefiel, der ihn gesandt hat.**

8,1 ἑτεροδοξία (ἑτεροδοξεῖν Sm 6,2) findet sich weder in LXX noch im NT, doch schon bei Plato. Zu dem einleitenden Satz und der Charakterisierung der Gegner vgl. 1 Tim 1,4 (dazu den Exkurs bei Dibelius–Conzelmann, Pastoralbriefe 14f.); Tit 1,14; 3,9; Irenäus, adv. haer. I,30,9; II,14,2. κατὰ Ἰουδαϊσμὸν ζῆν dürfte als die ursprüngliche Lesart anzunehmen sein (mit L). Zum Begriff Ἰουδαϊσμός vgl. Gal 1,13 (dazu Mußner, Galaterbrief 78, A. 4). μέχρι νῦν = bis in die Gegenwart, d. h. lange Zeit nach Erscheinung der Gnade.

51

8,2 Ablehnung des Ἰουδαϊσμός bedeutet keineswegs, wie die Gegner des Ign behauptet zu haben scheinen, die Verwerfung der göttlichen Offenbarung in der Schrift und damit der Gnade, die mit ihr nicht im Widerspruch stehen kann. Denn für Ign deckt sich die prophetische Predigt mit der in Christus erschienenen Gnade, die sie vorausverkündet hat; mehr noch: die Propheten haben κατὰ Χριστὸν Ἰησοῦν gelebt (vgl. auch Phld 5,1; 9,1f.). Ign greift in diesem Zusammenhang auf traditionelle Topik zurück: zum Gegensatz zwischen den Propheten und den Vertretern des Ἰουδαϊσμός vgl. Apg 7,51f.; auch die Vorstellung von der Verfolgung der Propheten ist Allgemeingut urchristlicher Theologie (vgl. O. H. Steck, Geschick, bes. 99ff.). Zum Gedanken, daß die Propheten im Besitz der Gnade Christi seien (von seinem Geist angeweht), vgl. 1 Petr 1,11; Barn 5,6; Irenäus, adv.haer. IV,20,4; 33,9. Dies alles dient bei Ign dem Nachweis gegenüber seinen Gegnern, daß sich der eine Gott (auch dies ein traditionelles Theologumenon) in seinem Sohn offenbart *hat*. Die sich anschließende Aussage ist nicht nur inhaltlich, sondern auch textkritisch höchst umstritten (zur Interpretation vgl. Paulsen 115ff.): jedoch dürfte die Lesart λόγος ἀπὸ σιγῆς προελθών (bezeugt durch A und Severus von Antiochien) als lectio difficilior dem ign Verständnis entsprechen. Alle Varianten haben im Grunde die Funktion, den Text gegenüber einer Deutung abzusichern, die ihn wegen seiner Sprachlichkeit in die Nähe gnostischen Denkens rückt. Daß die Identifizierung von Gott und σιγή in der antiken Religiosität weit verbreitet war, läßt sich kaum übersehen (vgl. dazu Dieterich, Mithrasliturgie 42f.; O. Casel, De silentio mystico; Bartsch, Gemeindetradition 53ff.; Pizzolato, Silenzio 205ff.; Mortley, Silence 197ff.); aber auch in spezifisch gnostischen Zusammenhängen taucht der Begriff auf: das gilt vor allem für die Hypostasierung der Σιγή bei den Valentianern (vgl. Clem. Al., Exc. ex Theodoto 29; dazu Müller, Beiträge 206ff.; Orbe, Estudios Valentinianos I,1, 58ff.; Pollard, Johannine Christology 29ff.). Wie wichtig die Vorstellung eines protologischen Schweigens solchem Denken werden kann, belegt neben NHC VI,14,10ff. jetzt NHC XIII („Dreigestaltige Protennoia"; zur Analyse siehe zuletzt Y. Janssens, Trimorphic Protennoia 229ff.); z. B. XIII,46,5ff.: „Ich bin [der Log]os, der ich wohn[e in dem] unaussprechlichen [Lichte], der ich exist[ie]re im unbefleckten [Schweigen].“; XIII,35,31: „Ich bin der Ru[f einer lei]sen [Stimme,] die ich v[om Uranfang an i]m Schwei[gen] bin.“ So sehr Magn 8,2 auf einem solchen religionsgeschichtlichen Hintergrund sich verstehen läßt, so bleibt nach traditionsgeschichtlichen Parallelen in der urchristlichen Theologie zu fragen: vor allem Rm 16,25–27 dokumentiert eine ähnliche Deutung des σιγή-Gedankens (zur Analyse vgl. Käsemann, An die Römer 401ff.; Dewailly, Mystère et Silence 114ff.), wenngleich dies im Rahmen des Revelationsschemas geschieht (vgl. Lindemann, Aufhebung 67ff.). Schließlich bleibt zu bedenken, daß für Magn 8,2 und die Traditionsgeschichte des Motivs auch Weish 18,14f. von Bedeutung ist (vgl. Kretschmar, Studien 39, A.2; Elze, Christologie 56ff.), obwohl eine direkte Beziehung nicht besteht (einschränkend auch Bauer 1.A.; Skepsis erscheint auch angebracht gegenüber dem Hinweis auf PsPhilo, AntBibl 60,2 bei Jeremias, Zum Logos-Problem 82). Die Pointe der Aussage innerhalb der ign Theologie wird gerade auf der Folie solcher Vorstellungen eindeutig: Christus ist das Wort Gottes (vgl. auch Rm 8,2), in dem dieser sein Schweigen bricht und sich der Welt zuwendet. Solchen Begriff der Offenbarung verbindet Ign mit der traditionellen Sendungsaussage (dazu zuletzt J. A. Bühner, Gesandte).

9 ¹Wenn nun die in den alten Verhältnissen Wandelnden zu der neuen Hoffnung gekommen sind, nicht mehr den Sabbat feiernd, sondern unter Beobachtung des Herrntags lebend, an dem auch unser Leben aufgegangen ist durch ihn und seinen Tod – was einige leugnen, ein Geheimnis, durch das wir den Glauben empfangen haben und wegen dessen wir aushalten, um als Jünger Jesu Christi, unseres einzigen Lehrers, erfunden zu werden –, ²wie sollten wir dann ohne ihn leben können? Ihn haben auch die Propheten, seine Jünger im Geist, als Lehrer erwartet; und deshalb ist er, auf den sie gerechterweise harrten, gekommen und hat sie von den Toten auferweckt.

9,1 bezieht sich kaum auf die Propheten, sondern formuliert unter Aufnahme traditioneller Topik (vgl. dazu P. Tachau, „Einst" und „Jetzt") allgemein: es geht um Glaubende, die den παλαιὰ πράγματα des Judentums (zur Terminologie vgl. Origenes, de princip. IV,3) den Rücken gekehrt haben, um in der neuen Hoffnung zu leben (wobei der Begriff geradezu zur Summe des Christentums wird: vgl. Paulsen 68). Ign schließt daraus, daß die ἔθνη, zu denen er selbst und die Empfänger des Briefes zu zählen sind, noch weit weniger ohne Christus auskommen können. Wenn unter den παλαιὰ πράγματα vor allem der Sabbat erwähnt wird, so könnte dies dadurch eine Erklärung finden, daß die attackierten Gegner eine solche Forderung erhoben haben. Aber die Verfügbarkeit solcher Topik (vgl. auch Gal 4,10) nötigt zu methodischer Vorsicht. Deutlich zeigt die Position des κατὰ κυριακὴν ζῶντες, daß es für Ign um die Hervorhebung des neuen Lebens geht (vgl. Staats, Sonntagnachtgottesdienste 261). Zu κυριακήν fügt G ein ζωήν an, L hat *dominicam,* A den Herrntag. Letzteres wird allgemein als zutreffende Ergänzung angenommen und dürfte auch der Meinung des Ign entsprechen (immerhin ist die Diskussion bei Guy, Lord's Day und Lewis, Lord's Day zu vgl., die Zweifel gegenüber der selbstverständlichen Hinzufügung des ἡμέρα weckt). Jedoch zählt das κυριακή zu jenen Adjektiven, bei denen das üblicherweise dazugehörende Hauptwort (ἡ ἡμέρα) so allgemein feststeht, daß es auch fehlen kann (vgl. den Titel der Schrift des Melito περὶ κυριακῆς ap. Euseb, h. e. IV,26,2; Did 14,1). Zum Ganzen vgl. Dölger, Sol Salutis 364; W. Rordorf, Der Sonntag; W. Rordorf, Sabbat und Sonntag; R. Staats, Sonntagnachtgottesdienste. ὅ (nach L gegen G οἵτινες) blickt auf Christi Tod, aber ebenso auf die Auferstehung am Herrentag, an dem auch für die Christen das neue Leben eröffnet ist. Dieses μυστήριον der Erlösung wird von einigen bestritten und geleugnet. Daß Christus sterben (und auferstehen) mußte, damit die Menschen zum Glauben kommen könnten, ist auch Trall 2,1; Eph 16,2 ausgesprochen (vgl. Justin, dial. 91; 131). Über μαθητὴς Ἰησοῦ Χριστοῦ vgl. zu Eph 1,2.

9,2 Die Propheten sind Jesu Jünger; nicht τῇ σαρκί, weil sie ja keine persönliche Beziehung zu dem Christus κατὰ σάρκα haben konnten, wohl aber τῷ πνεύματι, sofern der in ihnen wohnende Geist Christi sie zu Christus in ein Jüngerverhältnis gesetzt hat. Die Sehnsucht der Propheten ergab sich für Ign (vgl. Phld 5,2; 9,2) wohl aus den messianisch begriffenen und auf Christus hin gedeuteten Weissagungen (vgl. 1 Petr 1,10f.; Apg 3,18.21.24; 10,43). Christus erwies sich den Propheten gegenüber allerdings weniger als Lehrer, denn als Lebensspender oder Erlöser. Aber die Begriffe μαθηταί und διδάσκαλος waren durch 9,1 gegeben, wobei auch die Traditionalität des διδάσκαλος-Motivs zu bedenken ist (vgl. F. Normann, Christos Didaskalos). Die in Form eines Prätertiums (vgl. Phld 5,2) gemachte Aussage über die Erweckung der Propheten durch Christus versteht sich wohl am besten unter Heranziehung der weit verbreiteten – von Ign allerdings nicht explizit vertreteten! – Vorstellung vom descensus ad inferos (vgl. dazu die umfassende Darstellung bei Brox, 1 Petr 163ff.182ff. mit Nennung der wichtigen Lit.). Sie führt zu der Annahme, daß dies gewissen Personen (meist allgemein den Gerechten), so speziell auch den Propheten, die sofortige Befreiung aus dem Reich des Todes gebracht hat.

10 **¹So wollen wir nun nicht gefühllos sein gegen seine Güte. Denn wenn er uns nachahmen wird nach unserem Tun, dann sind wir nicht mehr. Darum wollen wir, die wir seine Jünger geworden sind, lernen, dem Christentum entsprechend zu leben. Denn wer mit einem anderen Namen außer diesem genannt wird, ist nicht Gottes. ²So schafft nun den schlechten Sauerteig weg, den alt gewordenen und bitteren, und wendet euch dem neuen Sauerteig zu; das ist Jesus Christus. Laßt euch durch ihn salzen, damit keiner unter euch verderbe, weil ihr von dem Geruch überführt werdet. ³Es ist nicht am Platz, Christus Jesus zu sagen und jüdisch zu leben. Denn das Christentum ist nicht zum Glauben an das Judentum gekommen, sondern das Judentum (zum Glauben) an das Christentum, zu dem jede Zunge, die an Gott glaubte, gebracht wurde.**

10,1 Über ἄν = ἐάν vgl. Joh 20,23. An dem Indikativ μιμήσεται in G ist festzuhalten. ἐάν mit Ind.fut. z. B. auch Hermas 3,2; 31,7; 33,2 (vgl. zu Magn 5,2). Die dem Ἰουδαϊσμός (vgl. zu 8,1) entsprechende Bildung Χριστιανισμός (vgl. noch 10,3; Rm 3,3; Phld 6,1; dazu Bommes, Weizen Gottes 30ff.) findet sich erstmalig bei Ign. Die Begründung ὃς γὰρ κτλ. hat zur Voraussetzung, daß nur der den Christennamen wirklich trägt, dem es gelingt κατὰ Χριστιανισμόν zu leben, d. h. im Sinn des Ign im rechten Glauben und als ein treues Glied der organisierten Kirche. Daraus ergibt sich dann die Folgerung (οὖν) von 10,2.

10,2 Das Bild vom Sauerteig ist von Paulus her bekannt: 1 Kor 5,6f.; Gal 5,9 (vgl. auch Mt 6,6.12; PsClem, hom VIII,17). Die schlechte ζύμη bedeutet für Ign das Leben κατὰ Ἰουδαϊσμόν. ἐνοξίζειν ist vollkommenes Hapaxlegomenon. 2b wechselt das Bild: an die Stelle des Sauerteigs tritt das Salz mit seiner fäulnisbewahrenden Wirkung. Auch das Salz ist schon vor Ign in der christlichen Bildersprache verwandt worden (vgl. Mt 5,13; Mk 9,49f.; Lk 14,34f.; Kol 4,6) und hat zugleich in der antiken Literatur einen weiten religionsgeschichtlichen Horizont (vgl. dazu M. Lattke, Salz der Freundschaft 44ff.). Der Text ist nicht einfach zu interpretieren, er hat innerhalb der ign Briefe seine nächste Parallele in Eph 17,1. Deutlich erscheint, daß die ὀσμή der Überführung der menschlichen Existenz dienen soll; die Verbindung mit dem διαφθείρειν läßt auch das ἐλέγχειν als eschatologischen Begriff erscheinen. Dies hat über die christologische Bestimmung hinaus unmittelbare Konsequenzen für die ign Gemeinden: es definiert ihre Eigenständigkeit gegenüber den ‚Gegnern‘ (vgl. Eph 17 und Magn 11!), aber führt zugleich zur Abgrenzung gegenüber dem Ἰουδαϊσμός.

10,3 Die eigentümliche Wendung, daß das Judentum zum Glauben an das Christentum gekommen sei, versteht sich von der Idee aus, daß bereits die Propheten Jünger Christi waren (vgl. 8,3; 9,2). Daß nicht das Judentum insgesamt im Christentum aufgegangen ist, kommt nicht zum Bewußtsein. Am Ende steht vielmehr die Übertreibung, die sogar πᾶσα γλῶσσα für das Christentum in Anspruch nimmt. Ähnliche Hyperbeln in plnRm 1,8; 1 Thess 1,8; Kol 1,6.23; Justin, dial. 117; Irenäus, adv.haer. I,10,2.

11 Dies (sage ich) aber, meine Geliebten, nicht, weil ich erfahren hätte, daß einige von euch sich so verhalten, sondern als einer, der geringer als ihr ist, möchte ich Vorsorge für euch treffen, daß ihr nicht an die Angelhaken des Irrtums geratet, sondern in vollkommener Überzeugung glaubt an die Geburt und das Leiden und die Auferstehung, die geschehen ist zur Zeit der Amtsführung des Prokurators Pontius Pilatus: wahrhaftig und gewiß vollbracht von Jesus Christus, unserer Hoffnung, von der abgewandt zu werden niemandem unter euch geschehen möchte.

11 Zu ταῦτα ist ein λέγω oder ἔγραψα zu ergänzen; vgl. Trall 8,1. Über μικρότερος ὑμῶν vgl. zu Eph 1,3; 3,1. Das Medium προφυλάσσεσθαι hat, auch wenn im analogen Fall Trall 8,1; Sm 4,1 die Aktivform gebraucht wird, doch wohl aktivische Bedeutung. Daß bei demselben Schriftsteller aktive und mediale Formen ohne sichtbaren Unterschied nebeneinanderstehen, ist nicht ungewöhnlich (vgl. dazu Bl.-D.-R. § 316; vgl. ἐφυλαξάμην Mk 10,20, wofür Mt 19,20 und Lk 18,21 ἐφύλαξα steht). κενοδοξία ist hier nicht wie Phld 1,1 (auch Phil 2,3) die Sucht nach eitlem Ruhm, sondern, wie Weish 14,14, der törichte Wahn, der Irrtum. Zu Pontius Pilatus, der auch Trall 9,1; Sm 1,2 bei Ign in bekenntnismäßigen Formeln genannt wird, vgl. 1 Tim 6,13 (Zusammenstellung der relevanten Texte bei Dibelius–Conzelmann, Pastoralbriefe 67; zur Christologie von Magn 11 vgl. auch Elze, Christologie 31f.). In der Verbindung der Heilsdaten (vgl. Phld 9,2) berührt sich Magn 11 mit anderen Texten: vgl. Kerygma Petri fragm 4 (ap.ClemAl, strom. 6,15,128; dazu Paulsen, Kerygma Petri 22f.). Über Jesus Christus als „unsere Hoffnung" vgl. zu Eph 21,2.

12 Ich möchte an euch in jeder Hinsicht Freude haben, wenn ich dessen würdig bin. Denn wenn ich auch gefesselt bin, so bin ich doch nichts im Vergleich mit einem von euch, die der Fesseln ledig sind. Ich weiß, daß ihr nicht hochmütig seid; denn ihr habt Jesus Christus in euch; ja mehr noch: wenn ich euch lobe, so weiß ich, daß ihr Scham empfindet, wie geschrieben steht: der Gerechte klagt sich selber an.

12 Über ὀναίμην κτλ. siehe zu Eph 2,2. εἰ γὰρ καὶ δέδεμαι wie Eph 3,1. Zu der Zurücknahme der eigenen Position gegenüber der Lage in der Gemeinde, die für Ign kennzeichnend erscheint, vgl. o. zu Eph 1,3 (2,2; 3,1; 12,1; 21,2). Das neben Eph 5,3 zweite at.liche Zitat bei Ign nach Prov 18,17 LXX (vgl. Grant, Scripture and Tradition 322; Rathke, Ignatius 24).

13 ¹So seid nun bestrebt, fest zu stehen in den Lehrsätzen des Herrn und der Apostel, damit euch alles, was ihr tut, gelingt an Fleisch und Geist, in Glauben und Liebe, in Sohn und Vater und im Geist, am Anfang und am Ende mit eurem ehrwürdigsten Bischof und dem würdig geflochtenen geistlichen Kranz eures Presbyteriums und den gottgemäßen Diakonen. ²Seid dem Bischof und einander untertan, wie Jesus Christus dem Vater nach dem Fleisch und die Apostel Christus und dem Vater und dem Geist, auf daß Einigung sei, fleischliche wie auch geistliche.

13,1 δόγματα meint hier nicht die Glaubenssätze, sondern Vorschriften oder Befehle, die das praktische Leben regeln sollen. Gebote der weltlichen Obrigkeit, der Gemeindeleitung oder anderer Autoritäten (wie etwa der Tora) heißen so: vgl. z. B. Lk 2,1; Apg 17,7; 16,4; Kol 2,14; plnEph 2,15; III Makk 1,3; Josephus, Ant XV 5,3; Philo, All I,55 (weiteres bei Windisch, Barnabasbrief 305; vgl. auch Elze, Begriff des Dogmas 422ff.). Ign kann die Sache auch durch ἐντολαὶ Ἰησοῦ Χριστοῦ (Eph 9,2), νόμος Ἰ. Χρ., andererseits τὰ διατάγματα τῶν ἀποστόλων (Trall 7,1) ausdrücken. πάντα – κατευοδωθῆτε vgl. Ps 1,3. Über πνεῦμα und σάρξ vgl. zu Eph 10,3 (zum πνεῦμα-Verständnis von Magn 13 vgl. Paulsen 127f.), über πίστις und ἀγάπη siehe zu Eph 1,1; beide Begriffspaare zusammengeordnet auch Magn 1,2. Die Reihenfolge Sohn, Vater, Geist wie 2 Kor 13,13. Die Wiederholung des ἐν vor πνεύματι hat kaum sachliche Bedeutung, als gehörten die beiden ersten Glieder enger zusammen. Denn 13,2, wo die gleiche Reihenfolge wiederkehrt, wird die Verbindung durch zweimaliges καί hergestellt. Über die Komposita mit ἄξιος vgl. S. 21. ἀξιόπλοκος ist Hapaxlegomenon (vgl. dazu das πλέκειν στέφανον Mt 27,29).

13,2 Zu der, von Ign nur hier erhobenen, Forderung, die Christen sollten sich gegenseitig unterordnen, vgl. plnEph 5,21; 1 Clem 38,1; PolPhil 10,2. Über das κατὰ σάρκα vgl. o. S. 34.

14   Da ich weiß, daß ihr von Gott erfüllt seid, habe ich euch (nur ganz) kurz zugeredet. Gedenket meiner in euren Gebeten, damit ich zu Gott gelange, und der Kirche in Syrien – ihr Glied zu heißen, bin ich nicht wert; bedarf ich doch eures in Gott geeinten Gebetes und eurer Liebe –, damit die Kirche in Syrien gewürdigt werde, durch eure Kirche erquickenden Tau zu empfangen.

14 Zum einleitenden Satz des Kapitels vgl. plnRm 15,14f. Die Redensart θεοῦ γέμειν ist anderweitig in der Gräzität nicht bekannt (vgl. jedoch PsClem, hom I,6: θειότητος γεμὼν τοῦτο ποιεῖ). Die Sache allerdings ist vorhanden (und von erheblicher Bedeutung), daß die Gottheit in den Menschen einziehen und ihn erfüllen kann; vgl. Paulsen, Überlieferung und Auslegung 214ff. (z. Trad.gesch.). Über das ἐπιτυγχάνειν θεοῦ vgl. zu Eph 12,2. Über das, von Selbstdemütigung überfließende, Verlangen nach Fürbitte für die syrische Kirche vgl. zu Eph 21,2. Die bildliche Verwendung des Taus bereits Dtn 32,2; Prov 19,9; vgl. noch Euseb, h. e. V,1,22.

15   Von Smyrna aus, woher ich euch auch schreibe, lassen euch die Epheser grüßen, die – ganz wie ihr – zur Ehre Gottes anwesend sind; sie haben mich in allen Dingen erquickt zusammen mit Polykarp, dem Bischof der Smyrnäer. Aber auch die übrigen Kirchen lassen euch grüßen in der Ehre Jesu Christi. Lebt wohl in der Eintracht Gottes im Besitz des unerschütterlichen Geistes, der da ist Jesus Christus.

15 Ἐφέσιοι, d. h. die Glieder der ephesinischen Gemeinde, die in Smyrna als Abordnung ihrer Kirche mit Ign zusammengetroffen sind; vgl. zu Eph 1f., besonders o. S. 27. Neben den Ephesern werden die Kirchen, die sich wie sie in Gestalt von Gesandtschaften bei Ign eingestellt haben, mit der von Smyrna, wo das Zusammentreffen stattfand, durch αἱ λοιπαὶ ἐκκλησίαι zusammengefaßt. Die Gemeinde von Tralles hat jedenfalls dazugehört (Trall 1,1). Über das ἐν ὁμονοίᾳ θεοῦ vgl. zu 6,1, über ἀδιάκριτος zu Eph 3,2.

Ignatius an die Gemeinde in Tralles

Inhalt

Zuschrift mit dem Eingangsgruß.

Ign ist erfreut über die Nachrichten, die er in Smyrna über die Gemeinde in Tralles erhalten hat 1. Jedoch sollen die Gemeindeglieder in ihrer Unterordnung unter den Bischof weiter bestärkt werden 2.3. Ign selbst muß sich vor Überhebung hüten. Es fehlt ihm noch viel; aber auch die Christen in Tralles haben ihre Mängel 4.5. Sie sollen sich vor der Irrlehre hüten und werden es dann tun, wenn sie sich eng zur Gemeinde halten 6.7. Christliche Tugenden sind zu pflegen 8, besonders aber die zurückzuweisen, die ohne das Bekenntnis zu Jesus Christus leben 9. An den Widerspruch gegen die, welche das Leben Jesu in Schein auflösen wollen, schließt sich eine erneute Warnung vor der Häresie an 11. Abschließende Grüße und Mahnungen, Bitte um Fürbitte für sich und die Kirche Syriens 12.13.

inscriptio

Ignatius, der auch Theophorus heißt, an die von Gott, dem Vater Jesu Christi, geliebte, heilige Kirche zu Tralles in Asien, die auserwählte und gottwürdige, die Frieden hat in Fleisch und Geist durch das Leiden Jesu Christi, unserer Hoffnung durch die Auferstehung zu ihm hin; sie (die Kirche) begrüße ich aus vollem Herzen, in apostolischer Weise und wünsche ihr alles Gute.
1 ¹Daß ihr tadellose und in Geduld unerschütterliche Gesinnung besitzt, nicht zu (vorübergehendem) Gebrauch, sondern von Natur aus, habe ich erfahren, da es mir Polybius, euer Bischof berichtete, der nach dem Willen Gottes und Jesu Christi in Smyrna erschien – und auf diese Weise teilte er meine, des Gefesselten in Jesu Christus, Freude –, so daß ich eure ganze Gemeinde in ihm schauen konnte. ²Weil ich nun eure gottgemäße Zuneigung durch ihn empfangen habe, erhob ich die Stimme zum Lobpreis, da ich euch auf Grund der Nachrichten als Nachahmer Gottes fand.

inscriptio

Der Name der Stadt Tralles zeigt im Griechischen meist die Pluralform Τράλλεις (z. B. Dittenberger, Or.inscr. 441,162), wenn auch der Singular Τράλλις nicht unmöglich ist (Or Sib III,459; V,289). Zu ἠγαπημένη θεῷ vgl. Bl.-D.-R. § 191: der Dativ kann beim Passiv dazu dienen, die wirkende Person zu bezeichnen (vgl. Lk 23,15). Statt πνεύματι (so g) lesen GLAC αἵματι, während AC den schwierigen Text durch Auslassung des anschließenden τῷ πάθει korrigieren wollen. Eine Entscheidung ist von der ign Theologie her nicht schwierig zu treffen: πνεύματι dürfte das Ursprüngliche bieten (vgl. auch Bommes, Weizen Gottes 252f., die zudem auf die v.l. in Sm 3,2 verweist). σάρξ und πνεῦμα gehören für Ign unauflöslich zusammen (vgl. auch zu Eph 10,3). Zum Leiden Christi vgl. Eph inscr. ἐν τῇ εἰς αὐτὸν ἀναστάσει gibt an, wodurch Christus zur Hoffnung geworden ist. Eine Art Kommentar dazu liefert 2,1. πλήρωμα steht hier – anders als an der einzigen Stelle, an der es Ign sonst noch gebraucht (Eph inscr) – absolut und wird wohl am besten die Fülle christlicher Gesinnung, die Ign in seine Begrüßung hineinlegt, meinen. Durch das ἐν ἀποστολικῷ χαρακτῆρι fordert Ign für sich nicht apostolische Autorität, was durch 3,3 und Rm 4,3 ausgeschlossen ist, sondern er verweist auf die Art, in der die Apostel die Gemeinden in ihren Briefen begrüßt haben.

1,1 Über ἀδιάκριτος vgl. zu Eph 3,2. Der Gegensatz von κατὰ χρῆσιν („zu vorübergehender Benutzung" empfangen) und κατὰ φύσιν („von Natur" aus besitzen) hat zunächst eine Parallele in der philosophischen Sprache der Zeit; vgl. vor allem Plutarch, adv. Colot. 15, p. 1115f. Näher liegt allerdings der Hinweis auf gnostische Terminologie, die mit der Antithese den Zustand des Psychikers von dem des Pneumatikers trennen kann: so vor allem Irenäus, adv.haer. I,6,2 (vgl. dazu Schlier, Untersuchungen 134f.; Schoedel, Trall i.1 308ff.). Ob sich allerdings Ign polemisch mit solchem Denken auseinandersetzt (so Schoedel), läßt sich nicht mehr mit Sicherheit wahrnehmen. Wichtig erscheint vor allem der vergleichbare Text in Eph 1,1 (vgl. o.): Ign erinnert die Gemeinde im Briefeingang an ihr Christentum (zum Zusammenhang mit ὄνομα vgl. zu Eph 1,1), das ihr κατὰ φύσιν eignet. καθώς wird hier gebraucht wie Apg 7,17. Wiederum ist die Situation die gleiche, die schon Eph und Magn vorausgesetzt war (vgl. zu Magn 2), nur daß die Gemeinde von Tralles lediglich durch ihren Bischof vertreten zu sein scheint.

1,2 δοξάζειν steht absolut, wie Pol 1,1 ὑπερδοξάζειν. Das δοξάζειν richtet sich bei Ign bald auf Gott, bald auf Christus (Eph 2,2; Phld 10,1; Sm 1,1), so daß eine vollkommen sichere Ergänzung in diesem Fall nicht mehr möglich ist. Wahrscheinlich aber gehört im Sinne des Ign zu ἐδόξασα ein τὸν θεόν. Über μιμητὴς θεοῦ vgl. zu Eph 1,1.

2 **¹Denn wenn ihr euch dem Bischof unterordnet wie Jesus Christus, scheint ihr mir nicht nach Art der Menschen zu leben, sondern nach Jesus Christus, der um unseretwillen gestorben ist, damit ihr im Glauben an seinen Tod dem Sterben entrinnt. ²Darum ist es nötig, daß ihr, wie ihr ja tut, ohne den Bischof nicht handelt. Ordnet euch vielmehr auch dem Presbyterium unter wie den Aposteln Jesu Christi, unserer Hoffnung, in dem wir bei unserem Leben erfunden werden. ³Es müssen aber auch die, welche die Diakone der Geheimnisse Jesu Christi sind, auf alle Weise allen gefallen. Denn nicht für Speisen und Getränke sind sie Diakone, sondern der Kirche Gottes Diener. Darum müssen sie sich vor den Anschuldigungen wie vor Feuer hüten.**

2,1 In Trall 2.3 korreliert Ign gemeindliche Wirklichkeit und himmlische Welt, um so irdischer Verfassung Würde und Autorität zu geben. Zum ἐκφυγεῖν τὸ ἀποθανεῖν und der ign Auslegung traditioneller Eschatologie vgl. Paulsen 64.

2,2 Über ὥσπερ ποιεῖτε s. zu Eph 4,1, über Bischof, Presbyterium und Diakone vgl. den Exkurs zu Eph 3. Wie in der inscr des Briefes wird auch jetzt wieder die Bezeichnung Jesu Christi als „unsere Hoffnung" durch einen Zusatz erläutert.

2,3 Während Bischof und Presbyter aufgetreten waren, um den Lesern als Respektpersonen in Erinnerung gebracht zu werden, ist bei den Diakonen zunächst die Rede von ihren Pflichten. Erst 3,1 erscheinen auch sie als Autoritäten, um in dieser Eigenschaft freilich sofort wieder Bischof und Presbyter neben sich zu sehen. Zu den „Diakonen der

Geheimnisse Jesu Christi" vgl. 1 Kor 4,1 und Eph 12,2: die Aussage bezieht sich nicht auf die Wortverkündigung, auch kaum – trotz des Folgenden – exklusiv auf die Eucharistie, sondern auf die μυστήρια Christi insgesamt (vgl. G. Bornkamm, Art. μυστήριον 831,19ff.).

3 **¹Ganz ebenso sollen alle den Diakonen Ehrfurcht erzeigen wie Jesus Christus, wie auch dem Bischof als Abbild des Vaters und den Presbytern als Ratsversammlung Gottes und als Bund der Apostel. Ohne diese verdient nichts den Namen Kirche. ²Im Blick auf diese Dinge bin ich überzeugt, daß ihr euch so verhaltet. Habe ich doch das Abbild eurer Liebe empfangen und habe es bei mir in eurem Bischof, dessen Haltung selbst eine großartige Belehrung, dessen Sanftmut Stärke ist: ihm, meine ich, erzeigen auch die Gottlosen Ehrfurcht. ³Aus Liebe zu euch erspare ich es mir, obwohl ich hierüber noch kräftiger schreiben könnte. Ich habe mich nicht so hoch eingeschätzt, daß ich als Verurteilter euch wie ein Apostel befehlen dürfte.**

3,1 Ign begründet die Verfassungswirklichkeit seiner Gemeinden erneut strikt theologisch; vgl. Meinhold, Studien 60ff.; Dassmann, Entstehung 74ff. Wie die Diakone allen zu Dienst sein sollen, so müssen ὁμοίως alle den Diakonen Achtung erweisen. Gegen GL (*υἱόν*) ist mit SfC ὄντα τύπον τοῦ πατρός zu lesen. Über den Vergleich der Presbyter mit den Aposteln vgl. zu Magn 6,1.

3,2 Über ἐξεμπλάριον vgl. zu Eph 2,1. Zu dem Singular des Reflexivpronomens (für den Plural ist diese grammatische Erscheinung ganz gewöhnlich) μεθ' ἑαυτοῦ = μετ' ἐμαυτοῦ vgl. Sm 4,2; Arist 215; Joh 18,34; plnRm 13,9 (v.l.); Tit 2,3 vgl. zum κατάστημα (vgl. auch die Bemerkungen bei Dibelius–Conzelmann, Pastoralbriefe 104f.). Die Belehrung durch die Tat wie Eph 10,1; 1 Petr 3,1. Zu dem Paradoxon, daß Sanftmut Stärke ist, vgl. 2 Kor 12,10. ἄθεοι ist häufig = Heiden (pln Eph 2,12; PsClem, hom XV,4; MartPol 9,2; ClemAl, paed. III,11,80). Es an dieser Stelle aber einfach so zu übersetzen, hindert die Beobachtung, daß 10 auch die Gegner so heißen.

3,3 Die Form des Textes bei G (*ἀγαπῶντας ὡς οὐ φείδομαι ἑαυτὸν πότερον δυνάμενος γράφειν ὑπὲρ τούτου εἰς τοῦτο ᾠήθην κτλ.*) und L (*diligentes quod non parco ipsum aliqualem potens scribere pro illo, in hoc existimer ut . . .*) ergibt kaum Sinn. AC(g) stützen im wesentlichen den Text, der der Übersetzung zugrunde liegt. Nicht ohne Schwierigkeit bleibt die Wiedergabe des εἰς τοῦτο ᾠήθην sowie die Tatsache, daß Ign seine Zurückhaltung in beiden Hälften der Aussage unterschiedlich begründet. Solche Differenzierung stimmt allerdings mit den sonstigen Erklärungen des Ign durchaus überein, sie läßt sich deshalb auch in 3,3 akzeptieren (vgl. Paulsen 104). Zu φείδομαι vgl. 2 Kor 12,6. Über 3,3b vgl. zu Eph 3,1; 12,1, über den Indikativ διατάσσομαι nach ἵνα vgl. zu Eph 4,2.

4 **¹Vieles sinne ich in Gott, jedoch mäßige ich mich selbst, damit ich nicht durch Rühmen verloren gehe. Denn jetzt muß ich mich mehr (als sonst) hüten und darf mich nicht zu denen halten, die mich hochmütig machen. Denn, was sie mir sagen, trifft mich wie ein Peitschenhieb. ²Sehne ich mich doch nach dem Leiden, aber ich weiß nicht, ob ich würdig bin. Denn der leidenschaftliche Eifer ist zwar vielen verborgen, um so mehr aber setzt er mir zu. Darum brauche ich Gelassenheit, an der der Fürst dieser Weltzeit zerschellt.**

4,1 Zum Inhaltlichen vgl. 2 Kor 10,12f.; auch das φυσιοῦν (siehe noch Magn 12; Trall 7,1; Pol 4,3) kommt oft bei Paulus vor. Das absolute Partizip λέγοντες gewinnt aus dem Zusammenhang sein Objekt; was die Betreffenden sagen, reizt die Eigenliebe des Ign und droht ihn hochmütig zu machen. Das Nächstliegende ist, daß es sich auf seinen Leidensweg nach Rom bezieht *(νῦν)* und ihn in seiner Eigenschaft als Märtyrer preist. Die Haltung des Ign braucht nicht eine Ablehnung speziell des Titels μάρτυς zu bedeuten (vgl. Mart Lugd ap. Euseb, h. e. V,2,2f.). Sie richtet sich wohl gegen einen Überschwang, wie er aus der Hochschätzung, die von Anfang an durch die Christen den Märtyrern entgegengebracht wurde, entstehen konnte (zu solcher Hochschätzung vgl. Apg 7,55f.; Apk 7,9ff.; 2,7.10f.17.26f.; 3,5.12.21; 1 Clem 6,1; Hermas 67,18; 68,1; 69,6; MartPol, bes. 2,1).

4,2 Für τὸ ζῆλος wird häufig als Ergänzung auf den Neid Satans hingewiesen. Zugunsten einer solchen Deutung könnte sprechen, daß der Teufel gleich darauf tatsächlich als Feind genannt wird. Ferner ist an der einzigen Stelle, an der bei Ign das ζῆλος wiederkehrt, Rm 5,3, von einem ζηλοῦν sichtbarer und unsichtbarer Mächte die Rede, wodurch der Märtyrertod des Ign hintertrieben werden soll. Doch bedarf ein Verständnis des Textes nicht notwendig eines solchen Zusatzes: τὸ ζῆλος ist der Eifer, die Sucht, die den Ign beherrscht und leicht zur Selbstüberhebung führen kann. Ign nennt deshalb nicht nur die Gelassenheit, derer er bedarf, sondern hebt mit dem ἄξιός εἰμι Gott als den eigentlichen Maßstab seines Weges hervor. Über den ἄρχων τοῦ αἰῶνος τούτου vgl. zu Eph 17,1.

5 ¹**Könnte ich euch etwa nicht über die himmlischen Dinge schreiben? Ich fürchte aber, euch als Unmündigen Schaden zuzufügen. Und verzeiht mir, damit ihr nicht – unfähig es zu fassen – daran erstickt. ²Und auch ich bin, obwohl ich gebunden bin und die himmlischen Dinge, die Rangordnungen der Engel, die Vereinigungen der Herrschergewalten, Sichtbares wie Unsichtbares gut begreifen kann, darum doch noch kein Jünger. Vieles nämlich fehlt uns, damit wir Gott nicht verfehlen.**

5,1 Diese Selbsterkenntnis, die sich von der Vollkommenheit weit entfernt weiß, dagegen vom ζῆλος und seinen Folgen sich bedroht fühlt, hindert Ign nicht, auf anderem Gebiet einen Abstand zwischen sich und seinen Lesern zu bemerken: in der christlichen Erkenntnis weiß er sich ihnen weit überlegen. Was er unter τὰ ἐπουράνια (vgl. Joh 3,12) versteht, deutet 5,2 an. Es sind Dinge, die dem Verständnis des gewöhnlichen Menschen, ja selbst der noch nicht gereiften Christen entzogen sind und sich nur der Einsicht dessen erschließen, der mit dem Charisma der Erkenntnis begabt ist. Zur Bezeichnung νήπιοι vgl. auch die pln Paränese: 1 Kor 3,1f. (dazu G. Bertram, Art. νήπιος 918ff.). Der traditionelle Charakter von νήπιοι läßt kaum konkrete Schlüsse auf die Gemeinde in Tralles zu (so von W. Bauer, 1. A. erwogen!).

5,2 Die Überlegenheit des Ign über seine Leser gibt ihm allerdings noch nicht den Rang eines Jüngers; vgl. darüber zu Eph 1,2 (siehe auch Paulsen 183f.; Lit.). Zu νοεῖν τὰ ἐπουράνια vgl. Joh 3,31. Die Vorstellung von der abgestuften Geisterhierarchie teilt das Christentum mit dem Judentum, hat sie auch weitgehend von dort übernommen. ἀρχοντικός ist das von ἄρχων gebildete Adjektiv. Die Vereinigungen der ἄρχοντες sind nach dem Zusammenhang und Sm 6,1 Scharen von überirdischen Wesen. Pls redet in gleicher Bedeutung von ἀρχαί; vgl. 1 Kor 2,6ff. (dazu M. Pesce, Paolo e gli Arconti; zum Ganzen zuletzt U. Wilckens, Brief an die Römer VI,3, 28ff.). Daneben siehe noch Kol 1,16; zu der

Differenzierung zwischen *τὰ ὁρατὰ καὶ τὰ ἀόρατα* noch Pol 2,2. *ἄρχοντες* als Engelwesen bei Justin, dial 36. Das Wortspiel *λείπειν – λείπεσθαι* (ein ähnliches Sm 5,1; zur Konstruktion vgl. Hermas 9,9) bildet den vollendeten Gegensatz zu dem von Ign so sehr ersehnten ‚zu Gott gelangen' (vgl. zu Eph 12,2).

6 **¹So ermahne ich euch nun, nicht ich, vielmehr die Liebe Jesu Christi: gebraucht nur christliche Speise, enthaltet euch aber fremdartigen Gewächses – es ist die Sekte. ²Sie mengen sich Jesus Christus bei in falscher Vertrauenswürdigkeit, wie jemand, der tödliches Gift mit Honigwein verabreicht; der Nichtwissende nimmt dies in schlimmer Lust gern, um zu sterben.**

6,1 Die Mahnung soll dazu dienen *(οὖν)*, zu verhindern, daß die Leser Gott verfehlen. Die Richtigstellung mit *οὐκ ἐγώ* wie 1 Kor 7,10. Gegenüber der Lesart *χρῆσθαι* bzw. *ἀπέχεσθαι* (GC) ist wohl das durch L bezeugte *χρῆσθε* bzw. *ἀπέχεσθε* vorzuziehen. Beide Konstruktionen sind allerdings für Ign durch andere Texte (Phld 8,2; Pol 1,2; Trall 12,2) belegt; insofern trägt die Entscheidung wenig aus. Zu *αἵρεσις* vgl. zu Eph 6,2. *βοτάνη* soll hier den Häretiker als eine Pflanze kennzeichnen, die nicht in die Pflanzung des Vaters hineingehört. Die Meidung des Umgangs mit ihm wird als Enthaltung von einer schädlichen Speise dargestellt. Ähnlich fordert Jesus im Ägypterevangelium (ap. ClemAl, strom. 3,9,66) die Ablehnung der Ehe mit den Worten: *πᾶσαν φάγε βοτάνην. τὴν δὲ πικρίαν ἔχουσαν μὴ φάγῃς.*

6,2 *οἵ* knüpft dem Sinne nach richtig (ähnlich 12,1) an die verschiedenen Erscheinungsformen an, aus denen sich die *αἵρεσις* zusammensetzen kann. Der Text ist in seiner handschriftlichen Konstitution außerordentlich schwierig (vgl. dazu die Edition von Fischer 176). Die Elemente der sich anschließenden, nicht sonderlich gelungenen Bilderrede sind wesentlich der ärztlichen Sprache entlehnt (vgl. zu Eph 20,2; Pol 2,1): *παρεμπλέκειν* (über *παρεμπλοκή* und die häufigeren Worte *παραπλέκειν, παραπλοκή* vgl. Lightfoot z. St.) bei dem Arzt Diphilus (Athenaeus II,49). *καταξιοπιστεύεσθαι* findet sich nur noch Polybius XII,17,1. Dagegen erscheint *θανάσιμον φάρμακον* als ein weit verbreiteter medizinischer Ausdruck: vgl. nur Philo, Plant 147; PsClem, hom X,12. Das *ὥσπερ διδόντες* wird im Deutschen am besten singularisch wiedergegeben. Über *οἰνόμελι* vgl. eingehend Dioscurides, de materia medica V,8; vgl. auch Polybius XII,2,7. Das zum Vergleich herangezogene Verfahren entspricht freilich der Wirklichkeit nicht genau. Der Arzt gibt kein Gift ein, sondern sucht den schlechten Geschmack der *nützlichen* Mittel durch Beigaben zu paralysieren; vgl. Plutarch, de liberis educandis 18; Julianus Caesar, Convivium p. 314b.c. Allerdings wird die von Ign gemeinte Sache ohne weiteres deutlich; das tertium comparationis liegt in der Verdeckung des wahren (‚häretischen') Charakters. Ähnliche Bilder werden auch sonst von Autoren der alten Kirche gerne benutzt; vgl. nur Theophilus, ad Autol. II,12; Lactantius, Div.inst. V,1,14; ClemAl, strom. I,1,16; Origenes, hom. 20 in Jer.; Irenaeus, adv.haer. I,27,4. Besonders auffällig OdSal 38,7.8: ‚Die Wahrheit aber ging auf rechtem Wege/ und alles, was ich nicht wußte/ zeigte sie mir/ alle Gifte des Irrtums/ und jene Lockungen, die als Süßigkeiten des Todes anzusehen sind.' (Übersetzung von W. Bauer). Zum Schluß von 6,2 vgl. PsClem, hom X,12, zum Ganzen Phld 2,2.

7 [1]**Deshalb hütet euch vor solchen Menschen! Das aber wird geschehen, wenn ihr nicht hochmütig seid, sondern unauflöslich verbunden mit dem Gott Jesus Christus, dem Bischof und den Vorschriften der Apostel.** [2]**Wer sich innerhalb des Altarraumes befindet, ist rein; wer sich außerhalb des Altarraumes befindet, ist nicht rein; das bedeutet, wer ohne Bischof, Presbyterium und Diakon etwas tut, der ist nicht rein im Gewissen.**

7,1 Das θεοῦ gehört wohl zu Ἰησοῦ Χριστοῦ (vgl. den Exkurs zu Eph inscr und besonders Sm 10,1), wenn das auch angesichts von 12,2 nicht mit absoluter Sicherheit behauptet werden kann.

Zu **7,2** vgl. die Bemerkungen bei Eph 5,2. GA lassen gegen L den zweiten Teil von 7,2 aus; eine Entscheidung erscheint kaum noch als möglich. Man kann ebenso leicht an einen Fortfall durch Homoioteleuton denken als (allerdings weniger wahrscheinlich!) an einen in dem Zusammenhang, wie es schien, geforderten, späteren Zusatz. GL bezeugen den Singular διακόνου, was als das Schwierigere sicher für ursprünglich gelten muß. Es handelt sich um einen Singular der Kategorie und gestattet nicht den Schluß, daß die Kirche in Tralles nur *einen* Diakonen besessen hätte (vgl. auch zu Magn 6,1). Auf jeden Fall ist zu beachten, daß Ign das ὁ ἐντὸς κτλ. gegen Ende von 7,2 durch den Begriff der συνείδησις auslegt (dies könnte für die Traditionalität von 7,2a sprechen, das zudem als Rechtssatz formuliert ist.).

8 [1]**Nicht als ob ich erfahren hätte, daß (es) so etwas bei euch (gibt), vielmehr treffe ich für euch, die ihr mir lieb seid, Vorsorge, da ich die Nachstellungen des Teufels voraussehe. So nehmt nun die Sanftmut an und laßt euch neu schaffen durch Glauben, der des Herrn Fleisch ist, und durch Liebe, die Jesu Christi Blut ist.** [2]**Keiner von euch habe (etwas) gegen den Nächsten. Liefert den Heiden keinen Anlaß, damit nicht um einiger weniger Unverständiger willen die Gemeinde Gottes gelästert werde. Denn wehe dem, durch den aus Torheit mein Name von irgendwem gelästert wird.**

8,1 Zum Eingang vgl. Magn 11. ἐνέδραι des Teufels wie Phld 6,2. πραϋπάθεια vgl. Philo, Abr 213; 1 Tim 6,11 (v.l.). Die grundlegende Wichtigkeit, die Glaube und Liebe für den Christen besitzen (vgl. zu Eph 1,1), begeistert den Ign zu der kühnen Identifikation des Glaubens mit dem Fleisch, der Liebe mit dem Blut Christi. Zum umfassenden Charakter von ἀγάπη in Trall 8,1 vgl. Käsemann, Leib und Leib Christi 151ff. Ihre Erwähnung führt zu dem Verbot in 8,2.

8,2 ἔχειν κατά τινος ohne Objektsakkusativ (Mt 5,23; Mk 11,25) oder anschließenden ὅτι-Satz (Apk 2,4.20) oder beides zusammen (Apk 2,14) auch Hermas 27,2; 100,2; ähnlich ἔχειν πρός τινα 2 Kor 5,12. Zu μὴ ἀφορμὰς κτλ. vgl. formal 2 Kor 5,12; 1 Tim 5,14; III Makk 3,2. In der Sache übernimmt Ign ein traditionelles Motiv, das christliches Weltverhalten unter dem Gesichtspunkt der Lästerung des Namens zu beschreiben sucht: vgl. Mt 5,16; 1 Kor 10,32; 1 Thess 4,12; 1 Tim 6,1; 1 Petr 2,15; 1 Clem 14,2; 41,4; 47,7; 59,1; 2 Clem 13; Sprüche des Sextus 175. Zur Analyse vgl. vor allem Beyschlag, Clemens Romanus 166ff.; van Unnik, Rücksicht 221ff. Ob man mit GLC ἐν θεῷ oder mit den Sacra parallela (Holl, Fragmente 22) ἔνθεον lesen will, bleibt sich insofern gleich, als ἐν θεῷ zu jenen präpositionellen Ausdrücken gehört, die man im Deutschen am besten durch ein Adjektiv ersetzt. Die letzten Worte in 8,2 lassen sich – im Kontext des Motivs von der Lästerung des Namens – als Zitat verstehen; in Frage kommt eigentlich nur Jes 52,5, obwohl der Wortlaut erheblich vom JesText abweicht. Zur Erklärung genügt der Hinweis auf die Gleichgültigkeit in der Zitierweise und die Mangelhaftigkeit der literarischen Hilfsmittel nicht. Wichtig erscheint vielmehr – neben der Parallele in PolPhil 10,3; ApConst I,10; III,5; syrDid 3 – der Hinweis auf 2 Clem 13,2. Nachdem zunächst Jes 52,5 als Herrenwort herangezogen worden ist, wird mit καὶ πάλιν ein zweites Logion angeschlossen: οὐαὶ δι' ὃν βλασφημεῖται τὸ ὄνομα μου. Dies legt die Vermutung nahe, daß auch Trall 8,2 von Ign ein Herrenwort übernommen (das μου also christologisch verstanden ist!) und nicht Jes 52,5 zitiert wird.

9 **¹So seid nun taub, wenn jemand zu euch redet ohne Jesus Christus, den aus Davids Geschlecht, den aus Maria (Stammenden), der wahrhaftig geboren wurde, aß und trank, wahrhaftig verfolgt wurde unter Pontius Pilatus, wahrhaftig gekreuzigt wurde und starb, während die himmlischen und irdischen und unterirdischen Mächte zuschauten, ²der auch wahrhaftig von den Toten auferweckt wurde, indem ihn sein Vater erweckte, der nach seinem Bild auch uns, die an ihn Glaubenden, ebenso erwekken wird – sein Vater in Christus Jesus, ohne den wir das wahrhaftige Leben nicht haben.**

9,1 Zu κωφώθητε vgl. Eph 9,1. Daß im Folgenden traditionelle Sprache vorliegt, ist schon früh erkannt worden (vgl. Norden, Agnostos Theos 265f.; umfassende Analyse bei Elze, Christologie 9ff.). Methodisch ist allerdings fraglich, ob das gesamte Stück vorign ist oder die einzelnen Traditionssplitter erst durch Ign zu einer für ihn kennzeichnenden Einheit zusammengefügt wurde. Die Schwierigkeiten in der Rekonstruktion, die stilistische Uneinheitlichkeit und die pln Reminiszenzen (Lindemann, Paulus 207f.) sprechen eher für die zweite Möglichkeit. Über Jesus als Davidide und Abkömmling der Maria vgl. zu Eph 18,2, über Pontius Pilatus zu Magn 11. Zur Trias himmlisch-irdisch-unterirdisch vgl. Phil 2,10. Daß die Mächte bei der Passion zuschauen, bleibt bemerkenswert (zumal es sonst eher ein ‚häretisches‘ Motiv ist; vgl. NHC VII 55,10ff.).

9,2 Der Text macht einen korrupten Eindruck und hat deshalb immer wieder Konjekturen provoziert; am bekanntesten ist der Vorschlag Zahns, statt des ὅς ein οὗ zu lesen (vgl. dazu Elze, Christologie 11f.). Erscheint dies nicht wirklich als Verbesserung, so wird man erwägen können, ob sich nicht das ὅς beibehalten läßt. Wird es nicht auf Christus bezogen (so Elze, Christologie 12), sagt der Satz – anklingend an ein pln Theologumenon (vgl. 2 Kor 4,14; 1 Thess 4,14; pln Rm 8,11; s. auch zu PolPhil 2,1f.) – die Auferweckung der Glaubenden durch Gott aus (zu ὁμοίωμα vgl. plnRm 6,5). Der eigentliche Anstoß bleibt der stilistisch harte Anschluß des erneuten πατὴρ αὐτοῦ, der sich aber vielleicht gerade von der Ambivalenz des ὅς καί her begreift.

10 **Wenn er aber, wie es gewisse Leute, die gottlos, das heißt ungläubig sind, sagen, zum Schein gelitten hat, während sie doch selbst nur zum Schein existieren, warum trage ich dann Ketten? Und warum bitte ich darum, mit den Tieren**

zu kämpfen? Dann sterbe ich ja für nichts und wieder nichts. So bringe ich also Lügen vor gegen den Herrn.

10 Über *ἄθεοι* = „Heiden" vgl. zu 3,2. *ἄπιστοι* sind noch umfassender alle, die außerhalb der christlichen Gemeinde stehen (Magn 5,2 und vgl. 1 Kor 6,6; 7,12–15 u. ö.). Indem Ign die Gegner so bezeichnet (vgl. auch Sm 2; 5,3) stellt er sie den Nichtchristen gleich. Ähnlich Origenes, contra Cels. II,3; Tertullian, de carne Christi 15. Das *αὐτοὶ ὄντες τὸ δοκεῖν* gewinnt seinen Inhalt aus 9,2: wer fern von Christus ist, besitzt kein wirkliches Leben. Vgl. auch Irenäus, adv.haer. IV,33,5; Tertullian, adv. Valent. 27. Die Beweisführung des Ign (vgl. auch Sm 4,2) nimmt jenseits literarischer Abhängigkeit die pln Argumentation von 1 Kor 15,12ff.32 wieder auf (vgl. Lindemann, Paulus 208). Über den Tierkampf vgl. zu Eph 1,2. *ἄρα οὖν* steht an Stelle des kaum möglichen *ἄρα οὐ* von GL und wird durch C gestützt. Tatsächlich haben, wie Irenäus, adv.haer. III,18,5 mitteilt, Häretiker von der Überzeugung aus, daß der Erlöser nicht wirklich gelitten habe, das Tun der großkirchlichen Märtyrer, die durch das Martyrium Nachfolger Jesu zu werden hofften, als nutzlos verworfen (vgl. auch Agrippa Kastor über Basilides ap. Euseb, h. e. IV,7,7; zum Ganzen Koschorke, Polemik 127ff.). Ign hingegen wird von dem (besonders klar 1 Petr 4,13) ausgesprochenen Gedanken beherrscht: wirkliches Leiden bedeutet Teilhabe am Leiden Christi und an seiner Herrlichkeit.

Exkurs: Die Gegner der Ignatiusbriefe

Literatur: LÜTGERT, Amt und Geist 119ff.; RICHARDSON, Christianity 51ff.; BAUER, Rechtgläubigkeit und Ketzerei 65ff.; CORWIN, Ignatius 52ff.; WEIGANDT, Doketismus 108ff.; E. MOLLAND, The Heretics 17ff.; D. E. AUNE, „Anti-Sacramentalism" 194ff.; NORRIS, Ignatius 23ff.; PAULSEN 137ff. (Lit.); BARRETT, Jews 220ff.; PRIGENT, L'Hérésie 1ff.; TREVETT, Opponents; TREVETT, Third Error 1ff.

Die Frage nach den Gegnern, mit denen sich Ign in seinen Briefen auseinandersetzt, läßt sich deshalb so schwer beantworten, weil sie jenseits der prinzipiellen Probleme (vgl. dazu K. Berger, Die impliziten Gegner 373ff.; Paulsen, Schisma und Häresie 180ff.) auch innerhalb der ign Briefe selbst mit Schwierigkeiten behaftet ist: denn die Auseinandersetzung mit den abweichenden Gruppen in den Gemeinden ist in erster Linie für Ign ein Problem seiner Theologie: dies zeigt sich am engen Zusammenhang der Polemik mit den grundlegenden Aussagen ign Denkens. Wie der Bischof in seiner Rolle und seinem Gewicht nicht zu trennen ist von dem Begriff der Einheit, so gilt dies auch für die Gegner: sie erscheinen Ign deshalb als äußerste Bedrohung, weil sie durch ihre *αἵρεσις* die Einheit der Gemeinde zerstören. Warnt dies vor einer bloß historistischen Analyse der ign Texte, die sie nur als Mittel zum Zweck der Bestimmung dieser Gegner benutzt, so kommt eine zweite kritische Überlegung hinzu: auch bei Ign wiederholt sich die Beobachtung, daß eigenes Denken eine Nähe zu der bekämpften Anschauung aufweist (vgl. Harnack, Mission und Ausbreitung 122, A.1, der deshalb geradezu von einem ‚Immunisierungsverfahren' reden kann), daß also Auseinandersetzung nicht immer und nicht notwendig ein konkretes Gegenüber sondern zugleich auch die eigene Position meint. Und schließlich wird als dritter Punkt zu bedenken sein, daß die Art und Weise in denen die Konflikte literarisch erscheinen, zugleich durch Traditionen bestimmt ist und allzuoft in überlieferten Bahnen verläuft: nicht jeder Zug in der ign Polemik ist deshalb als unvermittelter Ausdruck von Praxis zu interpretieren, sondern läßt sich z. T. ohne Schwierigkeiten traditionsgeschichtlich verstehen. Diese methodischen Überlegungen sollten zwar nicht zu einem Berührungsverbot gegenüber der im engeren Sinne historischen Frage nach den Gegnern der ign Briefe führen, sie weisen nur auf die Notwendigkeit der Einbeziehung ign Theologie hin und machen z. T. erklärlich, warum die geschichtliche Bestimmung dieser Gegner sich als so außerordentlich schwierig erwiesen hat (vgl. etwa die Unterscheidung zwischen einer, zwei oder sogar drei gegnerischen Gruppen, wobei dann noch reiche Kombinationsmöglichkeiten gegeben sind; dazu die sorgfältige Studie von C. Trevett, Opponents).

Dennoch dürften die ign Briefe eins deutlich machen: zu den zentralen Aussagen der Gegner gehört offenkundig der Satz, daß der Herr nur zum Schein gelitten hat (vgl. Trall 10; Sm 2). Damit könnte eine Christologie gemeint sein, die lediglich die Annahme einer wirklichen Passion des Erlösers ablehnte, ohne sein *ganzes* irdisches Sein und Leben ebenso zu bewerten. Derartige theologische Positionen wurden in der Tat von häretischen Kreisen vertreten; dabei sind unterschiedliche Schattierungen denkbar: so der Gedanke, daß nicht Christus gekreuzigt worden ist, sondern ein anderer an seiner Stelle (zum Ganzen vgl. Weigandt, Doketismus). Es ließ sich auch die Unterscheidung zwischen dem Menschen Jesus und dem ‚oberen Christus‘ vertreten, der sich erst bei der Taufe mit jenem vereint, um ihn vor der Passion zu verlassen, so daß es zu einem eigentlichen Leiden des Erlösers im Grunde nicht kommen kann (dies könnte z. B. die Auffassung der vom 1 Joh bekämpften Gruppe gewesen sein; vgl. auch Irenäus, adv. haer. I,26,1; III,11,1 zu Kerinth). Die ign Polemik, die sich vor allem in den Briefen nach Ephesus, Tralles, Smyrna findet, begreift sich jedoch am besten als gegen eine besondere Form christologischer Aussagen im Horizont solcher doketischer Theologie gerichtet:

Die Energie, mit der Ign die Realität, das ἀληθῶς des Lebens Jesu betont (Eph 7; 18–20; Trall 9; Sm 1–3; Magn 11), wie die gelegentliche Bemerkung, daß die Gegner in Jesus keinen σαρκοφόρος sehen wollen (Sm 5,2), kennzeichnet ihre Auffassung als einen Doketismus, der die irdische Existenz des Herrn vollkommen in Schein auflöst. Wenn Ign in Sm 2 in der Wiedergabe der Meinung der Gegner betont, der Herr habe zum Schein *gelitten,* und dann hinzufügt: „während sie doch selbst nur zum Schein existieren", so hat dies seinen Grund sicher darin, daß dies zugleich auch sein Verständnis des eigenen Leidens in Frage stellen mußte. Hat der Kyrios selbst nicht wahrhaft gelitten, so kann auch kein wirkliches Leiden den Märtyrer zu seinem echten ‚Schüler‘ machen. Daß diese Art von Doketismus auch unabhängig von den ign Briefen nachzuweisen ist, läßt sich nicht bestreiten (vgl. Weigandt, Doketismus). Dennoch bleibt es ein Wagnis, ja eine Unmöglichkeit, die ign Gegner in ihrer Position mit bestimmten Namen oder historischen Erscheinungen in Verbindung zu bringen (etwa mit Satornil ap. Irenäus, adv.haer. I,24,2 oder Kerdo ap. Hippolyt, Syntagma bzw. ref. VII,31). Das ist deshalb nicht überraschend, weil eine klare Trennung und Ausdifferenzierung eben noch nicht erfolgt ist (und daß ign Theologie selbst eine gewisse Affinität zu solchem Denken hat, paßt in dieses Bild; von der Goltz, Ignatius 153).

Es ist überraschend, daß sich neben solcher gegnerischen Position auch Aussagen finden, die nach der Darstellung des Ign in eine andere Richtung weisen (vgl. dazu vor allem Barrett, Jews 220ff.): Magn 8–11 und Phld 5–9 entwerfen eher das Bild einer ‚judaistischen‘ Abweichung, wobei die historische Bestimmung im Detail als schwierig erscheint: aber immerhin könnte aus Magn 9,1 hervorgehen, daß die Gegner für die Sabbatfeier sich engagierten; Phld 8 weist darauf hin, daß sie an der Exegese des AT die Gültigkeit und das Recht des Evangeliums überprüfen. Wenn allerdings die Nähe ign Theologie in der Kennzeichnung des Doketismus Einschränkungen erforderlich macht, so gilt dies modifiziert auch im Blick auf den ‚Judaismus‘: die Art und Weise des ign Umgangs mit dem AT bleibt erstaunlich schmal (nur zwei Zitate sind aufweisbar!). Ob und wie weit sich neben diesen beiden Gruppierungen noch eine mögliche dritte Position erheben läßt, bleibt zu überprüfen (vgl. jetzt Trevett, Opponents, die mit einer ‚charismatischen‘ Strömung rechnet, die sich gegen das Amtsverständnis des Ign wendet).

Dies alles verweist auf ein grundsätzliches Problem in der Definition urchristlicher ‚Häresien‘: sind diese inhaltlichen Merkmale notwendig Beweis für die faktische Existenz unterschiedlicher Gruppen, so daß also mit zwei (oder drei) verschiedenen Irrlehren zu rechnen wäre? Oder bilden ‚Doketismus‘ und ‚Judaismus‘ zwei Seiten derselben häretischen Erscheinung? Die Frage ist schwer zu entscheiden, weil sich für beides Gründe anführen lassen (Bauer 1.A. plädiert auf Grund von Magn 9,2; 11 für eine Gruppe; vgl. auch Barrett, Jews 234.). Möglicherweise ist es methodisch angemessener, zunächst eine historische Festlegung zu vermeiden und mit (soziologisch nachweisbaren) unterschiedlichen Positionen zu rechnen (so z. B. Meinhold, Schweigende Bischöfe; Wengst, Tradition 117f.).

65

11 ¹Darum flieht die schlechten Nebentriebe, die tödliche Frucht tragen, von der zu kosten für jeden sofortigen Tod bedeutet; denn sie sind nicht des Vaters Pflanzung. ²Wären sie es nämlich, so würden sie als Zweige des Kreuzesstammes erscheinen und ihre Frucht unvergänglich sein; durch das Kreuz ruft er euch in seinem Leiden zu sich, die ihr seine Glieder seid. Es kann ja das Haupt nicht für sich geboren werden ohne Glieder, da Gott Einigung verheißt – das ist er selbst.

11,1 Vgl. 6 und die Erklärung dazu. Das schon in 11,1 nicht gerade glückliche Bild befriedigt in 11,2 noch weniger die an ein verdeutlichendes Beispiel aus dem Naturleben zu stellenden Ansprüche.

11,2 Dies hat in der Verbindung unterschiedlicher Überlieferungen seinen Grund; vgl. zu Eph 9,1; Trall 6,2 (siehe auch Schlier, Untersuchungen 48ff.). Offenbar ist das Kreuz als Stamm gedacht und die, welche an der Passion Christi als an einer Wirklichkeit festhalten, gelten als Zweige dieses Stammes (zum Ganzen vgl. G. Q. Reijners, Terminology). Mit dem ign πάθος-Gedanken und dem Motiv der ἕνωσις verbindet sich der für Ign im Kontext der Ekklesiologie aufschlußreiche Begriff des σῶμα Χριστοῦ (vgl. Eph 4,1f.; Sm 11,2; zur traditionsgeschichtlichen Analyse vgl. K. M. Fischer, Tendenz und Absicht 63; Lindemann, Paulus 208f.). Der Pflicht, sich als Glieder Christi zu erweisen, können sich die Leser aber um so weniger entziehen, als ihre Vereinigung mit Christus nicht nur der Verheißung Gottes entspricht, sondern in diesem selbst unmittelbar gegeben ist.

12 ¹Ich grüße euch von Smyrna aus zugleich mit den Kirchen Gottes, die bei mir sind, die mich in allen Dingen im Fleisch und im Geist erquickt haben. ²Meine Fesseln, die ich um Jesu Christi willen herumtrage, flehend, zu Gott zu gelangen, fordern euch auf: haltet fest an eurer Eintracht und dem Gebet miteinander. Denn es gehört sich für jeden einzelnen unter euch, besonders auch für die Presbyter, den Bischof zu erquicken zur Ehre des Vaters, Jesu Christi und der Apostel. ³Ich bitte euch, in Liebe auf mich zu hören, damit ich nicht zum Zeugnis unter euch werde mit meinem Brief. Betet aber auch für mich, der ich eure Liebe in Gottes Barmherzigkeit brauche, daß ich des Loses gewürdigt werde, das zu erlangen mir anliegt und so nicht unerprobt erfunden werde.

12,1 Vgl. Magn 15 und u. 13,1. Die Begründung mit πρέπει γάρ in **12,**2 zeigt, daß sich Ign Betätigung wirklicher Eintracht und wirkungsvolles gemeinsames Gebet nur denken kann unter Beteiligung des Bischofs.

Zu **12,**3 vgl. zunächst Phld 6,3. Wenn die Leser die Mahnung des Ign beherzigen, wird sein Brief kein Zeugnis, nämlich für die unter ihnen herrschenden Mißstände, sein. Das Verständnis des Endes von 12,3 bleibt diffizil, die Übersetzung von περίκειμαι mit „das mir anliegt" (vgl. auch W. Bauer, Wörterbuch s. v.) philologisch ein Notbehelf. C. I. K. Story, Trallians 12:3 319ff. schlägt eine neue Abtrennung vor: εἰς τὸ καταξιωθῆναι με τοῦ κλήρου, οὗ περὶ κεῖμαι, ἐπιτυχεῖν (Übersetzung: ". . . in order that I may be considered worthy to obtain the lot for which I am appointed."); aber auch dies bietet gegenüber Bauer 1.A. keinen Fortschritt.

13 ¹Es grüßt euch die Liebe der Smyrnäer und Epheser. Gedenkt in euren Gebeten der Kirche von Syrien, zu der ich nicht wert bin, gezählt zu werden, da ich der letzte von ihnen bin. ²Lebt wohl in Jesus Christus, dem Bischof untertan wie dem Gebote, ebenso auch dem Presbyterium; und einer wie der andere liebt einander mit ungeteiltem Herzen. ³Mein Geist weiht sich für euch, nicht nur jetzt, sondern auch, wenn ich zu Gott gelange. Noch bin ich ja in Gefahr. Aber treu ist der Vater in Jesus Christus; er wird meine und eure Bitte erfüllen. In ihm mögt ihr untadelig erfunden werden.

13,1 ἀγάπη wie Rm 9,3; Phld 11,2; Sm 12,1. Die Smyrnäer werden genannt, weil sich Ign z. Z. im Schoß ihrer Gemeinde aufhält (12,1). Daneben werden nur noch die Epheser besonders erwähnt, obwohl zu den 12,1 als bei ihm befindlichen Kirchen jedenfalls auch die von Magnesia (Magn 2; 15) gehört hat. Ephesus genießt hier also den gleichen Vorzug wie Magn 15. Seine Gemeinde hat Ign offenbar besonders hoch geschätzt. Vgl. außer der Tatsache, daß er sie in jedem seiner Gemeindebriefe in irgendeiner Form erwähnt (vgl. noch Rm 10,1; Phld 11,2; Sm 12,1), Urteile wie Eph 8,1 und die Beobachtung, daß er an sie am eingehendsten geschrieben und ihr sogar noch eine weitere Abhandlung in Aussicht gestellt hat (Eph 20,1). Die Fürbitte für Syrien und die Selbstcharakteristik des Ign wie Eph 21,2; Magn 14; Rm 9,1f.; Sm 11,1.

13,2 Zu dem absoluten ἐντολή (vgl. dazu Phld 1,2; 1 Tim 6,14) fügen LA ein θεοῦ; dies gibt zwar guten Sinn, dürfte aber als eine nachträgliche Einfügung auf Grund von Sm 8,1 zu beurteilen sein (gegen W. Bauer 1.A.).

13,3 ὑπέρ fehlt in Gl hier wie Eph 8,1, welche Stelle auch in der Sache zu vergleichen ist, ebenso auch Eph 21,2. Ign weiht sich seinen christlichen Brüdern als Opfer, von dem er hofft, daß es das eines wahren Jüngers und Märtyrers sein wird (deutlich auch an der Heranziehung des ign θεοῦ ἐπιτυγχάνομαι). Von der Gefahr, durch die er seine Blutzeugenschaft bedroht glaubt, handelt besonders der Rm. Zu πιστὸς ὁ πατήρ vgl. 1 Kor 1,9; 10,13; 2 Kor 1,18; 1 Thess 5,24; 2 Thess 3,3. Die Konstruktion πιστός c.Inf. wie in II Esr 23,13.

Ignatius an die Gemeinde in Rom

Inhalt

Zuschrift mit dem Eingangsgruß.

Der Hauptinhalt des Briefes besteht 1–8 in der Bitte des Ign, seinem Martyrium kein Hindernis in den Weg zu legen. Nur Kraft zum Sterben sollen die römischen Christen für ihn erflehen. Damit verbinden sich Mitteilungen über seinen Leidensgang nach Rom.

Zuletzt ersucht Ign um Fürbitte zugunsten der syrischen Kirche, als deren Glied er sich kaum zu bezeichnen wage; es folgen Grüße und abschließende Bemerkungen 9.10.

inscriptio

Ignatius, der auch Theophorus heißt, an die durch die Größe des höchsten Vaters und Jesu Christi, seines einzigen Sohnes, mit Barmherzigkeit begnadete Kirche, die geliebt und erleuchtet ist durch den Willen dessen, der seinen Willen auf alles, was da ist, gerichtet hat gemäß dem Glauben und der Liebe Jesu Christi, unseres Gottes, (an die Kirche,), die auch im Gebiet der Römer den Vorsitz führt, gotteswürdig, ehrwürdig, preiswürdig, lobwürdig, des Erfolgs und der Heiligung würdig, die den Vorsitz in der Liebe führt, Christi Gesetz haltend, des Vaters Namen tragend, welche ich auch begrüße im Namen Jesu Christi, des Sohnes des Vaters; die nach Fleisch und Geist in jedem seiner Gebote Geeinten, die da unerschütterlich erfüllt sind von der Gnade Gottes und geläutert von jeder fremden Farbe, grüße ich von ganzem Herzen ohne Tadel in Jesus Christus, unserem Gott.

inscriptio

Die Einleitung des Rm übertrifft die der anderen Briefe des Ign an Umfang, Fülle und sprachlicher Gestaltung (vgl. dazu A. Harnack, Zeugniss des Ignatius 111ff.; Funk, Primat der römischen Kirche 1ff.; F. Overbeck, Christentum und Kultur 205; Thiele, „Vorrang in der Liebe" 701ff.; O. Perler, „Universo caritatis coetui praesidens" 227ff.; R. Staats, Begründung 461ff.; Bommes, Weizen Gottes 217ff.). *ἐν μεγαλειότητι* ist gewichtiger als das *ἐν μεγέθει* Eph inscr; vgl. Lk 9,43; 2 Petr 1,16; 1 Clem 24,5. Über das *ἐν θελήματι τοῦ θελήσαντος* vgl. zu Magn 3,2, über Christus, unseren Gott, vgl. zu Eph inscr. Was unter dem „Gebiet der Römer" zu verstehen ist, läßt sich nicht mit letzter Bestimmtheit sagen, wahrscheinlich die Stadt Rom (Staats, Begründung 463), aber bis zu einem gewissen Umfange wohl auch die Umgebung. Mit einer ähnlichen Wendung, wie er sie hier gebraucht, würde Ign gegebenenfalls das Verhältnis der antiochenischen Kirche zum christlichen Syrien beschrieben haben. Die Ausdrücke „Kirche von Antiochien in Syrien" (Phld 10,1; Sm 11,1; Pol 7,1) und „Kirche Syriens" (Eph 21,2; Magn 14; Trall 13,1; Rm 9,1) wechseln nämlich bei Ign ab. Da es sich für ihn dabei nicht um zwei in klarer

Abgrenzung nebeneinanderstehende, sich gegenseitig ausschließende Größen handelt, sich andererseits auch syrisches und antiochenisches Christentum nicht decken (vgl. Apg 15,23), so erklärt sich das Nebeneinander wohl nur unter der Voraussetzung, daß die Kirche Antiochiens zwar auch syrische Kirche ist, diese jedoch nicht ausmacht, da noch anderes syrisches Gebiet, dem Ign gleichfalls als Bischof vorsteht (Rm 2,2), hinzugehört. Wie viel, läßt sich ebensowenig wie im Falle Roms sagen. Ign wendet sich in erster Linie – und aus dem ganzen Inhalt des Briefes ist dies leicht zu erklären – an die Christen von Rom, nicht an die des ganzen römischen Distriktes. Daß er sie mit einer, selbst für seinen Stil bemerkenswerten Flut ehrender Prädikate überschüttet, hat seinen Grund einmal in *ihrer* Eigenschaft als Christen der Hauptstadt, sodann in *seiner* Situation als Märtyrer, der auf sie angewiesen ist. Über die Komposita mit ἄξιος vgl. S. 21. Das προκαθημένη τῆς ἀγάπης hat aus verständlichen Gründen viele Deutungen hervorgerufen: kaum halten läßt sich die Übersetzung „Vorsteherin des Liebesbundes", auch eine Erklärung des Begriffs im juridischen Sinne ist höchst unwahrscheinlich (gegen Thiele, „Vorrang in der Liebe" 701ff.). Zu beachten bleibt – neben der Berücksichtigung der ign Sprache und der Stilisierung des Textes (so schon Overbeck, Christentum und Kultur 205), die vor allzu weitreichenden Schlüssen warnt – vor allem zweierlei: auf der einen Seite ist der römischen Gemeinde immer schon ein besonderer Vorzug in der Fürsorge für andere Gemeinden zugestanden worden, so daß ἀγάπη dann im karitativen Sinne zu begreifen wäre (vgl. dazu vor allem Harnack, Zeugniss des Ign). Dies wird durch Texte belegt; vgl. Dionys von Korinth ap. Euseb, h. e. IV,23,10. Hinzu kommt zum anderen, daß der Begriff ἀγάπη bei Ign in eucharistischem Sinn gebraucht werden kann; wenn aber für den Rm der Ton auf dem bevorstehenden Martyrium liegt, so könnte sich der Ausdruck eucharistisch-martyrologisch erklären lassen (dazu vor allem Staats, Begründung 461ff.). Die römische Gemeinde hätte dann in einzigartiger Weise am Blutzeugnis vorbildlicher Christen Anteil. Zwischen beiden Lösungsvorschlägen läßt sich möglicherweise vermitteln, wenn die umfassende Bedeutung des Liebesbegriffs bei Ign gesehen wird, der beide Aussagen inhaltlich umschließt. Ein solches, prinzipielles Verständnis von ἀγάπη erscheint auch von dem Stil des Textes her als wahrscheinlich. Zu χριστόνομος vgl. 1 Kor 9,21, zu πατρώνυμος plnEph 3,14f. Über κατὰ σάρκα καὶ κατὰ πνεῦμα und deren umfassende Bedeutung vgl. zu Eph 10,3. ἀποδιυλίζειν (auch ἀποδιυλισμός Phld 3,1) gebraucht Ign, bei dem sich hier die eigenartigen Bildungen besonders häufen (vgl. z. B. ἀξιοεπίτευκτος, ἀξιόαγνος, χριστόνομος, πατρώνυμος), für das gebräuchlichere διυλίζειν (vgl. Mt 23,24). ἀμώμως ähnlich wie Eph inscr (vgl. dort).

1 **¹Da ich es auf mein Gebet zu Gott hin erlangt habe, eure gotteswürdigen Gesichter zu schauen, wie ich mein Flehen auch noch gesteigert habe, es zu empfangen –; denn gebunden in Christus Jesus hoffe ich euch zu begrüßen, wenn es der Wille Gottes ist, daß ich gewürdigt werde, am Ziel zu stehen. ²Denn der Anfang zwar ist gut gelungen, wenn anders ich die Gnade erlangen sollte, mein Los ungehindert zu empfangen. Denn ich fürchte im Blick auf eure Liebe, daß sie mir Schaden zufügt. Denn für euch ist es leicht, das zu tun, was ihr beabsichtigt, für mich aber ist es schwierig, zu Gott zu gelangen, wenn ihr meiner nicht schont.**

1,1 Über das Anakoluth ἐπεὶ εὐξάμενος κτλ. siehe zu Eph 1,3. Das Gebet um den Anblick der römischen Christen wie plnRm 1,9–11; 15,22–24.32 und Origenes ap. Euseb, h. e. VI,14,10. Da Ign nach 10,1 den Brief aus Smyrna absendet, ohne je zuvor in Rom gewesen zu sein, kann das ἐπέτυχον nicht die wirkliche Erhörung des Gebetes konstatieren wollen. Ign spricht aus dem Bewußtsein heraus, daß er so, wie Gott sein Leben gestaltet hat, unbedingt nach Rom gelangen muß. Allerdings: ein Gefühl der Unsicherheit kann er nicht vollkommen unterdrücken, eine Empfindung, die ihn veranlaßt, seine Bitten zu steigern und ihn im Folgenden lediglich von der Hoffnung reden läßt, daß ihm Gottes Wille günstig sei. Über das absolute θέλημα vgl. zu Eph 20,1. Zu εἰς τέλος εἶναι = am Ziele sein vgl. Lk 11,7; Joh 1,18; PolPhil 9,2, auch Rm 2,2.

1,2 ist charakteristisch für die Vorliebe des Ign, mit γάρ anzuknüpfen (in 1,1.2; 2,1 siebenmal), mehr noch für die Erregung, die den Rm in noch höherem Maße prägt als die anderen Briefe und die es zu einer ruhigen Gedankenentwicklung nicht kommen läßt. Darin zeigt sich, wie zentral es Ign in diesem Brief um *seine* Situation angesichts des Martyriums geht (vgl. Paulsen 99ff.). Dem τέλος in 1,1 tritt die ἀρχή gegenüber, und eine Begründung dessen scheint beabsichtigt, weshalb Ign seiner Sache nicht ganz sicher ist, etwa in der Art: „denn der Anfang ist zwar gut eingeleitet, ich fürchte aber, daß eure Liebe mich hindert, ans Ziel zu gelangen." Aber kaum sind die ersten Worte niedergeschrieben, so befällt den Ign wiederum die Angst, so daß er selbst von diesem Anfang nicht sagen will, er sei gut gelungen. Das ἐάνπερ bedeutet eine Einschränkung; darüber bleibt das μέν, mit dem Ign begonnen hat, formell in der Luft hängen, und der Inhalt des eigentlich zu erwartenden δέ-Satzes muß den Stoff hergeben für eine erneute Begründung, nämlich eben jener Klausel. Das letzte γάρ endlich begründet die Besorgnis vor dem, was die Liebe den Römern eingeben könnte. Bloße Befürchtungen erklären die Leidenschaft nicht, mit der Ign in diesem Brief vorgeht. Auch das ὃ θέλετε ποιῆσαι klingt zu positiv. Ign glaubt von bestimmten, auf seine Person gerichteten Absichten seiner Leser zu wissen. Daß ihm die Kunde davon durch menschliche Vermittlung zugetragen wurde, erscheint allerdings als ausgeschlossen. Doch könnte er von Maßnahmen der römischen Gemeinde in früheren ähnlichen Fällen vernommen haben (vgl. möglicherweise 1 Clem 55,2; siehe auch o. zur inscr). Deshalb muß sein Verlangen nach dem Martyrium ihn zur Befürchtung veranlassen, er könne Opfer der Liebe der Gemeinde werden. Der Eifer der Christen, gefangene Glaubensbrüder freizubekommen, ist bezeugt (vgl. Lucian, de morte Peregrini 12; Brief des Dionys von Alexandrien ap. Euseb, h. e. VI,40; ApConst V,1.2). Auch bereits Verurteilte hat man losgekauft (SyrDid 18; ApConst IV,9; Cyprian, epist. 62,4). Ign könnte besorgt sein, daß ihm Gleiches widerfährt. Oder seine Angst wurzelt in der Annahme, daß die römischen Christen versuchen würden, seinen bereits abgeschlossenen Prozeß (vgl. zu Eph 1,2) durch Einlegung einer Berufung wiederaufzunehmen oder an die kaiserliche Gnade zu appellieren. An einflußreichen Persönlichkeiten, die sie mobilisieren konnte, hat es der römischen Gemeinde in der damaligen Zeit durchaus nicht gefehlt (vgl. Harnack, Mission und Ausbreitung II, 561f.).

2 ¹**Denn ich will nicht, daß ihr Menschen zu Gefallen seid, sondern Gott sollt ihr gefallen, wie ihr (ihm ja) auch gefallt. Denn weder werde ich jemals wieder eine solche Gelegenheit haben, zu Gott zu gelangen, noch könnt auch ihr, wenn ihr schweigt, zu einem besseren Werk beisteuern. Denn wenn ihr von mir schweigt, werde ich Wort Gottes sein; wenn ihr aber mein Fleisch liebt, werde ich wiederum ein Laut sein. ²Gewährt mir nicht mehr, als Gott geopfert zu werden, solange noch ein Altar bereitsteht; so könnt ihr, in Liebe ein Chor geworden, dem Vater in Christus Jesus lobsingen, weil Gott den Bischof Syriens gewürdigt hat, sich im**

Untergang (der Sonne) zu befinden, vom Aufgang herbeigebracht. Schön ist es, von der Welt fort zu Gott hin unterzugehen, damit ich in ihm aufgehe.

2,1 ἀνϑρωπαρεσκεῖν findet sich weder im AT noch im NT noch in der Profangräzität (spätere Belege bei Lampe, Lexicon s. v.), dagegen ἀνϑρωπάρεσκος Kol 3,22; plnEph 6,6; Ps 52,6. Zum Gegensatz vgl. Gal 1,10; 1 Thess 2,4. ἐπιγραφῆναι könnte sich aus der Gewohnheit der Künstler herleiten, ihren eigenen oder den Namen ihrer Gönner unter ihre Werke zu setzen. Doch könnte auch die Bedeutung „eine Abgabe auferlegen", „besteuern" für ἐπιγράφειν eine Rolle spielen. Zu σιωπᾶν ἀπό vgl. Ps 27,1. Der Text ist am Schluß von 2,1 nur noch schwer zu rekonstruieren: statt des λόγος γενήσομαι ϑεοῦ, was sich hauptsächlich auf die syrische Überlieferung stützt, liest L ἐγὼ λόγος ϑεοῦ. Eine Entscheidung zwischen diesen beiden Möglichkeiten ist schwer zu treffen, nur das von G¹g bezeugte ἐγὼ γενήσομαι ϑεοῦ erweist sich offenkundig als Erleichterung. Noch diffiziler ist das letzte Wort in 2,1. Die griechische Überlieferung liest ein τρέχων im Sinne von „wenn ihr schweigt, werde ich zu Gott gelangen, andernfalls werde ich mich eilends in der verkehrten Richtung nach rückwärts bewegen." Das kann kaum ursprünglich sein, und so hat Zahn (z. St.) ein ἠχώ konjiziert. Dies kann zwar die Korrektur des τρέχων plausibel machen, aber die Übersetzungen (etwa L = *vox*) legen ein φωνή nahe. Wenn es deshalb Ign in diesem Text auf das Gegenüber von λόγος und φωνή ankommt, so nimmt er damit möglicherweise traditionelle Topik auf: neben Plutarch, de animae procreatione 27 ist vor allem an die Abstufung λόγος – φωνή – ἠχώ zu erinnern, die Herakleon seiner Deutung von Joh 1,14 zugrunde legt (vgl. dazu grundsätzlich E. Pagels, Heracleon's Commentary). Auch der Kontrast zum Schweigen der Römer ist gewiß beabsichtigt. Gelingt es dem Ign, im Martyrium zu Gott zu gelangen, so wird er zum λόγος werden; erweist sich die Liebe der Römer zu ihm hingegen auf das Irdische, d. h. die Erhaltung seiner σάρξ gerichtet, so wird er nur φωνή sein, wie ein Laut verklingen. Die Übertragung christologischer Aussage und die Adaption von Offenbarungsterminologie auf den Märtyrer ist deutlich zu erkennen; vgl. Brox, Zeuge und Märtyrer 218.

2,2 Zu σπονδισθῆναι vgl. Phil 2,17; 2 Tim 4,6. Um des folgenden Wortspiels willen muß δύσις = Westen mit „Untergang" (scil. der Sonne) wiedergegeben werden. Zu εὑρεθῆναι εἰς δύσιν = „sich im Westen befinden, vgl. Est 1,5; Apg 8,40; zum Bilde selbst siehe F. J. Dölger, Sol Salutis 146, A.338.

3 ¹Noch niemals seid ihr auf jemanden neidisch gewesen, wohl aber habt ihr andere belehrt. Ich aber will, daß auch das festen Bestand habe, was ihr Jünger werbend anbefehlt. ²Nur Kraft, äußerlich wie innerlich, erbittet für mich, damit ich nicht nur rede, sondern auch den Willen habe, damit ich nicht nur Christ genannt, sondern auch (als solcher) erfunden werde. Denn wenn ich (als Christ) erfunden werde, kann ich auch (so) genannt werden und dann ein Gläubiger sein, wenn ich der Welt nicht mehr sichtbar bin. ³Nichts Sichtbares ist gut. Denn unser Gott Jesus Christus kommt dadurch, daß er im Vater ist, um so mehr zur Erscheinung. Nicht Sache von Überredung, sondern von Größe ist das Christentum, wenn irgend es von der Welt gehaßt wird.

3,1 Je nachdem man οὐδένα (G) oder οὐδενί (g) liest, ist βασκαίνειν mit „bezaubern" (Gal 3,1) oder mit „beneiden", „Mißgunst erzeigen" (C gebraucht das griechische Lehnwort *φθονεῖν*) wiederzugeben. Auch *βασκανία* in 7,2 bringt keine sichere Entscheidung. Doch liegt die zweite Bedeutung wohl näher. Ign wertet den Versuch, ihn vor dem Märtyrertod zu bewahren, als ein Zeichen von Mißgunst. Ob er wirklich so ganz davon durchdrungen ist, daß die Römer derartige Beweise von Mißgunst noch niemandem haben zuteil werden lassen? Dann wären Ton und Inhalt seines Briefes doch kaum verständlich. Das *οὐδέποτε ἐβασκάνετε οὐδενί* gehört in eine Reihe mit den Wendungen, die er an Ermahnungen anzuschließen liebt: *ὅπερ καὶ ποιεῖτε* (vgl. zu Eph 4,1). Wenn Ign von den römischen Christen als Lehrern anderer Gläubiger redet, so ist das keine höfliche Redensart (vgl. plnRm 15,14), die durch den Briefstil nahelag. Möglicherweise steht im Hintergrund etwa das Beispiel des 1 Clem, in dem die römische Gemeinde tatsächlich auswärtige Christen belehrte. Nun will Ign, daß diese Lehre nicht nur im allgemeinen zur Geltung komme, sondern daß besonders auch jene Elemente Bestand behalten, die Vorschriften darstellen zum Zwecke der Jüngerwerbung, d. h. die das Martyrium zur Pflicht machen. Über den speziellen Sinn von „Jünger" vgl. zu Eph 1,2. Vgl. zum Inhalt auch 1 Clem 7,1; 46,1; 55,1. Die römischen Christen würden sich also, wenn sie dem Ign Schwierigkeiten machen, mit ihrer eigenen Lehre im Widerspruch befinden.

3,2 *ἔσωθέν τε καὶ ἔξωθεν:* seelische und körperliche Stärke. Erst der Märtyrertod erhebt den Getauften zum wirklichen Gläubigen (*πιστός* ist hier so gewiß = „gläubig" wie Eph 21,2; Magn 5,2; Sm 1,2), zum Christen, der diesen Namen verdient. Vgl. zur inhaltlichen Auslegung von 3,2 auch Bommes, Weizen Gottes 33f.

3,3 Zu *οὐδὲν φαινόμενον ἀγαθόν* vgl. 2 Kor 4,18; zum Verständnis siehe Schlier, Untersuchungen 103; 148. Der Wechsel in der Bedeutung von *φαίνεσθαι* ist nicht gerade geschickt. Das offenbar als Begründung des *οὐδὲν φαινόμενον ἀγαθόν* gedachte Wort- und Gedankenspiel (denn Christus ist gerade dadurch, daß er unsichtbar wurde, um so mehr zu der seinem Wesen entsprechenden Erscheinung gelangt) kommt nicht recht zur Geltung, weil das „nicht sichtbar sein" durch „im Vater sein" ersetzt ist. Zum Gegensatz von bloßem Wort und Bewährung durch die Tat, von sichtbarer Erscheinung und wirklichem Sein tritt nun der von Überredung und echter Größe. *πεισμονή* ist Menschenwerk (Gal 5,8) und hat daher mit dem Christentum nichts zu schaffen; vgl. 1 Kor 2,4. Über *Χριστιανισμός* vgl. zu Magn 10,1. *ὅταν κτλ.* fehlt in G¹, wohl weil es als Einschränkung und deshalb als unpassend empfunden wurde. Aber Ign ist natürlich der Meinung, daß das Christentum stets von dem Haß der Welt verfolgt sein wird (deshalb ist *κόσμος* für ihn auch ein qualifizierter Begriff und traditionsgeschichtlich mit dem Verständnis von *κόσμος* in den joh Abschiedsreden zu vergleichen). Den Ausbrüchen dieses Hasses gegenüber erweist es seine Größe und zeigt so, daß es nicht auf dem irdischen Fundament menschlicher Überredung ruht.

4   **¹Ich schreibe an alle Kirchen und schärfe allen ein, daß ich freiwillig für Gott sterbe, wenn anders ihr mich nicht hindert. Ich ermahne euch, mir kein unzeitiges Wohlwollen zu werden. Laßt mich der wilden Tiere Fraß sein, durch die es möglich ist, zu Gott zu gelangen. Gottes Weizen bin ich und durch der wilden Tiere Zähne werde ich gemahlen, damit ich als reines Brot des Christus erfunden werde. ²Schmeichelt lieber den wilden Tieren, damit sie mir zum Grab werden und nichts von den (Bestandteilen) meines Körpers übriglassen, damit ich nach meinem Tode niemandem zur Last falle. Dann werde ich wirklich Jünger Jesu Christi sein, wenn die Welt nicht einmal meinen Leib sehen wird. Flehet Christus**

für mich an, damit ich durch diese Werkzeuge als ein Opfer für Gott erfunden werde. ³Sie sind Apostel, ich ein Verurteilter; sie sind frei, ich aber bis jetzt ein Sklave. Wenn ich aber gelitten habe, werde ich ein Freigelassener Jesu Christi und in ihm als Freier auferstehen. Jetzt lerne ich als Gefesselter nichts zu begehren.

4,1 Daß Ign an alle Kirchen schreibe, ist rhetorische Übertreibung (wie in Eph 12,2). Die korrigierende Tilgung des *πάσαις* durch G¹HLSmM schien um so näher zu liegen, als Ign seine Aussage selber einschränkt (Pol 8,1). Ob aus dem *ἑκών* herauszulesen ist, daß Ign sich mit Absicht zum Martyrium gedrängt und den Konflikt mit der Behörde selbst gesucht hat, bleibt ungewiß. Andernfalls würde das *ἑκών* die Bedeutung von „gerne" haben. Zum Verständnis des Textes vgl. Reitzenstein, Bemerkungen zur Martyrienliteratur 459, A.2. Deutlich ist, daß Ign in 4,1.2 Opferterminologie auf sein Leiden anwendet (vgl. Bommes, Weizen Gottes) und in geradezu exklusiver Weise seine Situation gegenüber der Gemeinde bedenkt (vgl. Brox, Salus 257; zur Begrifflichkeit vgl. Riesenfeld, Weizenkorn 54. Die Worte *σῖτος – εὑρεθῶ* sind das einzige direkte Ign-Zitat, das sich bei Irenäus findet (adv. haer. V,28,4). Das Präsens *ἀλήθομαι* sieht (wie das *ἀποθνῄσκω*) die Stunde des Martyriums bereits gegenwärtig.

4,2 *μᾶλλον* blickt zurück auf *μὴ εὔνοια ἄκαιρος κτλ.* Die Worte des Ign zeigen deutlich, wie fern ihm der Gedanke liegt, irgendein Überbleibsel seines Körpers könnte ein Gegenstand der Verehrung werden. Allerdings könnten sie darin indirekt zugleich ein Beleg für solche Praxis darstellen (vgl. von Campenhausen, Idee des Martyriums 80, A.11). Statt *ἀληθής*, das C ganz fortläßt, ist gewiß mit G¹HKSAml *ἀληθῶς* zu lesen (das *ἀληθής* wird durch LSmAgM bezeugt). Auch das *Ἰησοῦ*, das LSAmg bieten, könnte ursprünglich sein (anders W. Bauer 1. A.).

4,3 Der Ton liegt auf dem *οὐ διατάσσομαι* (vgl. Eph 3,1), mit dem Ign seinen eigenen Anspruch von der apostolischen Autorität abgrenzt (vgl. Lindemann, Paulus 85f.; Paulsen 44f.). Petrus und Paulus werden zusammengestellt wie 1 Clem 5; Dionys von Korinth ap. Euseb, h. e. II,25,8; Irenäus, adv. haer. III,1,1. Ign nennt gerade diese beiden, weil sie für ihn in der Verbindung ein fester Begriff sind; alle weiteren Schlüsse aus dem Text bleiben allerdings spekulativ (vgl. noch 1 Petr 5,13; Papias ap. Euseb, h. e. III,39,15; II,15,2). Über *κατάκριτος* vgl. zu Eph 12,1. Wenn sich Ign *δοῦλος* nennt, will er sich weder als wirklichen Sklaven noch als Sklaven Christi bezeichnen; es dürfte damit nichts anderes gemeint sein als das dem Ign geläufigere *δεδεμένος*. Der ungewöhnlichere Ausdruck könnte sich möglicherweise von 1 Kor 7,22 herleiten. Die abschließende Aussage betont noch einmal den Gegensatz zwischen Ign und den Aposteln: er ist nur ein Schüler und noch keineswegs frei.

Exkurs: Der Drang nach dem Martyrium.

Es hat von Anfang an Christen gegeben, die bewußt die Aufmerksamkeit der Behörden auf sich gelenkt haben, um so zu Märtyrern zu werden. Tertullian, ad Scap. berichtet zum Beweis dafür, daß die Christen die Grausamkeit ihrer Gegner aus freien Stücken herausforderten, daß sämtliche Gläubigen von Ephesus sich bei Arrius Antoninus, dem Prokonsul Asiens, eingestellt hätten, um gemeinsam zu sterben. Andere Beispiele (vgl. die Zusammenstellung der Texte bei von Campenhausen, Idee des Martyriums 137, A.1 sowie den Nachtrag aus S. 176): MartJustini 5,6; ActaEupli; ActaCypriani 1; 5,1; ClemAl, strom. IV,17,1. Besonders intensiv erscheint die Sehnsucht nach dem Martyrium bei den Montanisten; vgl. Tertullian, de fuga in persec. 9 (zum Ganzen H. Paulsen,

Montanismus). Möglicherweise weist auch die Episode in MartPol 4 in diese Richtung, wenn das Versagen des Quintus zugleich Polemik gegen den Montanismus meint. Hat Ign sein Verlangen nach dem Tod im Martyrium soweit getrieben, daß er es bewußt herbeiführte, so befindet er sich damit jedenfalls im Gegensatz zum Durchschnittsbewußtsein der Kirche. Hervorragende Christen haben sich dem Zeugentod entweder selbst durch die Flucht entzogen oder doch ein solches Entweichen gebilligt (vgl. MartPol 5; Origenes ap. Euseb, h. e. VI,19,16; Cyprian, epist. 7.8.20; de lapsis 3. Tertullian in seiner vormontanistischen Zeit: de patientia 13; ad uxorem I,3). Die herrschende Meinung war, man dürfe zwar nicht verleugnen, solle die Gefahr aber auch nicht aufsuchen, sondern ihr aus dem Wege gehen. Vgl. Cyprian, epist. 81; ActaCypriani 1; syrDid 19. Diese besonnene Stimmung war auch bei Gnostikern verbreitet, wenngleich man sich vor generellen Urteilen hüten sollte (vgl. Koschorke, Polemik 134ff.); vgl. aber die Relativierung des Blutzeugnisses durch Herakleon, die jedoch das Martyrium in solcher Eingrenzung gerade nicht prinzipiell ablehnt (ap. ClemAl, strom. IV,71.1.3). Auf der anderen Seite gibt es durchaus eine Kritik an kirchlicher Hochschätzung des Martyriums (vgl. dazu Koschorke, Polemik 135f.), als könne man durch körperliches Leiden sich als Nachfolger des Geistwesens Christus bewähren. Zwischen solchen Leuten und Ign gibt es keine Vermittlung, gerade weil diese Kritik nach seinem Begriff immer auch die Christologie des Leidens berührt, ja aufhebt (vgl. auch zu Trall 10). Zum Ganzen siehe noch H. Achelis, Christentum I,214; II,43.279.435ff.; von Campenhausen, Idee des Martyriums 82f.

5   [1]**Von Syrien bis Rom kämpfe ich mit wilden Tieren, zu Land und zu Wasser, bei Nacht und Tag, an zehn Leoparden gefesselt – eine Soldatenabteilung nämlich –, die auch durch erzeigte Wohltaten nur schlimmer werden. Unter ihren Mißhandlungen aber werde ich immer mehr zum Jünger, ich bin darum aber nicht gerechtfertigt.** [2]**Möchte ich doch Freude erleben an den wilden Tieren, die für mich bereitstehen, und ich wünsche, daß sie sich mir gegenüber schnell entschlossen erweisen; ich will sie dazu verlocken, mich schnell entschlossen zu verschlingen, nicht so, wie es bei einigen geschah, die sie aus Feigheit nicht anrührten. Wollen sie aber freiwillig nicht, so werde ich Gewalt gebrauchen.** [3]**Habt Nachsicht mit mir; was mir nützt, das weiß ich. Jetzt beginne ich, ein Jünger zu sein. Nichts von Sichtbarem und Unsichtbarem soll sich um mich bemühen, damit ich zu Jesus Christus gelange. Feuer und Kreuz, Rudel von wilden Tieren, Zerstreuungen von Knochen, Zerschlagen der Glieder, Zermalmungen des ganzen Körpers, üble Plagen des Teufels sollen über mich kommen, nur daß ich zu Jesus Christus gelange.**

5,1 Über ϑηριομαχεῖν vgl. zu Eph 1,2. Ign sagt – anders als Pls 1 Kor 15,32 – deutlich, daß er an dieser Stelle die Vokabel bildlich (vgl. Sm 4,1; Eph 7,1) verwendet. Er gebraucht sie in dieser Weise, weil er wirklich zum Tierkampf bestimmt ist. In der Mißhandlung, die ihm widerfährt, nimmt er die Schrecken der Exekution vorweg (vgl. auch o. zu 4,1). Zehn Mann als Eskorte eines einzelnen erscheinen ein wenig übertrieben. Ernstliches Befremden jedoch vermag die Zahl nicht zu erregen, um so weniger als die Begleitmannschaft den Auftrag gehabt haben könnte, unterwegs noch andere gefangene Christen in ihre Obhut zu nehmen, um sie an ihr Ziel zu befördern (vgl. zu PolPhil 1,1). Für den Gebrauch des griechischen λεόπαρδος (zur Bezeichnung der Häscher als wilde Tiere vgl. auch MartCononis 6,4) ist Ign der älteste Gewährsmann; ob mit der Bezeichnung ursprünglich auf eine militärische Kennzeichnung angespielt wurde, die sich dann auf die gesamte Truppe übertrug (‚die Leoparden‘; so DeVito, Leopards 62f.), läßt sich nicht mehr entscheiden. τάγμα bedeutet die Abteilung im allgemeinen, ohne daß das Wort eine bestimmte Stärke voraussetzt. Zehn Mann bildeten nach römischem Gebrauch eine Einheit, die in späterer Zeit die Bezeichnung Manipel führte (vgl. Vegetius II,13). Zum Versuch, die Wächter der gefangenen Christen durch Zuwendungen milde zu stimmen, vgl. Lucian, De morte Peregr. 12; syrDid 19; ApConst V,1; Passio Perp. et Fel. 3,7; ActThom 151. Bei der schlechten Behandlung, die Ign erhält, reift er, der bisher noch in den Anfängen steht (5,3; Eph 3,1), immer mehr zum Jünger; zur martyrologischen Bedeutung vgl. o. bei Eph 1,2. Die letzten Worte von 5,1 lassen sich mit 1 Kor 4,4 vergleichen, wobei das ἐν τούτῳ in παρὰ τοῦτο geändert erscheint (zur Frage einer möglichen literarischen Beziehung vgl. Paulsen 33); in der Sache bleibt auch Trall 5,2 zu beachten.

5,2 Die Freude, die Ign an den Bestien zu erleben wünscht, besteht nach dem Folgenden in einem energischen Zupacken ihrerseits. Ein Versagen der Tiere wird im Falle der Blandina erzählt (Euseb, h. e. V,1,42; vgl. noch VIII,7,2; ActaPauli et Theclae 32ff.). ἑκόντα muß sich nach dem Zusammenhang doch wohl auf die Tiere beziehen, nicht auf Ign. Gewaltsame Einwirkung auf die Tiere wird von Germanicus berichtet (MartPol 3).

5,3 ζηλοῦν wie 2 Kor 11,2; Gal 4,17. Das Sichtbare und Unsichtbare wie Trall 5,2. Den Feuertod ist Polykarp gestorben (MartPol 13ff.; vgl. auch MartCarpi 36; MartPionii 20f.; Minucius Fel., Octavian 37,3f.). Überhaupt ist diese Todesstrafe häufig über Christen verhängt worden (zu dem schwierigen Text 1 Kor 13,3 vgl. zuletzt O. Wischmeyer, Der höchste Weg 81ff.). Zur Todesstrafe durch das Kreuz vgl. M. Hengel, Mors turpissima crucis 125ff. σύστασις könnte der Kampf sein (so Lightfoot z. St.); aber die Bedeutung des Wortes Trall 5,2 und die Übersetzung von L legen ein anderes Verständnis nahe. ἀνατομαί, διαιρέσεις fehlen bei LSEus (h. e. III,36,9) und dürften gegen W. Bauer 1.A. sekundär sein. Ign hat in dieser Aufzählung nicht bestimmte, vom Richter unter einem Rechtstitel verhängte, Todesstrafen im Auge, sondern die grauenhaften Folgen, die solche gewaltsamen Eingriffe zeitigen. Zu κολάσεις τοῦ διαβόλου vgl. Justin, dial. 131; auch Origenes, c. Celsum VI,42.

6 ¹**Die Enden der Welt können mir nichts nützen, auch nicht die Königreiche dieser Weltzeit. Es ist besser für mich, auf Christus Jesus hin zu sterben, als König zu sein über die Enden der Erde. Jenen suche ich, den für uns Gestorbenen; jenen will ich, den um unseretwillen Auferstandenen. ²Das Gebären aber steht mir bevor. Seid nachsichtig mit mir, Brüder. Hindert mich nicht zu leben, wollt nicht, daß ich sterbe. Den, der Gott gehören will, verschenkt nicht an die Welt und verführt ihn nicht durch die Materie. Laßt mich das reine Licht empfangen! Dort angekommen, werde ich Mensch sein. ³Gestattet mir, Nachahmer des Leidens meines Gottes zu sein! Wenn einer ihn in sich hat, dann muß er verstehen, was ich will, und Mitleid mit mir haben, weil er meine Bedrängnis kennt.**

6,1 In Rm 6f. expliziert Ign seine Situation christologisch: sein Sterben ist ein ἀποθανεῖν εἰς Χριστὸν Ἰησοῦν. Das τερπνά von G¹HTM („Reize“, „Annehmlichkeiten“) trifft gegenüber der Lesart πέρατα (LSfSmAmg) kaum das Richtige; aber gerade weil πέρατα gut zu dem folgenden βασιλεῖαι τοῦ αἰῶνος τούτου stimmt, könnte es auch Korrektur sein. Zur Sache vgl. 1 Kor 9,15; Mt 16,26. Die, in LXX nicht seltene, Konstruktion καλόν . . .ἤ wie Mk 9,43.45 (Mt 18,8f.); 1 Clem 51,3. Statt εἰς Χρ. Ἰ. (G¹HT) bezeugen LgTimotheus ein διὰ Χρ. Ἰ., das als erleichternde Korrektur zu verstehen ist. Das εἰς paßt ebensosehr zu der

Anschauung des Ign im allgemeinen wie in den konkreten Zusammenhang. Ign stirbt „auf Christus hin", weil er durch den Märtyrertod nicht allein zu Gott (7,2!) sondern auch zu Christus gelangt. Deshalb auch das doppelte ἐκεῖνον und der Rückgriff auf traditionelle, christologische Aussagen. τοκετός wie Eph 9,1. Ign stellt seinen Tod mit Hilfe des Bildes von der Geburt dar: erst im Martyrium wird er ‚wahrer' Mensch, bzw. den ‚wahren' Menschen hervorbringen. Wenn dies zugleich an Taufsprache erinnert, so kann die Differenz von Märtyrer und Gemeinde kaum stärker hervortreten.

6,2 beginnt wie 5,3. Ign nennt seinen Tod den Eingang ins Leben und sein leibliches Weiterleben ein Totsein (vgl. Mt 10,39 par); χαρίζεσθαι wie Apg 3,14; 25,11; Phlm 22. ἐξαπατήσητε fehlt in G¹HKTg und ist auf Grund von L(Am) konjiziert worden *(per materiam seducatis)*. Der Sinn erscheint als klar: die Materie, der widergöttliche Stoff (vgl. auch zu Magn 8,2) sucht den Märtyrer an den Kosmos zu fesseln. Im Gegensatz dazu strebt Ign nach dem reinen Licht (zur Interpretation vgl. Conzelmann, Art. φῶς κτλ. 348,21ff.), wobei erneut der Zusammenhang mit Taufterminologie wichtig wird. Ign ist eben noch nicht Jünger, noch nicht Gerechtfertigter, noch nicht wirklicher Christ; dies alles eröffnet erst der Tod im Martyrium als direkter Weg zu Gott.

6,3 Über den Glaubenden als Nachahmer Gottes oder Christi vgl. zu Eph 1,1. Speziell der Märtyrer heißt „Nachahmer Christi" im Bericht der Gemeinden von Vienne und Lyon ap. Euseb, h. e. V,2,2; vgl. auch MartPol 17,3; PolPhil 8,2. Über συμπαθεῖν vgl. Hebr 4,15; συνέχειν wie Lk 8,45; 12,50; Phil 1,23.

7 **¹Der Fürst dieser Weltzeit will mich entführen und meinen auf Gott gerichteten Sinn verderben. Keiner nun von euch, die zugegen sind, soll ihm helfen; steht vielmehr zu mir, das heißt zu Gott. Sagt nicht ‚Jesus Christus' und verlangt doch nach der Welt. ²Mißgunst soll nicht bei euch wohnen. Selbst wenn ich persönlich euch auffordere, so gehorcht mir nicht; gehorcht vielmehr dem, was ich euch schreibe. Denn ich schreibe euch als einer, der lebt, sich aber in Liebe nach dem Sterben sehnt. Meine Liebe ist gekreuzigt, und in mir ist kein Feuer, das an der Materie Nahrung sucht, vielmehr ein lebendiges Wasser, das in mir redet und zu mir spricht: Komm her zum Vater! ³Ich freue mich nicht an vergänglicher Nahrung und den Freuden dieses Lebens. Brot Gottes will ich, das ist das Fleisch Jesu Christi, der aus dem Samen Davids stammt, und zum Trank will ich sein Blut, das ist die unvergängliche Liebe.**

7,1 Über den ἄρχων τοῦ αἰῶνος τούτου vgl. zu Eph 17,1. Zu τὴν εἰς θεόν μου γνώμην vgl. Phld 1,2 (Pol 1,1). τῶν παρόντων ὑμῶν empfängt seine Erklärung von dem παρών in 2 her. Ist Ign persönlich in Rom anwesend, dann sind auch sie persönlich dabei. In dem dann anhebenden Kampf des Teufels mit Ign, der Gott auf seiner Seite weiß, sollen sie die richtige Partei ergreifen.

7,2 Über βασκανία vgl. zu 3,1. Ign setzt den Fall, daß er im letzten Ringen schwach werden und die Römer um ihre Vermittlung anrufen könnte; dann sollen sie nicht auf ihn hören, sondern sich an seinen Brief halten. Das ζῶν γὰρ κτλ. begründet, weshalb in dem Schreiben die wahre Meinung des Ign zum Ausdruck kommt. Nicht in Todesnähe, sondern aus vollem Leben heraus hat er den Brief verfaßt. Von der Liebe zum Tode kommt Ign, indem er dem gleichen Wort eine andere Bedeutung unterlegt (vgl. zum φαίνεσθαι in 3,3), auf das stürmische Verlangen nach der Welt und ihren Gütern, zu denen auch das leibliche Leben gehört. Denn nur das kann ἔρως meinen, nicht aber, wie schon Origenes (Prol. in cant. XIV, 302) wollte, Christus. Zur Kreuzigung der Weltliebe vgl. Gal 6,14. Die leidenschaftliche Glut legt das Bild von dem Feuer (vgl. dazu F. Lang, Art. πῦρ κτλ. 948,29ff.) nahe, und an dieses wiederum schließt sich das vom Wasser an; zum Verständnis des Textes vgl. Reitzenstein, Taufe 159, A.2; Lewy, Sobria Ebrietas 84, A.1. Mit G ist φιλόϋλον zu lesen; das eigenartige und seltene (vgl. Lampe, Lexicon s. v.) Wort sicher als ursprünglich anzusehen. Zur Ablehnung der Materie vgl. 6,2! Jak 3,5; ClemAl, paed. II,1,3 können, da bei ihnen πῦρ wirkliches Feuer und ὕλη Brennstoff ist, nur als Belege für die Neigung dienen, πῦρ und ὕλη zusammenzubringen. Sie mag Ign bei der Verwendung beider Begriffe beeinflußt haben. Das folgende ist als geistgewirkte Rede zu begreifen; dem dient auch die Rezeption des traditionellen Motivs vom ὕδωρ ζῶν. Traditionsgeschichtliche Berührungen bestehen sowohl mit Joh 6,35; 4,10ff.; 7,37f. (vgl. zur Traditionsgeschichte des Motivs F. Hahn, Worte vom lebendigen Wasser 51ff.) als auch mit Apk 7,17; 21,6; 22,2.17; der Hinweis auf diese Parallelen zeigt die Einbettung ign Aussage in die Geschichte urchristlicher Theologie. Allerdings hat ὕδωρ ζῶν zugleich einen weiten religionsgeschichtlichen Hintergrund (dazu Hahn, Worte vom lebendigen Wasser 64ff.; vgl. auch NHC VII,88,3ff.; XII,41,20ff.; 46,15ff.; 48,12f. zum Ganzen siehe auch Lewy, Sobria Ebrietas 84,A.1). Die Geistrede unterstreicht für Ign die Hinwendung zu Gott als dem Vater im Martyrium.

7,3 Über ἄρτος θεοῦ vgl. zu Eph 5,2. Die traditionsgeschichtlichen Parallelen zu Joh 6,26ff. liegen auf der Hand. Über Christus als aus dem Samen Davids stammend vgl. zu Eph 18,2. Es ist klar, daß die Terminologie der Abendmahlssprache entnommen ist. Ebenso gewiß ist aber auch, daß die Betonung der Eucharistie in diesem Zusammenhang zunächst überrascht (vgl. o. zu inscr). Ign schildert die Gemeinschaft mit Christus, die das Martyrium ermöglicht, mit Bildern und Begriffen, die er der Abendmahlsüberlieferung entlehnt hat. ἀγάπη dürfte weniger im Sinne des ‚Liebesmahls‘ (so W. Bauer 1.A.) als im umfassenden, ign Verständnis von ἀγάπη zu deuten sein (vgl. auch Trall 8,1); dies hat allerdings Konsequenzen sowohl für das martyrologische als auch für das eucharistische Moment im ign Liebesbegriff (zum Ganzen vgl. Trentin, Eros e agape 495ff.).

8 **¹Ich will nicht mehr nach der Art der Menschen leben. Das aber wird geschehen, wenn ihr es wollt. Wollt, damit auch ihr gewollt werdet! ²Mit ein paar Zeilen bitte ich euch; glaubt mir! Jesus Christus aber wird es euch offenbaren, daß ich die Wahrheit sage, der truglose Mund, durch den der Vater die Wahrheit geredet hat. ³Bittet für mich, damit ich hingelange. Nicht nach Fleischesart habe ich euch geschrieben, sondern nach Gottes Sinn. Wenn ich leide, so habt ihr gewollt; wenn ich verworfen werde, so habt ihr gehaßt.**

8,1 Ign verwendet besonders hervorgehoben den Begriff θέλειν in Rm 8; die Bedeutung tendiert in Richtung „lieben" (vgl. Magn 3,2). 8,1 macht deutlich, wie sehr es bei Ign zu einer Umwertung aller Werte kommt: was unter den Bedingungen dieser Welt als „Leben" gilt (das κατὰ ἀνθρώπους ζῆν hat hier einen anderen Sinn als in Trall 2,1), bedeutet für Ign „Tod"; vgl. 6,2.

8,2 Der Hinweis auf die Kürze des Briefes (vgl. auch Pol 7,3 und ähnlich das βιβλίδιον Eph 20,1) ist ein beliebter Topos; vgl. 1 Petr 5,12; Hebr 13,22; Ptolemäus, Epist. ad Floram 5,11. Ign hebt mit Hilfe des Begriffs στόμα (vgl. K. Weiss, Art. στόμα 692ff.) die

Offenbarungsfunktion des Sohnes hervor (vgl. dazu auch R. Bultmann, Johannesevangelium 14, A.1 mit dem Hinweis auf einen Text der Markosier ap. Irenäus, adv.haer. I,14,3): im Sohn redet der Vater. Aus solchem Verständnis heraus kann deshalb auch die Gottesprädikation des ἀψευδὲς στόμα (dazu Dibelius–Conzelmann, Pastoralbriefe 99) auf den Offenbarer übertragen werden.

8,3 Über γνώμη θεοῦ vgl. zu Eph 3,2. ἐπιτυγχάνειν hier absolut gebraucht; vgl. Eph 1,2; Phld 5,1.

9   **¹Gedenket in eurem Gebet der Kirche von Syrien, die statt meiner Gott zum Hirten hat. Jesus Christus allein wird ihr Bischof sein und eure Liebe. ²Ich aber scheue mich, zu ihnen gezählt zu werden; denn ich bin es nicht wert, da ich der letzte von ihnen bin und eine Fehlgeburt. Aber durch Barmherzigkeit bin ich jemand, wenn ich zu Gott gelange. ³Es grüßt euch mein Geist und die Liebe der Kirchen, die mich aufgenommen haben im Namen Jesu Christi, nicht wie einen Durchreisenden. Denn sogar die, die mir nicht begegneten auf dem Wege – dem fleischlichen –, sind mir Stadt für Stadt vorausgezogen.**

9,1 Über die Fürbitte für die syrische Kirche vgl. zu Eph 21,2. ἥτις gibt den Grund für die Aufforderung an. Zur Verbindung von Hirtenmotiv und ἐπισκοπεῖν vgl. neben Phld 2,1 noch 1 Petr 2,25 (Brox, 1 Petr 139); 5,2f. (v.l.; Brox, 1 Petr 230). Ob Ign mit 9,1 die Zuversicht ausspricht, die römische Gemeinde werde in Antiochien nach dem Rechten sehen (so Perler, Römische Christengemeinde 446f.), läßt sich bezweifeln. Zur ἀγάπη vgl. auch Inscr.

9,2 Über Ign als ἔσχατος der syrischen Kirche vgl. zu Eph 21,2. Neu und eigenartig ist die Bezeichnung als ἔκτρωμα (vgl. dazu J. Schneider, Art. ἔκτρωμα 463ff.; Chr. Wolff, 1.Kor 169f.; zu den religionsgeschichtlichen Fragen Orbe, Estudios Valentinianos 4,392ff.); sie fügt sich ign Theologie ein, ist aber zugleich durch 1 Kor 15,8f. bestimmt (Lindemann, Paulus 210). τις im Sinn von „irgend etwas Besonderes" wie Eph 3,1 (vgl. Gal 2,2.6).

9,3 Zu δέχεσθαι εἰς ὄνομα ᾿Ι. Χρ. vgl. Mt 10,40ff. Dem „fleischlichen" Weg, der Ign von Antiochien nach Rom führt und der ihn nicht mit allen Kirchen in Berührung bringen kann, steht ein ὁδός oder ὁδοί anderer Art gegenüber, auf denen ihn jeder Glaubende zu treffen vermag (vgl. Mt 22,16: ὁδὸς τοῦ θεοῦ; daneben noch Apg 18,26; 1 Kor 4,17; Apg 16,17; Mt 21,32; 2 Petr 2,21 u.ö.). προάγειν = „vorausziehen" wie PolPhil 3,3; die Bedeutung „geleiten" scheidet wohl aus. Auch erfahren wir nichts davon, daß Ign bis Smyrna, wo Rm geschrieben wurde (10,1), in Begleitung irgendeines Christen gereist ist. Ign spricht vom Glanz der Aufnahme, die er genossen hat, und will begründen, daß man mit ihm nicht verfahren sei wie mit einem, der sich auf flüchtiger Durchreise befindet. Haben doch sogar die Kirchen der Städte, die nicht an seinem Weg lagen, persönlichen Verkehr mit ihm gesucht und sich dadurch, daß sie ihre Abordnungen vor seiner Ankunft dorthin entsandten, wo er durchkommen mußte, an dem Empfang beteiligt. So sind die Kirchen von Ephesus, Magnesia und Tralles mit ihm in Smyrna zusammengetroffen.

10   **¹Ich schreibe euch dies von Smyrna aus durch die preiswürdigen Epheser. Es ist aber bei mir mit vielen anderen auch Krokus, die mir liebe Persönlichkeit. ²Von denen, die mir von Syrien nach Rom vorausgegangen sind zu Gottes Ehre,**

möchte ich glauben, daß ihr sie kennengelernt habt; auch ihnen teilt mit, daß ich nahe bin. Denn alle sind sie Gottes und euer würdig; ihnen in allen Dingen Erholung zu verschaffen, gehört sich für euch. ³Ich habe euch dies geschrieben am 24. August. Lebt wohl bis ans Ende in der Geduld Jesu Christi.

10,1 Mit διά τινος γράφειν werden Persönlichkeiten genannt und angesprochen, die in irgendeiner Weise an der Abfassung eines Textes beteiligt sind: so z. B. die Erwähnung des Schreibers bei Dionys von Korinth, ap. Euseb, h. e. IV,23,11. Die Belege sind allerdings seltener als jene Texte, in denen mit dem διά τινος γράφειν der Überbringer des Schriftstückes gemeint ist: sowohl Apg 15,23 und 1 Petr 5,12 (auch PolPhil 14; vgl. Brox, 1 Petr 242f.). In diesem Sinne ist die Präposition auch 10,1 verwendet. Denn sonst bliebe unerklärlich, weshalb in den Briefen nach Ephesus, Magnesia und Tralles eine derartige Bemerkung fehlt, während die nach Rom, Philadelphia (11,2) und Smyrna (12,1) sie enthalten. Beihilfe bei der Abfassung hätte Ign doch wohl in allen Fällen gleichermaßen nötig gehabt. Die Überbringer aber waren bei Ephesus, Magnesia und Tralles einfach durch die Umstände gegeben und brauchten deshalb nicht besonders erwähnt zu werden: es handelt sich um die zurückkehrenden Abordnungen der Kirchen. Die von Ephesus hat auch den Rm mitgenommen; gewiß nicht, um ihn persönlich an seinen Bestimmungsort zu bringen. Aber von Ephesus aus war eine schnelle Beförderung eher gewährleistet. Denn es kam dem Ign offensichtlich darauf an, daß der Brief vor ihm selbst Rom erreichte. ὄνομα = „Person" wie Sm 13,2; Pol 8,3; vgl. A. Deißmann, Neue Bibelstudien 24f. Krokus war schon Eph 2,1 genannt; er könnte den Römern bekannt gewesen und deshalb besonders genannt sein.

10,2 Von Mitgliedern der syrischen Kirche, die bereits vor Ign nach Rom gelangt sind, wird nur hier gesprochen. Was hat ihre Reise bedingt? Sicher erscheint, daß nicht allein Privatgeschäfte sie dorthin geführt haben, so daß es dort mehr zufällig zu einem Wiedersehen mit ihrem Bischof kommen konnte. Der Rm hat erkennbar zur Voraussetzung, daß Ign die römische Gemeinde über seinen Fall für unterrichtet hält. Die Aufklärung darüber aber kann nur von jenen Brüdern stammen. Sie werden also zum Zweck der Berichterstattung und der Vorbereitung des Empfanges nach Rom entsandt worden sein. Jedenfalls liegt die Annahme nicht nahe, daß sie gleichfalls Opfer der Verfolgung waren und mit einem früheren Transport als Ign geschickt worden sind. Auch das εἰς δόξαν τοῦ θεοῦ macht solche Auffassung nicht erforderlich. Magn 15 gebraucht Ign den Ausdruck von Menschen, die sich um seinetwillen Mühe gemacht haben.

10,3 Nur dieser ign Brief ist datiert, wohl damit die Römer die Zeit seiner Ankunft einigermaßen errechnen konnten. Der Gebrauch des römischen Kalenders war damals auch bei den Griechen üblich und kann deshalb, besonders in einem Brief nach Rom, nicht befremden. Der im syrischen Martyrolog von 411/12 (Lietzmann, Martyrologien 14,31f.) genannte Todestag des 17. Oktober stimmt nicht übel zu diesem Briefdatum, könnte aber auch sekundär gebildet sein.

Ignatius an die Gemeinde in Philadelphia

Inhalt

Zuschrift mit dem Eingangsgruß.

Die Erwähnung der Gemeindebeamten führt zu einem Lobpreis des Bischofs der Gemeinde 1, sodann zu der Mahnung, ihm zu folgen, um dadurch allen Gefahren zu entgehen, die von seiten der Irrlehre drohen, 2.3.4. Ign hofft durch die Fürbitte der Empfänger das Ziel zu erreichen, zu dem ihn Gott berufen hat 5. Es folgt eine Auseinandersetzung mit der Häresie, wobei Ign auf Erlebnisse in Philadelphia verweist 6–9. Die Adressaten sollen durch einen Gesandten der Kirche des syrischen Antiochiens ihre Glückwünsche zur Wiederherstellung des Friedens aussprechen 10. Abschließende Ausführungen und Grüße 11.

inscriptio

Ignatius, der auch Theophorus heißt, an die Kirche Gottes des Vaters und des Herrn Jesus Christus zu Philadelphia in Asien, die Erbarmen gefunden hat, gefestigt ist in der Eintracht Gottes, unerschütterlich in dem Leiden unseres Herrn frohlockt und vollkommen überzeugt ist von seiner Auferstehung in allem Erbarmen; (die Kirche), die ich begrüße im Blute Jesu Christi, die da ewige und bleibende Freude ist, vor allem, wenn sie in Einigkeit sind mit dem Bischof und Presbytern und Diakonen bei ihm, den in Jesu Christi Sinn Eingesetzten, die er nach seinem Willen gestärkt hat mit Befestigung durch seinen heiligen Geist.

1 **¹Von diesem Bischof habe ich erkannt, daß er nicht von sich aus und nicht durch Menschen den Dienst an der Gemeinde erworben hat, auch nicht aus leerer Ruhmsucht, sondern in der Liebe Gottes des Vaters und des Herrn Jesus Christus. Ich bin voll Staunen über seine Mäßigung, der schweigend mehr zustande bringt als die törichten Schwätzer. ²Steht er doch mit den Geboten in Einklang wie die Zither mit den Saiten. Deshalb preist meine Seele seinen auf Gott gerichteten Sinn, den ich als tugendhaft und vollkommen erkannt habe, seine Ruhe und Leidenschaftslosigkeit in aller Mäßigung des lebendigen Gottes.**

inscriptio

Φιλαδελφεύς wird üblicherweise der Bewohner von Philadelphia genannt (Dittenberger, Syll. 416; Or.inscr. 488; CIG 3206; 3424; 3425; 3426). Wenn Josephus neben dieser Form (Ant XIII,8,1) das Adjektiv Φιλαδελφηνός als Hauptwort verwendet (Ant XX,1,1), so scheint er damit beide Ausdrücke doch nicht gleichsetzen zu wollen. Ant XX,1,1 handelt es sich um das ganze, zu jener Stadt an der Grenze Peräas gehörende Gebiet, das Bell III,3,3 Φιλαδελφηνή heißt, Ant XIII,8,1 nur um die πόλις. τῆς ᾿Ασίας soll das lydische Philadelphia (vgl. auch Apk 1,11; 3,7; MartPol 19; Euseb, h. e. V,17,3f.) von anderen Städten gleichen Namens, unter denen besonders das o. erwähnte palästinensische zu Verwechslungen einlud, unterscheiden. Über ἐν ὁμονοίᾳ θεοῦ vgl. zu Magn 6,1; ἀγαλλιᾶσθαι ἐν vgl. 1 Petr 1,6 (zum Verständnis des ἐν, das nicht kausal zu erklären ist, vgl. Bommes, Weizen Gottes 255f.). Über ἀδιακρίτως vgl. zu Eph 3,2. ἐν αἵματι Ἰησοῦ Χριστοῦ prägnanter Ausdruck für: als durch das Blut Jesu Christi Erlöste. Der Singular geht mit ὦσιν dem Sinne nach richtig in den Plural über; ähnlich Eph 1,1; Trall 6,1f. Die Einsetzung in das Amt ἐν γνώμῃ Ἰησοῦ Χριστοῦ wie Eph 3,2.

1,1 Ohne Unterbrechung mündet die Zuschrift in den eigentlichen Brief: ὅν ἐπίσκοπον = der eben erwähnte Bischof. ἔγνων: durch persönliche Bekanntschaft. Aber im Unterschied zu den bisherigen Schreiben sendet Ign diesen Brief an eine Gemeinde, die er auf seiner Reise berührt hat (3,1; 6,3; 7,1). In Phld hat er den Bischof kennengelernt; dieser ist nicht wie die Spitzen der Gemeinden von Eph, Magn und Trall an einem dritten Ort mit ihm zusammengetroffen. Zum οὐκ ἀφ’ ἑαυτοῦ οὐδὲ δι’ ἀνθρώπων vgl. Gal 1,1. διακονία vom Bischofsamt vgl. Euseb, h. e. V,1,29 (vgl. Apg 1,17.25). Zu ὅς σιγῶν vgl. Eph 6,1.

1,2 Zum Bild vgl. 4,1, zum absoluten ἐντολή Trall 13,2. τὴν εἰς θεὸν αὐτοῦ γνώμην wie Rm 7,1; zu ἐνάρετος vgl. IV Makk 11,5; 1 Clem 62,1. Das Wort ist wie die sich anschließenden Begriffe ἀκίνητος und ἀόργητος in der Stoa gebräuchlich (vgl. den Index in SVF IV, s. v.).

2 **¹So flieht nun als Kinder des Lichtes der Wahrheit die Spaltung und die schlechten Lehren; wo aber der Hirte ist, da folgt als Schafe. ²Denn viele Wölfe bringen, indem sie Glaubwürdigkeit vortäuschen, durch schlimme Lust die Gottesläufer in ihre Gewalt. Aber in eurer Einheit werden sie keinen Platz haben.**

2,1 τέκνα φωτός vgl. plnEph 5,8, υἱοὶ φωτός Lk 16,8; Joh 12,36; 1 Thess 5,5; zur Traditionsgeschichte des Motivs E. Peterson, Didache-Überlieferung 164, A.64. φῶς und ἀλήθεια verbunden Ps 42,3. φῶς ἀληθείας aber ist Eigentümlichkeit des Ign. μερισμός wird im Phld zu einem zentralen Begriff (vgl. 3,1; 7,2; 8,1; sonst nur noch Sm 7,1 bei Ign). κακοδιδασκαλία = κακὴ διδασκαλία Eph 16,2; κακοδιδασκαλεῖν in 2 Clem 10,5; vgl. daneben noch Pol 3,1; 1 Tim 1,3; 6,3. Der Bischof als Hirte wie Rm 9,1 (vgl. dort). Das Bild vom geistigen Führer als dem Hirten, den von ihm Geleiteten als den Schafen auch Epiktet III,22,35.

2,2 Zu λύκοι vgl. Apg 20,29; Mt 7,15; Joh 10,12; Rhodon ap. Euseb, h. e. V,13,4 (im Blick auf Markion: ὁ ποντικὸς λύκος). Reflexartig erscheint das Motiv auch im Logion der Maximilla ap. Euseb, h. e. V,16,17: διώκομαι ὡς λύκος ἐκ προβάτων / οὐκ εἰμὶ λύκος / ῥῆμα εἰμι καὶ πνεῦμα καὶ δύναμις (dazu Paulsen, Montanismus 30f.). Zur Traditionsgeschichte vgl. noch G. Bornkamm, Art. λύκος 309–313; Köster, Synoptische Überlieferung 34; G. W. H. Lampe, „Grievous Wolves" 253ff. Zur Verbindung von ἀξιόπιστος und ἡδονὴ κακή in Beziehung auf die Gegner vgl. Trall 6,2. ἀξιόπιστος hatte nach Suidas in früherer Zeit durchaus den guten Sinn von „vertrauenswürdig", „bewährt", später wurde es auch sensu malo gebraucht = καταπλαστός. Jene Bedeutung bei IgnPol 3,1, diese in 2,2 und z. B. auch Lucian, Alex 4; Diogn 8,2; Tatian, Or. ad Graec. 2; Apollonius ap. Euseb, h. e. V,18,5. αἰχμαλωτίζειν, das zum Bild der Wölfe schlecht paßt, wird auch 2 Tim 3,6 und bei Irenäus, adv. haer. I, praef. 1 von einem unerwünschten geistigen Einfluß gebraucht. θεοδρόμος (auch Pol 7,2) scheint eine Bildung des Ign zu sein (vgl. zum Bild Gal 5,7; 1 Kor 9,24ff.; 2 Tim 4,7). Das Futur ἕξουσιν (Gg) dürfte auf Grund der ign Argumentation dem ἔχουσιν (LA) vorzuziehen sein (gegen W. Bauer 1.A.).

81

3 ¹Enthaltet euch der schlechten Gewächse, die Jesus Christus nicht zieht, weil sie nicht des Vaters Pflanzung sind. Nicht, daß ich bei euch Spaltung gefunden hätte – vielmehr Läuterung. ²Alle nämlich, die Gottes und Jesu Christi sind, die sind mit dem Bischof; und alle, die reumütig zur Einheit der Kirche kommen, auch die werden Gottes sein, damit sie nach Jesus Christus leben. Laßt euch nicht täuschen, meine Brüder. ³Wenn jemand einem ‚Schismatiker' folgt, erbt er das Reich Gottes nicht. Wenn jemand in fremdartigem Sinn wandelt, der stimmt mit dem Leiden nicht überein.

3,1 Zu dem Bild der schlimmen Gewächse für die Gegner vgl. Trall 6,1; Eph 10,3 (dazu F. Bolgiani, Tradizione eresiologica 607); zu γεωργεῖ Joh 15,1; 1 Kor 3,9. Mit dem Maskul. αὐτούς fällt Ign aus dem Bild in die Deutung. Ebenso Trall 11,1, wo auch die φυτεία πατρός schon vorgekommen war (vgl. Schlier, Untersuchungen 48ff.).
3,2 κατὰ Ἰησοῦν Χριστὸν ζῆν wie Magn 8,2; Trall 2,1. Ähnliche Ausdrücke, die Ign liebt, auch Eph 6,2; 8,1; Magn 9,1; 10,1; Rm 8,1.
3,3 Über μὴ πλανᾶσθε vgl. zu Eph 5,2. σχίζειν = „eine Spaltung (der Kirche) verursachen" auch bei Dionys. Alex. ap. Euseb, h. e. VI,45. Zur möglichen Beziehung auf 1 Kor 6,9 vgl. zu Eph 16,1. Die ἀλλοτρία γνώμη ist anders geartet als alle sonstigen Arten von γνώμη, die Ign noch nennt, die γνώμη θεοῦ oder Ἰησοῦ Χριστοῦ (vgl. zu Eph 3,2), die γνώμη τοῦ ἐπισκόπου (Pol 4,1; 5,2), die εἰς θεὸν γνώμη (Rm 7,1; Phld 1,2), die ἐν θεῷ γνώμη (Pol 1,1). Über die Bedeutung von πάθος vgl. zu Eph inscr. Χριστοῦ dürfte sachlich richtig von SfA sekundär hinzugefügt worden sein (gegen W. Bauer 1. A.).

4 Deshalb seid bedacht, *eine* Eucharistie zu gebrauchen – denn *ein* Fleisch unseres Herrn Jesus Christus (gibt es nur) und *einen* Kelch zur Einigung seines Blutes, *einen* Altar, wie *einen* Bischof zusammen mit dem Presbyterium und den Diakonen, meinen Mitsklaven –, damit ihr, was immer ihr tut, nach Gottes Weise tut.

4 erteilt in Gestalt einer Folgerung *(οὖν)*, die sodann begründet wird, Aufklärung darüber, weshalb jede Verletzung der kirchlichen Einheit einen Widerspruch gegen die Passion in sich schließt. Da es nur *ein* Fleisch und nur *ein* Blut Christi gibt, ist auch nur *eine* Eucharistie möglich und nur *eine,* in sich geschlossene Kirche, die sie feiert; traditionsgeschichtlich zu vgl. ist plnEph 4,4ff. (dazu Schlier, Eph 186ff.). Über εὐχαριστία vgl. zu Eph 13,1. In dem ἕνωσις τοῦ αἵματος kommt es für Ign weniger auf die Einigung *mit* dem Blut an als auf die durch das *eine* Blut herbeigeführte Einheit der Gemeinde, die keine Spaltung gestattet (vgl. 1 Kor 10,17).

5 ¹Meine Brüder, ich gehe völlig in der Liebe zu euch auf, und in großer Freude wache ich über euch; nicht ich, sondern Jesus Christus, in dem gebunden ich um so mehr Furcht empfinde als einer, der noch unvollendet ist. Aber euer Gebet wird mich auf Gott hin vollenden, damit ich das Los erlange, in dem mir Erbarmen widerfuhr, als ich bei dem Evangelium als dem Fleische Jesu und den Aposteln als dem Presbyterium der Kirche Zuflucht suchte. ²Auch die Propheten aber wollen wir lieben, weil auch ihre Verkündigung auf das Evangelium gerichtet war und sie auf ihn hofften und ihn erwarteten; im Glauben an ihn auch sind sie gerettet worden in der Einheit Jesu Christi befindlich, der Liebe und der Bewunderung würdige Heilige, von Jesus Christus bezeugt und dem Evangelium der gemeinsamen Hoffnung zugezählt.

5,1 Der Anfang erscheint als Reminiszenz an 1 Kor 7,10 (Lindemann, Paulus 210f.). Zum Verständnis des Komparativs φοβοῦμαι μᾶλλον vgl. Trall 4,1; zu ἀναπάρτιστος (LACg, gegen ἀνάρπαστος G) vgl. Eph 3,1. εἰς θεόν fehlt in L(A) gegen GCg; vielleicht weil es zu προσευχή gezogen und demgemäß als überflüssig empfunden wurde. Der ziemlich verschränkte ἵνα-Satz ist zu konstruieren: ἵνα ἐπιτύχω τοῦ κλήρου ἐν ᾧ ἠλεήθην. Zu ἠλεήθην gehört dann weiterhin προσφυγὼν κτλ. – κλῆρος vom Martyrium wie Trall 12,3; Rm 1,2. „Im" Märtyrerlos hat Ign Erbarmen erfahren, d. h. die göttliche Gnade hat seiner Berufung zum christlichen Glauben sogleich die Richtung auf den Zeugentod gegeben. τὸ εὐαγγέλιον (vgl. noch 8,2; 9,2; Sm 5,1; 7,2) ist kein Buch, so wenig wie 2, wo es als Ziel der prophetischen Verkündigung erscheint, vielmehr die christliche Heilsbotschaft (vgl. dazu Asting, Verkündigung des Wortes 446ff.; Paulsen 43; Lindemann, Paulus 212f.). In ihr tritt Jesus dem Hörer entgegen, und deshalb kann das Evangelium als Fleisch, d. h. als die Verkörperung Jesu, bezeichnet werden.

5,2 Zu Jesus und den Aposteln treten die Propheten hinzu (vgl. auch plnEph 2,20). Über die Stellung der at.lichen Propheten zum Evangelium vgl. zu Magn 9,3; auffällig auch hier die Komposita mit ἄξιος. ἐν τῷ εὐαγγελίῳ erscheint als prägnanter Ausdruck für: denen, die am Evangelium teilhaben. ἡ κοινὴ ἐλπίς ist Christus selbst: 11,2; Eph 21,2; vgl. auch Magn 11; Trall inscr; 2,2.

6 ¹**Wenn euch aber jemand, auf Auslegung gestützt, Judentum verkündigt, den hört nicht an; denn es ist besser, von einem Beschnittenen Christentum zu hören, als von einem Unbeschnittenen Judentum. Wenn aber beide nicht von Jesus Christus reden, so sind sie für mich Grabsäulen und Totenhügel, auf denen nur Menschennamen geschrieben stehen. ²So flieht nun die schlimmen Künste und die Nachstellungen des Fürsten dieser Weltzeit, damit ihr nicht, von ihm planmäßig gedrückt, in der Liebe kraftlos werdet. Vielmehr kommt alle zusammen mit ungeteiltem Herzen. ³Ich danke aber meinem Gott, daß ich euretwegen ein gutes Gewissen habe und niemand sich, sei es im Geheimen, sei es öffentlich rühmen darf, daß ich irgend jemanden im Kleinen oder im Großen belastet habe. Allen aber, vor denen ich geredet habe, wünsche ich, daß es ihnen nicht zum Zeugnis gereichen möchte.**

6,1 Über den Ἰουδαϊσμός, vor dem hier gewarnt wird, vgl. den Exkurs zu Trall 10. Der Akkusativ Ἰουδαϊσμόν bezeichnet nicht den Gegenstand, der Auslegung erfährt, sondern das, was die Interpretation zutage fördert. Ausgelegt werden (8,2!) die alten heiligen Urkunden, so daß sich das ἑρμηνεύειν auf das AT bezieht (vgl. R. M. Grant, Letter and the Spirit). Vgl. auch Celsus ap. Origenes, c.Cels. III,58. Die allgemeine (τις) Mahnung wird durch den Hinweis begründet, daß es nicht auf die Art des Verkündigers, sondern lediglich auf die Natur der Verkündigung ankommt. Lehrt ein Heidenchrist Judentum, so ziehe man ihm den Beschnittenen, der Christentum predigt, vor. Lassen beide in ihrer Rede den christlichen Charakter vermissen, so lehne man beide ab. Χριστιανισμός ist für Ign nur das εὐαγγέλιον τῆς ἀκροβυστίας; κατὰ Ἰουδαϊσμὸν ζῆν und κατὰ Χρ. Ἰ. ζῆν schließen sich aus

(Magn 8,1f.); zu Χριστιανισμός vgl. Bommes, Weizen Gottes 30ff.; Paulsen 97f. Den Vergleich von Menschen mit Gräbern zieht ähnlich Mt 23,37; zum Bild des Ign vgl. auch die Gepflogenheit der Pythagoreer, den von der Philosophie Abgefallenen Gräber (Origenes, c.Cels. II,12; III,51; dazu Chadwick, Contra Celsum 78, A.4) und Grabsäulen (ClemAl, strom. V,57,2f.; Jamblich, Vita Pythag. 75; Diog.Laert. VIII,42) zu errichten. Doch genügt es dem Ign nicht, bildlich zu erklären, daß die von ihm Bekämpften aller Kräfte des Lebens bar sind; er verwendet noch besonders den Zug, daß die Säulen und Totenhügel nur Menschennamen tragen. Damit spricht er jenen das Recht ab, den Christennamen zu tragen (vgl. Magn 4). Beispiele von Grab- und Säuleninschriften, die nur Menschennamen tragen, bei O. Kern, Inschriften 141ff.

6,2 Zu φεύγετε οὖν τ. κακ. vgl. Pol 5,1, zu ἐνέδρας κτλ. Trall 8,1, zu ἄρχων τοῦ αἰῶνος τούτου Eph 17,1.

6,3 Die Gegner scheinen mit Verunglimpfungen gegen Ign gearbeitet zu haben; ihnen gegenüber beruft er sich auf sein ‚gutes‘ Gewissen (dazu H. Chadwick, Art. Gewissen 1025ff.; H.-J. Eckstein, Begriff Syneidesis). Über καυχᾶσθαι vgl. plnRm 2,17 (dazu J. S. Bosch, „Gloriarse" segun San Pablo). Zu ἐβάρησα siehe 2 Kor 11,9; 12,16; 1 Thess 2,7.9.; 1 Tim 5,16. Offenbar ist der Vorwurf gegen Ign laut geworden, er hätte seine außerordentliche Stellung und sein moralisches Übergewicht dazu mißbraucht, seine Anschauungen der Gemeinde aufzuzwingen. Auf solche Mittel zu verzichten, rühmen sich die Gegner. Von ihnen wendet sich Ign der Gesamtheit derer zu, unter denen er bei seinem Aufenthalt in Philadelphia (vgl. zu 1,1) gesprochen hat, und wünscht, daß seine Rede ihnen nicht „zum Zeugnis" (vgl. Trall 12,3) werden möchte.

7 ¹Denn, wenn mich auch einige dem Fleisch nach täuschen wollten, so läßt sich doch der Geist nicht täuschen, da er von Gott ist. Denn er weiß, woher er kommt und wohin er geht und bringt das Verborgene an den Tag. Ich schrie in eurer Mitte, ich rief mit lauter Stimme, mit der Stimme Gottes: „Haltet euch zum Bischof und dem Presbyterium und den Diakonen!" ²Sie aber verdächtigten mich, ich sage das als einer, der vorher von der Spaltung gewisser Leute weiß. Aber der, in dem ich gebunden bin, ist mir Zeuge, daß ich es von menschlichem Fleische nicht erfahren hatte. Der Geist aber verkündigte und sprach so: „Ohne den Bischof tut nichts; euer Fleisch wie Gottes Heiligtum bewahrt, die Einigung liebt, die Spaltungen flieht; werdet Jesu Christi Nachahmer, wie auch er seines Vaters."

7,1 Die einleitenden Worte sind durch die große Prägnanz etwas unklar geworden. Sie wollen besagen: denn wenn mich auch gewisse Leute, die mich täuschen wollten, meiner irdischen Natur nach hinters Licht hätten führen können, so . . . Der Täuschungsversuch kann nach dem Zusammenhang wohl nur bezweckt haben, die Betreffenden in den Augen des Ign als rechtgläubige Gemeindeglieder hinzustellen, während sie im Grunde die Spaltung schon vollzogen hatten. Diese Irreführung ist deshalb mißlungen, weil Ign solchen Leuten gegenüber als Pneumatiker aufgetreten ist (vgl. dazu vor allem F. J. Dölger, Gottes-Stimme 218ff.; U. B. Müller, Prophetie und Predigt 25f.; 52f.; Paulsen 125ff.). Dies gilt auch dann – und zeigt sich vor allem an der Terminologie, die das Anschließende als geistgewirkte Rede aufweist (vgl. Paulsen, Überlieferung und Auslegung 94ff.124ff.) –, wenn der Inhalt der Rede mit ign Theologie sehr gut übereinstimmt.

Ign erinnert deshalb an die in Philadelphia gesprochenen Worte und sieht darin den Beweis dafür, daß er damals schon als Pneumatiker (vgl. Niederwimmer, Grundriß 74) von der Absonderung gewußt habe. Das böse Gewissen der τινες hat ihn ebenso verstanden, allerdings als Erklärung auf die Kenntnis des Ign von den Vorgängen verwiesen. Dagegen verwahrt sich Ign in 7,2; daß dies schriftlich geschieht, dürfte seinen Grund darin haben, daß er erst nach der Abreise aus Philadelphia davon erfahren hat (wohl durch Philo und Rheus Agathopus; vgl. zu 11,1). οἶδεν γὰρ κτλ. erinnert an Joh 8,14 bzw. 3,8; allerdings wird auch bei diesem Text weniger an ein Zitat (so etwa Maurer, Ignatius 25ff.) als an traditionsgeschichtliche Verwandtschaft zu denken sein (vgl. Köster, Geschichte und Kultus 56ff.; von der Goltz, Ignatius 134ff.143). Der Wechsel der Tempora bei ἐκραύγασα μεταξὺ ὤν, ἐλάλουν, der irregulär wirkt, läßt sich bei einfacher Koordination der Verben hinnehmen.

7,2 Erneut ist der Text als geisterfüllte Rede zu begreifen, so auch stilisiert (vgl. zur Gliederung U. B. Müller, Prophetie und Predigt 53, A.12). Und erneut läßt der Inhalt der pneumatischen Rede unschwer die zentralen Aussagen der ign Theologie hervortreten: dies gilt für das χωρὶς τοῦ ἐπισκόπου, für die Betonung der σάρξ im paränetischen Kontext, zeigt sich am ἕνωσις-Motiv (im Gegenüber zur Spaltung!), am Nachfolge-Gedanken und an der christologischen Zentrierung aller Einzelaspekte.

8 **¹Ich nun tat das Meinige als ein Mensch, zur Einigung geschaffen. Wo aber Spaltung ist und Zorn, da wohnt Gott nicht. Allen jedoch, die umkehren, vergibt der Herr, wenn sie zur Einheit Gottes und zur Ratsversammlung des Bischofs umkehren. Ich vertraue der Gnade Jesu Christi, der euch jede Fessel abnehmen wird. ²Ich ermahne euch aber, nicht aus Streitsucht, sondern nach der Lehre Christi zu handeln. Da hörte ich gewisse Leute sagen: „Wenn ich es nicht in den Urkunden finde, so glaube ich dem Evangelium nicht." Und als ich ihnen sagte: „Es steht geschrieben", antworteten sie mir: „Das eben ist die Frage." Meine Urkunden aber sind Jesus Christus, die heiligen Urkunden sein Kreuz und Tod, seine Auferstehung und der durch ihn geweckte Glaube; in diesen will ich durch euer Gebet gerechtfertigt werden.**

8,1 εἰς ἕνωσιν κατηρτισμένος vgl. plnRm 9,22; Ign begreift sich selbst in seiner herausgehobenen Position als an der ἕνωσις orientiert. Daraus ergibt sich für die ign Theologie die Möglichkeit, gegenüber der Gemeinde den grundsätzlichen Satz zu formulieren: οὗ δὲ μερισμός κτλ. (seine zentrale Bedeutung läßt sich auch an der Stilisierung wahrnehmen!). Über συνέδριον vgl. zu Magn 6,1. Zum Bild der inneren Gebundenheit, die Christus löst, vgl. Jes 58,6.

8,2 Der viel diskutierte Text 8,2 (zu seiner Erklärung vgl. von Campenhausen, Entstehung 86ff.; Wengst, Tradition und Theologie 114ff.; Paulsen 56ff.; Schoedel, Ignatius and the Archives 97ff.) setzt mit der Ermahnung ein, nicht der Streitsucht zu verfallen: κατ' ἐριθείαν (vgl. plnRm 2,9) wie Phil 2,3. Die Antithese κατὰ χριστομαθίαν gibt das Thema des Folgenden an (bis 9!); zu χριστομαθία, einer singulären Bildung, vgl. das χριστόνομος von Rm inscr. Ign berichtet von einer Auseinandersetzung mit seinen Gegnern, wohl jenen, die er bereits seit 5 vor Augen hat, Leuten, die unter Hinweis auf die Schrift Ἰουδαϊσμός verkünden (6,1!). Während g dreimal ἀρχεῖος hat, liest G an der ersten Stelle ἀρχαίοις, an den beiden anderen ἀρχεῖα. Da aber nach dem Zusammenhang die Vokabel in allen Fällen gleich gelautet haben dürfte, gilt es eine Entscheidung zu treffen. Sie kann nach der Art der Bezeugung nur zugunsten von ἀρχεῖος fallen. ἀρχεῖα ist ursprünglich das ,Archiv' (vgl. dazu S. Reinach, *APXEIA* 339f.; Schoedel, Ignatius and the Archives 97ff.), dann jedoch steht ἀρχεῖα auch für die in ihm aufbewahrten, glaubwürdigen Urkunden: Dionys.Hal., ant. II,26; Julius Africanus ap. Eus., h. e. I,7,13; vgl. auch h. e. I,13,5 (zu Josephus, Ap 1,29 vgl. Schoedel, Ignatius and the Archives 99f.). Was ist mit jenen ἀρχεῖα gemeint, auf die jene Gegner ihren Standpunkt gründen? Wenig wahrscheinlich ist der Hinweis auf ,Offenbarungsbücher' – möglicherweise gnostischer Provenienz (so etwa Schlier, Untersuchungen 109, A.2; vgl. Klevinghaus, Theologische Stellung 100) –, auch an christliche Texte (so Lütgert, Amt und Geist 149f.) läßt sich kaum denken. Die ign Kontrahenten dürften sich deshalb auf das AT berufen haben (vgl. von Campenhausen, Entstehung 87): sie weigern sich πιστεύειν ἐν τῷ εὐαγγελίῳ, wenn sich kein Nachweis aus dem AT führen läßt. Das ἐν τῷ εὐαγγελίῳ οὐ πιστεύω läßt sich verstehen: „Wenn ich es nicht (auch) in den Urkunden finde, glaube ich es nicht, wenn ich es im Evangelium finde." (so W. Bauer 1.A.). Darin liegt die Überzeugung ausgesprochen, daß die gesamte christliche Heilsverkündigung schon in der Schrift enthalten ist, an der sich alles, was Bestandteil des Evangeliums ist, zu bewähren hat. Näher liegt jedoch die Übersetzung (im Anschluß an Mk 1,15): „glaube ich nicht an das Ev., glaube ich dem Ev. nicht." (zur Begründung vgl. Lindemann, Paulus 212ff.), die der Radikalität der gegnerischen Position auch mehr gerecht wird. Ign hat demgegenüber einen schweren Stand; seiner Behauptung γέγραπται und dem damit beabsichtigten Versuch des Schriftbeweises wird ein πρόκειται (= „liegt zur Untersuchung vor", ist noch nicht entschieden) entgegengehalten (vgl. Wengst, Tradition 115). Ob das ign Argument ἐμοὶ δὲ ἀρχεῖα ἐστιν κτλ. noch auf der Ebene des historischen Berichts bleibt, oder innerhalb der brieflichen Gedankenführung seinen Standpunkt beschreiben soll, kann nicht mehr sicher entschieden werden. In jedem Fall beharrt Ign gegenüber seinen Widersachern auf der christologischen Bestimmung des Evangeliums, die der Schriftgemäßheit voraufgeht. Die τινες messen also das „Evangelium" an den ἀρχεῖα, während Ign von den christologischen Heilsdaten (vgl. dazu Paulsen 58f.) ausgeht und sie deshalb folgerichtig als ἀρχεῖα bezeichnen kann.

9 **¹Gut waren auch die Priester, besser aber ist der Hohepriester, betraut mit dem Allerheiligsten, dem allein die Geheimnisse Gottes anvertraut sind; er selbst ist die Tür zum Vater, durch die eingehen Abraham, Isaak, Jakob, die Propheten, die Apostel und die Kirche – alles dies in die Einheit Gottes. ²Etwas Besonderes aber hat das Evangelium: die Ankunft des Erlösers, unseres Herrn Jesus Christus, sein Leiden und die Auferstehung. Denn die geliebten Propheten haben auf ihn hin verkündigt, das Evangelium aber ist die Vollendung der Unvergänglichkeit. Alles zusammen ist gut, wenn ihr in Liebe glaubt.**

9,1 Die christologischen Aussagen dienen der Pointierung des solus Christus: dies gilt schon für die Abgrenzung des einen ἀρχιερεύς gegenüber den ἱερεῖς, wobei Ign mit dem ἀρχιερεύς einen traditionellen Topos aufgreift (neben den Texten des Hebr vgl. noch 1Clem 36,1; 40,5; 41,2; 61,3; 64,1; PolPhil 12,2; MartPol 14,3; Justin, Dial 33; 34; 116; 118; Melito, fragm 15 240,10 Perler; zum Ganzen vgl. Käsemann, Das wandernde Gottesvolk 107ff.; B. Botte, Art. Archiereus 602ff.; Theißen, Untersuchungen 48f.). Noch stärker trifft dies auf die Bezeichnung Jesu als θύρα zu; die Nähe zu Joh 10,7.9; 14,6 (vgl. dazu zuletzt R. Schnackenburg, Johannesevangelium 4, 131ff.; 217f.) erklärt sich kaum aus literarischer Abhängigkeit (so Maurer, Ignatius 30ff.), vielmehr beziehen sich beide Texte auf ähnliche Überlieferung (Paulsen 170ff.). Zu ϑύρα vgl. noch Hermas 89,1ff. (dazu Dibelius, Hirt des Hermas z. St. mit weiteren Texten); religionsgeschichtlich beschreibt das Motiv Christus exklusiv als Weg und Ziel der Erlösung (vgl. Theißen, Untersuchungen 48f.; Lindemann, Aufhebung 162ff.). Solche Christologie, deren Universalität durch die Reihe *'Αβραάμ κτλ*. unterstrichen wird (zum ‚eingehen‘ vgl. Windisch, Sprüche vom Eingehen 163ff.), mündet in die Einheit Gottes; das Neutrum *πάντα ταῦτα*, weil neben den aufgezählten Männern auch die Kirche steht.

9,2 will mit dem *ἐξαίρετον κτλ*. die Mißdeutung ausschließen, der die Koordination der sechs Größen, die *πάντα ταῦτα* ausmachen, verfallen könnte, als hätte das Evangelium nichts vor dem alten Bunde voraus: dies zeigt auch die Reihe der Heilstatsachen. Zu *εὐαγγέλιον* vgl. o. zu 5,1f.; *παρουσία* bezeichnet hier, zumal *πάϑος* und *ἀνάστασις* folgen, die erste ‚Ankunft‘ Christi. Dies ist im zweiten Jahrhundert keine Seltenheit: vgl. neben Kerygma Petri, fragm. 4 ap. ClemAl, strom. VI,15,128 noch Justin, Dial 14,8; 40,4; 118,2; Apol. 52,3; ähnlich bereits das *ἐπιφάνεια* in 2 Tim 1,10, während Diogn 7,6 (dazu Brändle, Ethik 95ff.) noch den strikt eschatologischen Gebrauch hat. Zum Ganzen vgl. Paulsen 66ff. *πάντα* blickt dabei zurück auf *πάντα ταῦτα*, das *καλά* auf *καλοί*. Über die enge Verbindung von Glaube und Liebe vgl. zu Eph 1,1.

10   **¹Da mir gemeldet wurde, daß auf Grund eures Gebetes und der Liebe, die ihr in Christus Jesus habt, die Kirche zu Antiochien in Syrien Frieden genießt, so ist für euch als eine Kirche Gottes angemessen, einen Diakon auszuwählen, um als ein Gesandter Gottes dorthin zu reisen, sie in gemeinsamer Versammlung zu beglückwünschen und den Namen zu preisen. ²Selig in Jesus Christus, wer eines solchen Dienstes gewürdigt werden wird! Und auch ihr werdet gepriesen werden. Wenn ihr nur wollt, ist es nicht unmöglich für den Namen Gottes (dies zu tun), wie ja auch die Nachbarkirchen Bischöfe gesandt haben, andere aber Presbyter und Diakone.**

10,1 In den vier Briefen, die von Smyrna aus geschrieben sind, hatte Ign zur Fürbitte für die bedrängte Kirche Syriens aufgefordert (vgl. zu Eph 21,2). Jetzt in Troas (vgl. 11,2) ist er über deren Schicksal beruhigt (vgl. Sm 11, Pol 7), gewiß durch Rheus Agathopus (vgl. zu 11,1). Der Friede ist wieder eingezogen (zu *εἰρηνεύειν* vgl. W. Foerster, Art. *εἰρήνη κτλ*. 416f.); daß dies weniger den äußeren Zustand als vielmehr die Eintracht in der Gemeinde anspricht (so Harrison, Epistles 79ff.; zögernd W. Bauer, Rechtgläubigkeit 68f.), läßt sich erwägen, wenn der grundsätzliche Aspekt des ign Friedensverständnisses herangezogen wird (vgl. Eph 13,2). Dennoch indizieren Phld 10,1; Sm 11,2; Pol 7,1 stärker eine äußere Bedrohung, ohne daß dies der prinzipiellen Bedeutung von *εἰρήνη* widerspricht (vgl. zum Ganzen Dinkler, Eirene). *κατὰ τὴν προσευχήν* hat keinen anderen Sinn als *διὰ τὴν προσευχήν* (Pol 7,1) = „auf Grund eures Gebetes". Zu *σπλάγχνα κτλ*. vgl. Phil 1,8. *'Αντιόχεια* stets mit *τῆς Συρίας* (Sm 11,1; Pol 7,1), entsprechend der Gepflogenheit des Ign (vgl. S. 21), die in diesem Fall berechtigt ist, da es zahlreiche Städte gleichen Namens, darunter recht bekannte (vgl. Apg 13,14; 14,19.21; 2 Tim 3,11), gegeben hat. Die, keineswegs die Regel bildende, Näherbestimmung durch *τῆς Συρίας* auch CIG 3425; PsClem, hom 11,36; 12,1. Über *χειροτονεῖν* (Sm 11,2; Pol 7,2) vgl. neben Apg 14,23 noch

Did 15,1. Zu θεοῦ πρεσβείαν vgl. das θεοπρεσβευτής in Sm 11,2 und θεοδρόμος Pol 7,2. Über das absolute ὄνομα vgl. zu Eph 1,1f.; 3,1.

10,2 Die Nachbarkirchen sind gewiß in der Nähe von Antiochien zu suchen, nicht in der von Philadelphia. Sonst wäre der Gegensatz von Nachbarkirchen, die Bischöfe abordnen, und anderen Kirchen, die Presbyter und Diakone schicken, unverständlich (vgl. o. S. 30). Das Vorhandensein *syrischer* Bischofskirchen neben Antiochien (vgl. zu Rm inscr) wird dadurch nicht bewiesen. Die unmittelbar folgende Erwähnung des Diakonen Philo aus Kilikien, der dem Ign nachgereist ist und ihn zusammen mit Rheus Agathopus über die Ereignisse informiert hat, die mit der Beendigung der syrischen Christenverfolgung zusammenhängen, legt den Gedanken z. B. an jene Provinz nahe.

11 **¹Im Blick auf Philo aber, den Diakon von Kilikien, einen wohlbezeugten Mann, der auch jetzt mir im Worte Gottes dient zusammen mit Rheus Agathopus, einem auserwählten Mann, der mir von Syrien folgt, nachdem er vom Leben Abschied genommen, die euch auch ein gutes Zeugnis geben, danke auch ich Gott für euch, weil ihr sie aufgenommen habt, wie auch euch der Herr. Die aber, die sie mißachtet haben, mögen durch die Gnade Jesu Christi Vergebung finden. ²Es grüßt euch die Liebe der Brüder in Troas, von wo aus ich euch auch schreibe durch Burrus, der mir von den Ephesern und Smyrnäern als Ehrengeleit beigeordnet wurde. Sie wird der Herr Jesus Christus ehren, auf den sie hoffen in Fleisch, Seele, Geist, Glaube, Liebe und Eintracht. Lebt wohl in Christus Jesus, unserer gemeinsamen Hoffnung.**

11,1 Zur Bezeichnung des kilikischen Diakons mit dem häufigen Namen Philo als μεμαρτυρημένος vgl. Eph 12,2. καὶ νῦν: auch in der Gegenwart verdient er sein gutes Zeugnis. ἐν λόγῳ θεοῦ ließe sich nach Art des εἰς λόγον τιμῆς (11,2) = „um Gottes willen" verstehen, zumal Sm 10,1 οἳ ἐπηκολούθησάν μοι εἰς λόγον θεοῦ in eine ähnliche Richtung deutet. Auf der anderen Seite bleiben Unterschiede bestehen, so daß man ἐν λόγῳ θεοῦ lieber als „im Worte Gottes", d. h. in der Predigt des Evangeliums (vgl. Apg 6,2), zu fassen hat. 'Ρ. 'Αγ. wird, auch wenn manche Textzeugen dies leugnen wollen, durch den Zusammenhang als Doppelname erwiesen (vgl. Sm 10,1). Seine erste Hälfte lautet bei GLA 'Ρέῳ, bzw. *Reo* und ist anderweitig als Name bisher nicht nachgewiesen. Gerade deshalb erweckt die Variante von gCl *Γαΐῳ* ein starkes Mißtrauen und bleibt trotz der Parallele in Sm 10,1 (und der dort vorliegenden Abweichungen!) als nachträgliche Korrektur verdächtig. 'Αγαθόπους ist häufig; vgl. nur Dittenberger, Syll. 397; 864; 868; Orinscr. 595,39; 660; O. Kern, Inschriften 298; Fränkel, Inschriften Nr. 571; BGU 85[II 9]; ClemAl, strom. III,7,59. Auch das lateinische *Agathopus* ist nicht selten; z. B. CIL III, 1825; 2113; 3017; 3141; 3959; Suppl 7293; 8821. ὃς ἀπὸ Συρίας μοι ἀκολουθεῖ könnte an sich bedeuten: „der von Syrien an in meinem Gefolge ist." Dann würde R. Ag. mit Ign zugleich in Philadelphia gewesen sein. Jedoch der Rest von 11,1 hört sich nicht so an, als wäre der Besuch des R. Ag. (und des Philo) mit dem des Ign zeitlich zusammengefallen. Ign dankt Gott nicht auf Grund eines Tatbestandes, den er persönlich festgestellt hat, sondern offenbar infolge des guten Zeugnisses, das jene beiden den Philadelphiern ausgestellt haben. Diese Annahme wird durch Sm 9,2; 10,1 gestützt. Auch dort erscheinen die Anwesenden des Ign und die von Philo und R. Ag. in Smyrna als zwei durchaus verschiedene Angelegenheiten; und das οἳ ἐπηκολούθησάν μοι läßt sich schwerlich anders verstehen als: „die mir nachgereist sind." Waren die Genannten in Smyrna (und damit erst recht in Philadelphia) noch nicht bei Ign, dann läßt sich begreifen, weshalb sie in den aus Smyrna versandten Briefen nicht erwähnt sind, und ferner, weshalb der Bischof hier noch in Sorge um seine syrische Kirche sein kann, während er sich in Troas vollkommen beruhigt zeigt. Unterdessen hatten ihn Philo und R. Ag. mit ihren tröstlichen Nachrichten erreicht (vgl. 10,1). Zu ἀποταξάμενος τῷ βίῳ vgl. Philo, LegGai 325. Die ἀτιμάσαντες αὐτούς werden ungezwungen mit den Gegnern in Philadelphia identifiziert (vgl. zu 7,1). Möglichkeiten der Sündenvergebung wie 8,1; vgl. Eph 10,1; Sm 4,1; 5,3; 9,1.

11,2 Über Burrus vgl. zu Eph 2,1, über das διά bei dem Namen vgl. zu Rm 10,1. τιμῆς . . . τιμήσει: ein Wort- und Gedankenspiel wie Sm 9,1. Mit L(A)Cg ist gegen G ein πνεύματι hinter ψυχῇ zu lesen (gegen Bauer 1.A.). Zum Schlußwunsch vgl. Eph 21,2.

Ignatius an die Gemeinde in Smyrna

Inhalt

Zuschrift mit dem Eingangsgruß.

Ign preist Jesus Christus für den Glauben der Smyrnäer, die im Widerspruch zur Häresie an der wahrhaftigen Erscheinung Jesu festhalten 1–3. Angriffe auf die, welche Leben und Wirken des Herrn in Schein auflösen, 4–7. Im Gegensatz zu ihnen, deren Tätigkeit die Kirche mit Spaltung bedroht, muß man sich an den Bischof halten 8.9,1. Dank für das, was die Smyrnäer dem Ign sowie dem Philo und Rheus Agathopus getan haben, 9,2. 10. Aufforderung, einen Gesandten nach Syrien zu senden, um der dortigen Kirche zur Wiederkehr des Friedens zu gratulieren, 11. Schlußgrüße 12.13.

inscriptio

Ignatius, der auch Theophorus heißt, grüßt die Kirche Gottes, des Vaters, und des geliebten Jesus Christus, die mit jeder Gnadengabe barmherzig bedachte, mit Glauben und Liebe erfüllte, der es an keiner Gnadengabe gebricht, die Gott überaus angemessen und eine Trägerin des Heiligen ist, (die Kirche) zu Smyrna in Asien in untadeligem Geist und in Gottes Wort von ganzem Herzen.

1 **¹Ich preise Jesus Christus, den Gott, der euch so weise gemacht hat. Nahm ich doch wahr, daß ihr mit unbeweglichem Glauben ausgestattet seid, gleichsam angenagelt am Kreuz des Herrn Jesus Christus im Fleisch wie im Geist und befestigt in der Liebe durch das Blut Christi, vollkommen gewiß unseres Herrn, der da wahrhaftig ist aus Davids Geschlecht nach dem Fleisch, Gottes Sohn nach Willen und Kraft Gottes, wahrhaftig geboren aus einer Jungfrau, getauft von Johannes, damit alle Gerechtigkeit von ihm erfüllt werde, ²wahrhaftig unter Pontius Pilatus und dem Tetrachen Herodes für uns angenagelt im Fleisch – eine Frucht, von der wir stammen, von seinem gottgepriesenen Leiden –, damit er ein Wahrzeichen aufrichte für die Ewigkeiten durch die Auferstehung für seine Heiligen und die Glaubenden unter Juden wie Heiden in dem *einen* Leib seiner Kirche.**

inscriptio

Die Bezeichnung Christi als des Geliebten (vgl. Jes 42,1; Mt 12,18) ist verbreitet: plnEph 1,6; Barn 3,6; 4,3.8; Acta Pauli et Theclae 1; Irenäus, adv.haer. I,10,1; AscJes 1,4f.7.13; 3,13.17f. u. ö. Vgl. auch den „geliebten" *υἱός* (Mk 1,11 par; 9,7 par; Hermas 55,6; 89,5) oder *παῖς* (MartPol 14,1; Diogn 8,11). Zu *ἀνυστερήτῳ κτλ.* vgl. 1 Kor 1,7; Pol 2,2. Über *ἁγιοφόρος* vgl. zu Eph 9,2. Über den, auch hier entbehrlichen, Zusatz *τῆς Ἀσίας* siehe zu Eph inscr. Dort wie auch hier *ἄμωμος* als Bestandteil der ign Briefeingänge.

1,1 Auch der Beginn des eigentlichen Briefcorpus hat mit dem Partizip in Eph 1,1 ein Gegenstück. Über die Gottheit Christi vgl. den Exkurs zu Eph inscr. Das begründende γάρ zeigt, daß οὕτως seinen Inhalt aus dem Folgenden gewinnt. Offenbar ist bei σοφίσαντα nach Art von 1 Kor 1,18ff. an die σοφία θεοῦ zu denken, mit der Ign die Smyrnäer reich ausgestattet angetroffen hat. Das ἐνόησα blickt zurück auf die persönliche Anwesenheit des Ign in Smyrna (9,2; Eph 21,1; Magn 15; Trall 1,1; 12,1; Rm 10,1). ἀκίνητος wird in diesem Text statt mit „unerschütterlich", „unbeugsam", was zu πίστις besser passen würde, mit „unbeweglich" wiederzugeben sein; es schwebt das Bild vor, daß der Glaube wegen der Annagelung an das Kreuz sich nicht von dem wahren πάθος Christi zu entfernen vermag. Es schließt sich formelhaftes Gut an (vgl. ähnlich Eph 18 und Trall 9; zur Analyse Elze, Christologie 13ff.), das von der Herkunft Jesu als des Davididen aus Maria, seiner Geburt, der Taufe, Tod und Auferstehung redet. Ein vorign Bekenntnis läßt sich als Ganzes kaum noch mit Sicherheit rekonstruieren, so traditionell die Einzelmotive auch erscheinen; für Ign wird die Art seiner Rezeption vor allem an der Hervorhebung von πάθος und der ekklesiologischen Zuspitzung wahrnehmbar (vgl. 1,2). Ob mit G γεγενημένος oder aber γεγεννημένος (vgl. Eph 18,2; Trall 9,1) zu lesen ist, läßt sich von dem textkritischen Befund her nicht mit Sicherheit entscheiden; es bleibt aber unerheblich, weil Ign auch mit γεγεννημένος ἐκ kaum einen anderen Sinn als „geboren aus" (vgl. Gal 4,4) verbunden haben dürfte. Der Zweck der Taufe liegt in der Erfüllung der δικαιοσύνη (anders Eph 18,2!). Dies wirkt wie eine Aufnahme von Mt 3,15 (zu einer möglichen Beziehung des Ign auf Mt vgl. von der Goltz, Ignatius 137f.; Massaux, Influence 94ff.; Köster, Synoptische Überliefe-rung 24ff.; J. Smit Sibinga, Ignatius and Matthew 263ff.; C. Trevett, Approaching Matthew 59ff.), zumal die Nähe des Ign zu Mt im Unterschied zu den anderen synopti-schen Evangelien größer zu sein scheint. Allerdings wird man sich – auch und gerade angesichts Sm 1,1 – vor allzu weitreichenden Schlüssen hüten müssen (vgl. auch Trevett, Approaching Matthew 64). Zum einen sind die Anklänge an das Mt in der altkirchlichen Literatur insgesamt auffällig dicht, ohne daß notwendig das Evangelium *zitiert* wird (skeptisch vor allem Köster, Synoptische Überlieferung); auf der anderen Seite ist der ἵνα-Satz so sehr in die formelhafte Sprache integriert, daß er eher beiläufig, nicht aber wie ein Zitat wirkt (vgl. Smit Sibinga, Ignatius and Matthew 281).

1,2 Über Pontius Pilatus vgl. zu Magn 11. Der Tetrarch Herodes (Antipas) wird genannt, um die Passion zeitlich zu fixieren (vgl. Magn 11), aber doch wohl nur, weil Ign eine Überlieferung kennt, die dem Herodes eine Rolle in der Leidensgeschichte zuweist (vgl. Lk 23,6–12; Apg 4,27; Justin, dial. 103; apol I,40; EvPetr 1,1; syrDid 21). Die Frucht deutet Ign selbst auf das πάθος, ein für ihn zentrales Theologumenon, von dem auch das zunächst Vorhergehende, an das ἀφ᾽ οὗ καρπόν anknüpft, gesprochen hatte. Diese Frucht ist ὑπὲρ ἡμῶν gewachsen, die Glaubenden sind durch sie geworden, was sie sind. Vgl. Trall 11,2. ἄρῃ σύσσημον nach Jes 5,26 (vgl. Mk 14,44). Das Wahrzeichen besteht nach 1,2 in der Auferstehung, die durch Christus selbst bewirkt wird. Zur Vereinigung von Juden und Heiden ist traditionsgeschichtlich die Parallele in plnEph 2,16 zu vergleichen (zur Analyse siehe vor allem Lindemann, Aufhebung der Zeit 145ff.), zum σῶμα Χριστοῦ-Motiv Kol 1,18; Hermas 95,3f. (vgl. auch zu Sm 11,2 und Eph 4,1f.).

2   **Denn dies alles hat er um unseretwillen gelitten, damit wir gerettet würden. Und er hat wahrhaftig gelitten, wie er sich auch wahrhaftig selbst auferweckt hat, nicht wie gewisse Ungläubige sagen, er habe zum Schein gelitten, während sie doch selbst nur zum Schein existieren; und wie sie denken, wird es ihnen auch ergehen, die leiblos und dämonisch sind.**

2 γάρ begründet das, durch den ἵνα-Satz weiter verdeutlichte, ὑπὲρ ἡμῶν 1,2. Die Selbsterweckung Christi wie Joh 2,19; 10,17f. (vgl. Schnackenburg, Johannesevangelium 2,378ff.); Barn 5,7; anders u. 7,1 und Trall 9,2. Über die Auffassung der Gegner vgl. den Exkurs zu Trall 10. Das „Denken" ergänzt sich aus dem Zusammenhang durch „über Christus". Zur Wirkung christologischen Nachdenkens auf die Existenz der Betreffenden vgl. auch 2 Clem 1,2. Für Ign handelt es sich um die Abstreitung der wirklichen Leiblichkeit Jesu; das hat zur Folge, daß auch die ‚Häretiker' kein echtes Leben in einem Körper führen werden. Die Verwendung der beiden Begriffe ἀσώματος und δαιμονικός hängt mit der Überlieferung in 3,2 zusammen (vgl. u.): ob sie aus der Tradition herausgesponnen von Ign auf die Gegner übertragen wurden (so Vielhauer in: Hennecke–Schneemelcher I,84) oder ein Schlagwort der ‚Häretiker' in die Tradition eingedrungen ist (so Maurer, Zitat 168), läßt sich kaum noch entscheiden (vgl. auch Paulsen 40f.; 141f.). Sicher ist allerdings, daß ἀσώματος in positivem Sinne belegt ist: vgl. ActJoh 93 u. ö.; siehe dazu W. Bauer, Leben Jesu 34ff.; E. Schweizer, Art. σῶμα κτλ. 1085ff.; Richter, Fleischwerdung 259ff. In jedem Fall erscheint die polemische Note in der Verwendung der Termini durch Ign als eindeutig. Daß die ‚Häresie' ein Leben nach dem Tode ausschließt, ist auch 7,1 vorausgesetzt.

3 ¹**Weiß ich doch und glaube fest daran, daß er auch nach der Auferstehung im Fleische ist. ²Und als er zu Petrus und seinen Gefährten kam, sagte er zu ihnen: „Greift zu, betastet mich und seht, daß ich kein leibloser Dämon bin!" Und sofort faßten sie ihn an und wurden gläubig, mit seinem Fleisch ebenso eng wie mit seinem Geist verbunden. Deshalb verachteten sie auch den Tod, zeigten sich vielmehr über den Tod erhoben. ³Nach der Auferstehung aber aß und trank er mit ihnen als Fleischlicher, obwohl er geistlich mit dem Vater vereinigt war.**

3,1 Über die Vorstellung, daß Jesus auch nach der Auferstehung σαρκοφόρος (5,2) ist, vgl. zu 3,2f.; die Hervorhebung der σάρξ des Auferstandenen erklärt sich aus der Antithese zu den Gegnern (vgl. zur Topik solcher Auseinandersetzung auch Origenes, contra Celsum II,16; Tertullian, de carne Christi 5).

3,2 Ign beruft sich in 3,2 (zum Zusammenhang mit 2 vgl. o.) auf eine Überlieferung, deren Herkunft nicht mehr eindeutig bestimmt werden kann: liegt ein Zitat aus Lk 24,39 vor (so z. B. C. Maurer, Zitat 165ff.) oder rezipiert Ign eine Tradition, deren ursprünglicher Kontext nicht mehr zu rekonstruieren ist (so etwa Köster, Synoptische Überlieferung 45ff.; zur Diskussion des Textes insgesamt Paulsen 40; 141f.)? Letzteres dürfte wahrscheinlicher sein, zumal auch in der alten Kirche schon sehr früh mit einer unabhängigen Überlieferung gerechnet worden ist (vgl. das Material bei Ropes, Sprüche Jesu 59f.; Resch, Agrapha 96f.; Ph. Vielhauer in: Hennecke–Schneemelcher I,82ff.). Die Nachrichten differieren im einzelnen: Hieronymus verweist auf das Hebräerevangelium (de viris inlustribus 16), ohne daß dies letztlich zu verifizieren sein dürfte (vgl. Bauer 1.A.; zur Diskussion G. Bardy, Saint Jérome 5ff.). Für Euseb, der die Passage h. e. III,36,11 zitiert, bleibt der Ursprung des Stückes unklar; so ist schließlich daran zu erinnern, daß Origenes, de princ. I, praef. 8 das *non sum daemonium incorporeum* auf eine *doctrina Petri* zurückgeführt wird. Möglicherweise besteht ein Zusammenhang mit dem Kerygma Petri (so Elze, Christologie 49ff.), zu dessen Inhalt das Traditionsmaterial stimmen könnte (vgl. dazu Paulsen, Kerygma Petri 12f.). Allerdings bleiben auch bei dieser Hypothese Zweifel bestehen (vgl. Schneemelcher in: Hennecke–Schneemelcher II,60; anders von Dobschütz, Kerygma Petri 83), wie eine präzise Rückführung in solchen Fällen immer methodische Probleme aufwirft. So wird es angebracht sein, im Blick auf 3,2 mit einer unabhängigen Tradition zu rechnen, die Ign aufgreift und deren Herkunft nicht mehr mit letzter Sicherheit bestimmt werden kann. Die Interpretationsrichtung ist allerdings bei Ign eindeutig: 3,2 wendet sich scharf gegen die Doketen und insistiert ihnen gegenüber auf der σάρξ des Auferstandenen. Dies wird auch deshalb so klar, weil die Zusammenstellung von σάρξ und πνεῦμα mit seiner theologischen Absicht kongruent wird. Darin zeigt sich zugleich noch einmal die Problematik einer klaren Distinktion der vorgegebenen Tradition (denn von κραθέντες an wird die Übereinstimmung mit ign Denken so nahtlos, daß eine Scheidung zwischen Vorgabe und Deutung kaum noch gelingt!). οἱ περὶ Πέτρον ist wegen des αὐτοῖς nicht Petrus allein, sondern Petrus und seine Begleiter. Die Wendung findet sich ähnlich in dem sekundären Anhang zu Mk 16,8: πάντα δὲ τὰ παρηγγελμένα τοῖς περὶ τὸν Πέτρον συντόμως ἐξήγγειλαν (scil. die Frauen). Zu κραθέντες vgl. Eph 5,1.

3,3 Auch der Inhalt von 3,3 spielt nach der Auferstehung, könnte also ebenfalls traditionelle Vorgabe sein (so W. Bauer 1.A.), wenngleich wieder die Übereinstimmung mit ign Denken ins Auge fällt. Zum Inhalt vgl. Apg 10,41; vom Essen und Trinken des Auferstandenen sprechen auch Lk 24,30.35; 24,41ff.; Joh 21,12f.; Apg 1,4. Zum σαρκικός vgl. OrSib VIII,318f. – zum ἡνωμένος τῷ πατρί vgl. zu Magn 7,1. Von 3,3 συνέφαγεν bis 12,1 ἀδελφὸς ὑμῶν, ὅς findet sich der griechische Text auch in einem Papyrustext des 5. Jahrhunderts, herausgegeben von C. Schmidt und W. Schubart (vgl. auch die Rezension von R. Reitzenstein in GGA 1911, 537ff.).

4 **¹Dieses aber schärfe ich euch ein, Geliebte, obwohl ich weiß, daß auch ihr es so haltet. Ich treffe aber Vorsorge für euch vor den wilden Tieren in Menschengestalt, die ihr nicht nur nicht aufnehmen, sondern denen ihr womöglich nicht einmal begegnen sollt, nur für sie beten, ob sie sich vielleicht bekehren, was freilich schwierig ist. Macht darüber hat aber Jesus Christus, unser wahres Leben. ²Wenn dieses nämlich nur zum Schein von unserem Herrn vollbracht worden ist, dann bin auch ich zum Schein gefesselt. Wozu habe ich mich aber auch selbst dem Tode überliefert, zu Feuer, zu Schwert, zu wilden Tieren? Aber nahe dem Schwert, nahe bei Gott, inmitten der wilden Tiere, mitten in Gott – nur im Namen Jesu Christi. Mit ihm zusammen zu leiden, ertrage ich alles, weil er, der vollkommener Mensch geworden ist, mich stärkt.**

4,1 Über ὑμεῖς οὕτως ἔχετε vgl. zu Eph 4,1. Zu den Menschen als Tieren vgl. Eph 7,1; Rm 5,1; auch Philo, Abr 33. Zur Behandlung der Gegner vgl. 2 Joh 10f.; Tit 3,10. ὅπερ geht auf das μετανοεῖν. Über die Möglichkeit der Buße und Sündenvergebung vgl. zu Phld 11,1. Über Christus als τὸ ἀληθινὸν ἡμῶν ζῆν vgl. zu Eph 3,2.

4,2 Nach der Warnung vor den Gegnern kehrt Ign, an 3,3 anknüpfend, zur Widerlegung ihrer inhaltlichen Position zurück. Zum ersten Satz vgl. Trall 10. Über ἑαυτόν siehe zu Trall 3,2. ἔκδοτον (Apg 2,23) διδόναι wie Bel et drac 22. Ign ist zum Tierkampf verurteilt (vgl. zu Eph 1,2) und zweifelt auch Trall 10; Rm 4.5 nicht daran, daß ihm, falls nicht unangebrachte Hilfeleistung dazwischentritt, die Bestien den Tod bringen werden. Deshalb kann die Aufzählung von πῦρ und μάχαιρα nicht bedeuten, daß die Art der Todesstrafe noch nicht festgestanden hätte (vgl. die ähnliche Reihe Rm 5,3). Ign gedenkt der Zeit, als er sich durch sein freimütiges Bekenntnis dem Tode, gleichviel in welcher Gestalt, überlieferte. Über die Verurteilung zum Feuertode vgl. zu Rm 5,3; Hinrichtungen mit dem Schwert z. B. Apg 12,9; MartIustini et soc 5; Passio Scil 14; ActCypriani 4; ActaMaximiliani 3; ActaMarcelli 5. – ἀλλ' ἐγγὺς κτλ. antwortet auf die vorhergehende Frage. Ign bezieht sich auf ein außerkanonisches Herrenwort (vgl. Ropes, Sprüche 122; Jeremias, Unbekannte Jesusworte 64ff.), das sich in unterschiedlichen Ausprägungen erhalten hat (zur syrischen Überlieferung vgl. Schäfers, Erklärung 79.185f.) und auch durch ThEv 82 belegt wird („Wer mir nahe ist/ ist dem Feuer nahe; und wer mir fern ist/ ist dem Königreich fern.“). Zu μόνον κτλ. vgl. Eph 1,1; die Ellipse wie Rm 5,3. Zu συμπαθεῖν αὐτῷ vgl. plnRm 8,17; PolPhil 9,2; zu ἐνδ. vgl. Phil 4,13. Jesus als vollkommener Mensch (das γενομένου wird von PC Theodoret ausgelassen); vgl. Melito, fragm. VI 226,11 Perler: Θεὸς γὰρ ὢν ὁμοῦ τε καὶ ἄνθρωπος τέλειος.

5 **¹Ihn verleugnen gewisse Leute aus Unkenntnis, oder vielmehr sie sind von ihm verleugnet worden, da sie mehr Wortführer des Todes als der Wahrheit sind. Die Worte der Propheten haben sie nicht überzeugt und nicht das Gesetz des Mose, sogar nicht einmal bis auf den heutigen Tag das Evangelium, noch unser Leiden Mann für Mann. ²Auch über uns denken sie ja ganz das Gleiche. Was sollte es mir auch nützen, wenn jemand mir Lob spendet, meinen Herrn aber lästert, indem er ihn nicht als Fleischträger bekennt? Wer aber das nicht tut, hat ihn ganz und gar verleugnet, trägt selbst einen Leichnam. ³Ihre Namen aber glaubte ich, als solche von Ungläubigen, nicht aufzeichnen zu sollen. Ja, nicht einmal mich ihrer erinnern möchte ich, bis sie sich bekehrt haben zu dem Leiden, das unsere Auferstehung ist.**

5,1 Über das Wortspiel ἀρνοῦνται, μᾶλλον δὲ ἠρνήθησαν vgl. zu Eph 2,2 und vgl. 2 Tim 2,12. Über den Gegensatz von Tod und Wahrheit vgl. Joh 6,69. Daß die Lehre der Gegner den Tod herbeiführt, war auch Trall 6,2; 11,1 gesagt worden. Der Schriftbeweis – Prophetenworte und Gesetz umschreiben (wie so oft) die gesamte γραφή – hat auf sie keinen Eindruck gemacht (vgl. Phld 5,2; 8,2), ebensowenig das Zeugnis des Evangeliums (vgl. Phld 9,2). Auch ein dritter Beweis der Kirche, die Leiden der Märtyrer (vgl. Trall 10; Sm 4,2), überzeugt sie nicht. Zu der in diesem Zusammenhang wichtigen Kritik der Gnosis am kirchlichen Martyriumsverständnis vgl. Koschorke, Polemik 127ff. (zum TestVer); 134ff. (grundsätzlich).

5,2 περὶ ἡμῶν: die ἡμεῖς sind die Erdulder der ἡμέτερα παθήματα, d. h. die Märtyrer, deren Leiden und Tod in den Augen der Häretiker ebensowenig eine wirkliche Bedeutung zukommt wie der Passion Christi (vgl. zu Trall 10). σαρκοφόρος: ClemAl, strom. V,6.34 σαρκοφόρος γενόμενος ὁ λόγος. Wie Christus als σαρκοφόρος einen Fleischesleib trägt, so der Verleugner einen Leichnam. Über πάθος vgl. zu Eph inscr.

6 **¹Lasse sich niemand täuschen! Auch die himmlischen Mächte, die Herrlichkeit der Engel und die sichtbaren wie unsichtbaren Herrscher – wenn sie nicht an das Blut Christi glauben, kommt auch über sie das Gericht. Denn das Ganze ist Glaube und Liebe, die von nichts übertroffen werden. ²Aber auf jene achtet, die im Blick auf die uns zugekommene Gnade Jesu Christi irriger Ansicht sind, wie sie sich im Gegensatz befinden zum Sinne Gottes. Die Liebe bekümmert sie nicht,**

nicht die Witwe noch die Waise, nicht der Bedrückte, nicht der Gebundene oder Freigelassene, nicht der Hungernde oder der Dürstende.

6,1 Μηδεὶς πλανάσθω: vgl. zu Eph 5,2. Über ἄρχοντες siehe zu Trall 5,2. Dort auch (allerdings umfassender als in Sm 6,1) τὰ ἐπουράνια, ferner ὁρατά τε καὶ ἀόρατα. Über die Vorstellung, daß sich das Gericht auch auf die Engel und das Reich der Geister erstreckt, vgl. Jud 6 (dazu Beyschlag, Simon Magus 204); Joh 12,31; 16,11; Apk 19,20; 20,10. Für Ign charakteristisch erscheint die Interpretation des traditionellen Materials durch den Gedanken des αἷμα Χριστοῦ. Weil aber die himmlischen Dinge nach Trall 5,1 vielen nicht faßbar sind, schließt sich (vgl. Mt 19,12) die Aufforderung an: ὁ χωρῶν χωρείτω. Der Gedanke daran, daß selbst die Himmelsmächte dem Gericht nicht entfliehen, soll die Menschen, die es angeht, davon abhalten, auf Grund ihrer Stellung (τόπος wie Pol 1,2) hochmütig zu werden. Über die Verbindung von Glaube und Liebe vgl. zu Eph 1,1. Das ᾧ οὐδὲν προκέκριται wie Magn 1,2. Zur überragenden Bedeutung von Glauben und Liebe vgl. Eph 14,1; Phld 9,2.

6,2 καταμάθετε (vgl. Pol 3,2; 1 Clem 7,5) mit folgendem πῶς ganz wie in Mt 6,28. Über ἑτεροδοξεῖν vgl. zu Magn 8,1, über γνώμη τοῦ θεοῦ zu Eph 3,2. ἀγάπη hat hier schwerlich den technischen Sinn von Liebesmahl (vgl. W.-D. Hauschild, Art. Agapen I,748), wie unter Hinweis auf 8,2, auch auf das ἀγανᾶν in 7,1 oft behauptet wurde. Da nach 7,1 (vgl. u.) und Rm 7,3 für Ign Liebesmahl und Eucharistie zusammenfallen, mindestens das eine ohne das andere undenkbar ist, würde dann das εὐχαριστίας ἀπέχεσθαι zu Beginn von 7,1 im wesentlichen auf eine Modifikation des bereits in 6,2 erhobenen Vorwurfs περὶ ἀγάπης οὐ μέλει αὐτοῖς hinauslaufen. Ign aber will offenbar in der Zusammenstellung des paränetischen Materials als Kriterium gegenüber den Gegnern etwas Neues bringen. Deshalb wird ἀγάπη in 6,2, das die anschließende Reihe eröffnet (vgl. den Abschluß mit ἀγανᾶν in 7,1!), als „Liebe" zu interpretieren sein: es wird zunächst der prinzipielle Mangel der Gegner angesprochen, sodann folgt eine Aufzählung der konkreten Notstände, in denen er sich besonders aufweisen läßt. Die Sorge für die Witwen als Christenpflicht (auch Pol 4,1) Apg 6,1; 9,39; 1 Tim 5,3ff.; Jak 1,27 (vgl. G. Stählin, Art. χήρα 448f.). Witwen und Waisen: Barn 20,2; PolPhil 6,1; Hermas 8,3; 38,10; 50,8; 56,7; Justin, apol. I,67; PsClem, hom. III,71 u. ö. Auch θλιβόμενος begegnet in ähnlichen Zusammenhängen nicht selten: 1 Tim 5,10; Hermas 50,8; ApConst II,24; Cornelius ap. Euseb, h. e. VI,43,11; Cyprian, epist. 8,3; vgl. auch Did 5,3. Zur Bemühung um die Gefangenen vgl. außer den genannten Texten noch Mt 25,36ff.; Hebr 10,34; 13,3; 1 Clem 55,2; 59,4; PsClem, hom III,69; XI,4; XII,32; ApConst IV,9; V,1; auch Lucian, de morte Peregr. 12. Das Material zusammengestellt bei A. von Harnack, Mission und Ausbreitung I,170ff. Da λύειν im Gegensatz zum δεδεμένος etwas Erfreuliches aussagen will, scheint es in den Zusammenhang sich nicht ganz einzufügen. Es fehlt deshalb auch in AC(g); die Worte lassen sich in der Tat leichter übersetzen als erklären: soll der λελυμένος ein aus der Haft wieder Freigekommener sein, der ein besonderes Bedürfnis nach und einen besonderen Anspruch auf gemeindliche Unterstützung hat? Möglicherweise bahnt sich in dem δεδεμένον ἢ λελυμένον auch das Nebeneinander von Märtyrern und Konfessoren an. Zu πεινῶντος – διψῶντος vgl. Mt 25,35ff.

7 **¹Von Eucharistie und Gebet halten sie sich fern, weil sie nicht bekennen, daß die Eucharistie das Fleisch unseres Erlösers Jesus Christus ist, das für unsere**

Sünden gelitten, das der Vater in seiner Güte auferweckt hat. Die sich nun der Gabe Gottes widersetzen, sterben an ihrem Streiten. Es wäre aber gut für sie, Liebe zu üben, damit auch sie auferstehen. ²So gehört es sich nun, sich von solchen Menschen fernzuhalten und weder privat noch öffentlich von ihnen zu sprechen, sich vielmehr an die Propheten zu halten, besonders aber an das Evangelium, in dem das Leiden uns kundgetan und die Auferstehung vollendet worden ist. Die Spaltungen aber flieht als den Anfang der Übel!

7,1 Über εὐχαριστία vgl. zu Eph 13,1. Daß sich die ,Häretiker' von der Eucharistie fernhalten, ist cum grano salis zu verstehen (vgl. 8,1!). Sie mißachten die *kirchliche* Feier wie das *offizielle* Gebet. Ihnen gegenüber verweist Ign polemisch auf den Zusammenhang zwischen der Auferweckung Jesu und der Auferstehung der Glaubenden (vgl. Trall 9,1f.), die ihnen gerade nicht zuteil wird. Die δωρεὰ τοῦ θεοῦ (wie Joh 4,10; 2 Kor 9,15) ist nach dem Zusammenhang die σάρξ Christi, die bei der Eucharistie genossen wird; in der Verbindung von σάρξ und Herrenmahl wird gegenüber den Gegnern auf die sarkische Existenz Christi hingewiesen (vgl. dazu D. E. Aune, „Anti-Sacramentalism" 194ff.). Wer deshalb die Bedeutung der Eucharistie, die φάρμακον ἀθανασίας ist (Eph 20,2), leugnet, muß sterben. Andererseits nimmt an der Auferstehung teil, wer sich das ἀγαπᾶν zunutze macht; dann könnte es dem ἀγάπην ποιεῖν von 8,2 entsprechen und im technischen Sinn die ,Agape' meinen (so Reicke, Diakonie, Festfreude und Zelos 12f.; 40). Dies ist allerdings schon darum nicht sicher, weil ἀγαπᾶν in dieser Bedeutung sonst nicht nachgewiesen werden kann (vgl. W. Bauer 1.A.). Primär dürfte deshalb schon auf Grund von 6 ein allgemeines Verständnis = „Liebe üben", „Liebe bekunden" sein (vgl. W.-D. Hauschild, Art. Agapen I,750; siehe auch die Diskussion bei Fischer z. St.), wobei die prinzipielle Bedeutung von ἀγάπη für die ign Theologie zu bedenken bleibt.

7,2 κατ' ἰδίαν wie Mk 4,34; Gal 2,2. Über Propheten und Evangelium vgl. Phld 5,2; 9,2. Zum τετελείωται vgl. ἀπάρτισμα Phld 9,2. τοὺς μερισμοὺς φεύγετε wie Phld 2,1; zur ἀρχὴ κακῶν vgl. ῥίζα τῶν κακῶν 1 Tim 6,10.

8 **¹Folgt alle dem Bischof, wie Jesus Christus dem Vater, und dem Presbyterium wie den Aposteln; die Diakone aber achtet wie Gottes Gebot. Keiner soll etwas von kirchlichen Dingen ohne den Bischof tun. Jene Eucharistie soll als zuverlässig gelten, die unter dem Bischof oder, wem er es anvertraut, stattfindet. ²Wo der Bischof erscheint, da soll auch die Gemeinde sein, wie da, wo Christus Jesus sich befindet, auch die allgemeine Kirche ist. Es ist nicht erlaubt, ohne den Bischof zu taufen oder das Liebesmahl zu halten; was jener aber geprüft hat, dies ist Gott wohlgefällig, damit alles, was ihr tut, sicher und zuverlässig sei.**

8,1 Über die in 8,1 berührten Fragen der Gemeindeverfassung vgl. den Exkurs zu Eph 3. βεβαία: zuverlässig in ihren Wirkungen.

8,2 ἡ καθολικὴ ἐκκλησία begegnet hier zum erstenmal im christlichen Sprachgebrauch (vgl. Meinhold, Kirche 60f.), allerdings in einem anderen Sinn als dem später zur Herrschaft gelangten (gegen Fischer z. St.). Es ist nicht die katholische Kirche im Gegensatz zu schismatischen Gemeinschaften (so etwa Canon Muratori 66; 69; ClemAl, strom. VII,17,106f.), sondern die allgemeine Kirche, die in die Einzelkirchen zerfällt (vgl. MartPol inscr; 8,1; 19,2). Kennzeichnend für die ign Theologie ist die Entsprechung zwischen dem Bischof und Christus, zwischen irdischer und himmlischer Realität. ἀγάπη = Liebes-mahl: vgl. Jud 12; ClemAl, paed. II,1,4; strom. III,2,10; Passio Perp. et Felic. 17,1; Tertullian, apolog. 39; de ieiun. 17. Dabei dürfte für Ign und seine Gemeinden ἀγάπη und Eucharistie miteinander verbunden gewesen sein (vgl. Hauschild, Art. Agapen I,748). Das πᾶν ὃ πράσσεται ist so allgemein gehalten, wie Magn 7,1 μηδὲ πράσσετε, und empfängt aus 8,1 seine Beschränkung. Die Taufe wird wie auch sonst von Ign eher beiläufig erwähnt (vgl. Pol 6,2; zum ign Taufverständnis vgl. A. Benoit, Baptême 59ff.; G. W. H. Lampe, Seal of the Spirit 104f.; Elze, Christologie 65ff.).

9 **¹Vernünftig ist es, daß wir fortan nüchtern werden und, solange wir noch Zeit haben, zu Gott umkehren. Es ist schön, Gott und den Bischof anzuerkennen. Wer den Bischof ehrt, wird von Gott geehrt. Wer hinter des Bischofs Rücken etwas tut, dient dem Teufel. ²So möge euch nun alles in Gnade reichlich zuteil werden; denn ihr seid es wert. In allen Dingen habt ihr mich erquickt, und euch wird Jesus Christus erquicken. In meiner Abwesenheit und Anwesenheit habt ihr mir Liebe erwiesen. Gott ist eure Vergeltung, zu dem ihr gelangen werdet, da ihr um seinetwillen alles ertragt.**

9,1 Auch εὔλογον wie Magn 7,1; Über ἀνανήψειν vgl. zu 2 Tim 2,26 (Dibelius–Conzel-mann, Pastoralbriefe 86; Lewy, Sobria ebrietas). Zu ὡς = „solange als" siehe Joh 12,35. εἰδέναι = τιμᾶν wie 1 Thess 5,12. Zum Wortspiel ὁ τιμῶν . . . τετίμηται vgl. Phld 9,2. Das allgemeine τι πράσσων (vgl. o. 8,2) könnte durch λατρεύει die Richtung auf gottesdienstliche Betätigung erhalten.

9,2 Über ἄξιοι γάρ ἐστε vgl. zu Eph 1,3. Das kurze καὶ ὑμᾶς ʼΙ. Χρ. (ähnlich Eph 21,1; Phld 11,1) findet seine Ergänzung in einem Futur: „wird euch erquicken" (vgl. entsprechend 10,2 οὐδὲ ὑμᾶς ἐπαισχυνθήσεται) oder Optativ: „möge euch erquicken" (vgl. Eph 2,1 κατὰ πάντα με ἀνέπαυσεν, ὡς καὶ αὐτὸν ὁ πατὴρ ἀναψύξαι. Die textliche Überlieferung des letzten Satzes ist unklar; mit P dürfte ἀμοιβή zu lesen sein. τυγχάνομαι τοῦ θεοῦ neben Magn 1,2 nur hier auf die Gemeinde bezogen.

10 **¹Ihr habt gut daran getan, den Philo und den Rheus Agathopus, die mir in Gottes Sache nachgereist sind, aufzunehmen wie Diener des Gottes Christus. Auch sie danken dem Herrn für euch, daß ihr sie in jeder Weise erquickt habt. Nichts wird euch verlorengehen. ²Lösegeld für euch sind mein Geist und meine Fesseln, auf die ihr nicht herabgesehen und derer ihr euch nicht geschämt habt. Auch eurer wird sich nicht schämen der vollkommene Glaube, Jesus Christus.**

10,1 Über Philo und Rh. Agathopus, dessen Name hier weniger korrekt als dort dekliniert ist, vgl. zu Phld 11,1. Der Gott Christus (PAC lassen Χριστοῦ aus) auch Trall 7,1.

10,2 Über ἀντίψυχον vgl. zu Eph 8,1, besonders auch Pol 2,3; zum Folgenden 2 Tim 1,16. Christus, der bei Ign oft „unsere Hoffnung" heißt (vgl. zu Eph 21,2), wird hier der vollkommene Glaube genannt, sofern nicht mit PACg ἐλπίς für πίστις eingesetzt werden muß (was aber wohl doch eine Erleichterung bedeutet).

11 **¹Euer Gebet ist ausgegangen hin zur Kirche von Antiochien in Syrien. Von dort her (gekommen) gebunden mit Fesseln von göttlicher Herrlichkeit grüße**

ich alle, der ich nicht wert bin, von dort zu sein, da ich der letzte von ihnen bin. Nach (Gottes) Willen aber wurde ich würdig befunden, nicht auf Grund des Gewissens, sondern auf Grund der Gnade Gottes, die mir vollkommen verliehen werden möchte, damit ich durch euer Gebet zu Gott gelange. ²Damit nun euer Werk vollkommen werde auf Erden und im Himmel, ist es angemessen, daß eure Kirche zur Ehre Gottes einen Gottgesandten auswählt, um nach Syrien zu reisen und sie zu beglückwünschen, weil sie Frieden genießen und ihre Größe wieder erlangt haben und ihr Leib wiederhergestellt worden ist. ³So erschien es mir als eine gottwürdige Aufgabe, einen von den Euren mit einem Briefe zu senden, damit er die von Gott ihnen zuteil gewordene Stille mitverherrliche und weil sie durch euer Gebet den Hafen bereits erreicht haben. Als Vollkommene sinnt auch Vollkommenes. Denn wenn ihr gut handeln wollt, ist Gott bereit, es zu gewähren.

11,1 Über das Gebet für die antiochenische Kirche vgl. zu Phld 10,1. Der knappe Ausdruck ὅθεν δεδεμένος = „von dort her gebunden *angelangt* (oder: fortgeführt)" wie Eph 1,2. Über θεοπρεπής vgl. zu Magn 1,2 und vgl. PolPhil 1,1. Über Ign als letzten der syrischen Christen vgl. zu Eph 21,1, über die Ablehnung der eigenen Würdigkeit zu Eph 1,3. Über das absolute θέλημα vgl. zu Eph 20,1. Was die Aussage οὐκ ἐκ συνειδότος (in Trall 7,2: συνείδησις) bedeuten soll, kann nur vermutet werden: entweder schließt die allein wirksame göttliche Gnade jedes menschliche „Mitwissen" aus oder Ign fühlt sich im Gegensatz zum Urteil des „Gewissens" durch den Zuspruch der Gnade als würdig angenommen.

11,2 ist mit GP σωματεῖον gegen das σωμάτιον von g zu lesen (so W. Bauer 1.A.). Damit aber scheidet auch die Bedeutung „armer, elender Leib" aus (vgl. Epiktet I,1,10.24; 9,2 u.ö.), die andernfalls auf die unter Verfolgungen leidende antiochenische Kirche zu beziehen wäre (so W. Bauer 1.A.). Vielmehr ordnet das σωματεῖον den Text in die ign Ekklesiologie ein (vgl. Paulsen 147ff.): dem σῶμα Χριστοῦ insgesamt entspricht das ἴδιον σωματεῖον der antiochenischen Gemeinde. Als Parallele für einen solchen Sprachgebrauch ist vor allem P.Oxy. I.5 p. 8f. Z. 10ff. recto zu nennen (vgl. A. von Harnack, Fragmente 516ff.), das in ähnlicher Weise σῶμα und σωματεῖον miteinander verbindet (zur Deutung des Textes vgl. Paulsen, Papyrus Oxyrhynchus I.5).

11,3 Nicht Ign will die würdige Aufgabe erfüllen, sondern die Smyrnäer sollen es tun (vgl. Phld 10). εὐδία, was eigentlich die Windstille bedeutet, hat wohl das Bild vom Hafen (vgl. Pol 2,3) angeregt, gehört jedenfalls dem gleichen Vorstellungskreis an. Zu τέλειοι κτλ. vgl. Phil 3,15.

12 ¹Es grüßt euch die Liebe der Brüder in Troas, von wo aus ich euch auch schreibe durch Burrus, den ihr gemeinsam mit den Ephesern, euren Brüdern, mir als Begleiter geschickt habt; er hat mich in allen Dingen erquickt. Wenn doch alle ihn nachahmen möchten als ein Beispiel für den Dienst an Gott. Die Gnade wird es ihm in allen Dingen vergelten. ²Ich grüße den gotteswürdigen Bischof und das gottgemäße Presbyterium, meine Mitknechte, die Diakone sowie alle Mann für Mann und als Gesamtheit im Namen Jesu Christi und seinem Fleisch und Blut, im Leiden und der Auferstehung, der fleischlichen wie der geistlichen, in Einheit mit Gott und euch. Gnade sei euch, Erbarmen, Friede und Geduld allezeit.

12,1 Hierzu vgl. Phld 11,2, das z. T. wörtlich übereinstimmt. Über Burrus vgl. zu Eph 2,1; über das διά siehe zu Rm 10,1, zu ἐξεμπλάριον vgl. Eph 2,1. Das absolute χάρις auch Pol 7,3; 8,2 (vgl. 2 Kor 4,15; Gal 5,4; Phil 1,7; plnEph 1,8; Apg 18,27), siehe auch die ähnlichen Ausdrücke zu Eph 3,1.

12,2 Über die Diakone als Mitsklaven des Ign vgl. zu Eph 2,1. Das ἐν (bezeugt durch GL) vor ἐνότητι dürfte ursprünglich sein und macht die Zuordnung von σαρκικῇ τε καὶ πνευματικῇ zu ἀναστάσει deutlich. Über die Verbindung von χάρις, ἔλεος, εἰρήνη in Wünschen vgl. 1 Tim 1,2 (Dibelius–Conzelmann, Pastoralbriefe 12f.). Zu dem, in der Zeit der Verfolgung besonders passenden (vgl. zu Eph 3,1), Hinzukommen von ὑπομονή vgl. Rm 10,3.

13 ¹Ich grüße die Häuser meiner Brüder mit Frauen und Kindern, auch die Jungfrauen, die „Witwen" genannt werden. Lebt mir wohl in der Kraft des Vaters. Es grüßt euch Philo, der bei mir ist. ²Ich grüße das Haus der Tavia, der ich wünsche, daß sie feststehen möge in Glauben und Liebe, fleischlicher wie geistlicher. Ich grüße Alke, den mir lieben Namen, Daphnus, den Unvergleichlichen, Euteknus und alle mit ihren Namen. Lebet wohl in der Gnade Gottes.
Den Smyrnäern aus Troas.

13,1 τὰς παρθένους, τὰς λεγομένας χήρας: ist der, durch GLA gut bezeugte, Text korrekt, dann ist hier anders als 6,2, wo es sich um wirkliche Witwen als eine Hauptgruppe der Unterstützungsbedürftigen handelte, von Jungfrauen die Rede, die man „Witwen" nennt. Der Wortlaut erlaubt keine Umkehr des Verhältnisses, als meine Ign Witwen, die aus irgendeinem Grunde – wegen ihres Lebenswandels oder weil sie nicht ein zweites Mal heirateten – „Jungfrauen" geheißen hätten. 1 Tim 5,9ff.; PolPhil 4,3 und ähnliche Texte der urchristlichen bzw. altkirchlichen Literatur tragen zum Verständnis von 13,1 nur insofern bei, als sie das kirchliche Institut der Witwen voraussetzen. Aber in diesen Aussagen geht es um Frauen, die ihren Mann verloren haben, nicht um παρθένοι wie bei Ign. Tertullian, de virg. vel. 9 erklärt zwar die tatsächlich einmal geschehene Aufnahme einer Jungfrau in den Kreis der Witwen für eine Ungeheuerlichkeit. Denn die *virgo vidua* sei ein *monstrum*. Aber seine Äußerung, die zudem bei dem sehr jungen Alter der Jungfrau einen krassen Einzelfall betrifft, beweist für Ign nichts. Die Wendung des Ign erklärt sich am besten von der Voraussetzung aus, daß zu den „Witwen" in bestimmten Fällen auch Jungfrauen gehören konnten. Gab es in kleinen Gemeinden überhaupt keine „Witwen", so werden ihre Aufgaben auf Jungfrauen übergegangen sein. Dies setzt allerdings voraus, daß den „Witwen" auch jenseits der Notwendigkeit einer sozialen Versorgung innerhalb der Gemeinde eine Funktion zukam. Vgl. zum Ganzen die Zusammenstellung des Materials bei G. Stählin, Art. χήρα 448ff. Zur Nennung des Philo vgl. Phld 11,1; Sm 10,1. Mit LAl dürfte πατρός zu lesen sein gegenüber dem πνεύματος von Gg (so auch Bauer 1.A.).

13,2 Zu οἶκος vgl. jetzt zusammenfassend H.-J. Klauck, Hausgemeinde (dazu G. Theißen ThLZ 1984, 516f.). Der von GL bezeugte Name *Taovia* ist, gerade weil er sonst noch nicht nachgewiesen werden konnte (in ägyptischen Urkunden finden sich als Frauennamen die Schreibungen *Taovις* PLond II,258[184] und *Taoveις* PLond II,257[212.245]) und auch die dazugehörende Maskulinform äußerst selten gewesen zu sein scheint (*Tavius* z. B. CIL III,6248), der Form *Taovia* (gA) vorzuziehen. Ἄλκη wird auch Pol 8,3 mit gleichem Wortlaut gegrüßt. Bei der MartPol 17,2 genannten Alke könnte es sich um die gleiche Person gehandelt haben. Der Name begegnet (neben Diodor. Sic. V, 49,3; Isäus VI, 19f.) gelegentlich in Inschriften: CIG 3268 (Smyrna); 7064. Häufiger ist das lateinische *Alce* gewesen: CIL III, 2477; VI, 20852; IX, 3201; X, 4194; 7372 u. ö. Über das τὸ ποθητόν μοι ὄνομα vgl. zu Rm 10,1. Δάφνος ist kein seltener Name. Er kommt mehrfach in den attischen Inschriften vor (vgl. IG III, 2 p. 335), findet sich aber auch sonst. Εὔτεκνον ist wohl als Eigenname zu begreifen, denn εὔτεκνος = „mit guten Kindern", „glücklich durch die Kinder" würde in diesem Zusammenhang doch als ein eigentümliches Attribut erscheinen. Dies gilt um so mehr, als 13,1 die τέκνα aller Brüder eines Grußes wert sind. Dieser Anfang des Kapitels, in dem die τέκνα nur wirkliche Kinder sein können, läßt aber wohl auch eine übertragene Bedeutung des εὔτεκνος (vgl. MartCarpi 28ff.) als unwahrscheinlich erscheinen. Grüße κατ' ὄνομα wie 3 Joh 15. GL geben diesem Briefe eine Unterschrift: Σμυρναίοις ἀπὸ Τρωάδος, dies könnte ursprünglich sein (vgl. zum Ganzen G. Jouassard, Les épîtres expédiées 213ff.).

Ignatius an Polykarp

Inhalt

Zuschrift mit dem Eingangsgruß.

Polykarp soll sich bemühen, seiner Stellung gerecht zu werden 1–3. Paränetische Mahnungen schließen sich an 4.5. Ign wendet sich anschließend an die Gesamtgemeinde, um ihr Unterordnung unter den Bischof und die übrigen Gemeindebeamten einzuschärfen 6,1 und noch andere Mahnungen anzufügen 6,2. Die Kirche von Smyrna soll an die von Antiochien einen Gesandten abordnen 7. Da Ign durch seine plötzliche Abreise aus Troas daran gehindert worden ist, den gleichen Wunsch allen Kirchen zu übermitteln, möge Pol an die Gemeinden schreiben, an die sich Ign nicht mehr hat wenden können, 8,1. Abschließende Grüße und Wünsche 8,2.3.

inscriptio

Ignatius, der auch Theophorus heißt, grüßt von ganzem Herzen Polykarp, den Bischof der Kirche der Smyrnäer, dem vielmehr Gott Vater und der Herr Jesus Christus Bischöfe sind.

1 **¹Ich pflichte deinem auf Gott gerichteten Sinn bei, der festgegründet ist wie auf einen unbeweglichen Fels, und breche in Lob aus, weil ich deines untadligen Angesichts gewürdigt wurde, dessen ich in Gott froh werden möchte. ²Bei der Gnade, die du angezogen hast, ermahne ich dich, deinen Lauf zu beschleunigen und alle anzutreiben, damit sie gerettet werden. Werde deiner Stellung mit aller Sorgfalt, fleischlicher wie auch geistlicher, gerecht. Sorge für die Einigung, es gibt nichts Besseres als sie. Trage alle, wie auch dich der Herr (trägt). Ertrage alles in Liebe, wie du ja auch tust. ³Widme dich unablässigen Gebeten. Erbitte größere Einsicht, als du hast. Wache im Besitz eines unermüdlichen Geistes. Rede zu jedem einzelnen in göttlicher Übereinstimmung der Gesinnung. Trage die Krankheiten aller als ein vollkommener Kämpfer. Je größer die Mühe, desto reicher der Gewinn.**

inscriptio

Über den Namen Polykarp vgl. zu PolPhil inscr. Über das Wort- und Gedankenspiel ἐπισκόπῳ – ἐπισκοπημένῳ vgl. zu Eph 2,2.

1,1 Zu ἀποδεχόμενος vgl. Eph 1,1; Trall 1,2, zum ἐν θεῷ γνώμην Rm 7,1; Phld 1,2. ὑπερδοξάζειν absolut wie δοξάζειν Trall 1,2. Ign hat Polykarp von Angesicht kennengelernt, als er auf seiner Reise Smyrna berührte (vgl. auch Eph 21,2; Magn 15).

1,2 Zu der eigentümlichen und seltenen Bedeutung von ἐκδικεῖν vgl. Cornelius ap. Euseb, h. e. VI,43,9.11 (weitere Texte bei Lampe, Lexicon s. v.). Über τόπος = „Amt", „Stellung" vgl. neben Apg 1,25 noch 1 Clem 40,5; 44,5; Pol 1,2; PolPhil 11,1; Hermas 66,6; jedoch ist der technische Gebrauch von τόπος erst in Ansätzen wahrzunehmen (vgl.

H. Köster, Art. *τόπος* 208,9ff.). Während bei *βαστάζειν* an die tätige Übernahme fremder Lasten auf die eigenen Schultern zu denken ist, beschreibt *ἀνέχεσθαι* ein passives Verhalten den Mitmenschen gegenüber; vgl. dazu plnEph 4,2.

1,3 Zu *προσευχαῖς σχόλαζε* vgl. 1 Kor 7,5. Zu *ὁμοήθεια θεοῦ* vgl. Magn 6,2. *τὰς νόσους βάσταζε* klingt an Jes 53,4 an (siehe auch Mt 8,17). Zum Bild vom Athleten vgl. (neben 2,3; 3,1) noch 2 Tim 2,5; Hebr 10,32; 1 Clem 13,4 (siehe auch Pfitzner, Agon Motif).

2 **¹Wenn du gute Jünger liebst, hast du keinen Dank; bringe lieber die stark von der Pest Befallenen mit Sanftmut zur Unterordnung. Nicht jede Wunde wird mit dem gleichen Pflaster geheilt. Fieberanfälle stille durch feuchte Umschläge. ²Sei klug wie eine Schlange in allen Dingen und immer ohne Falsch wie die Taube. Darum bist du fleischlich und geistlich, damit du, was vor deinem Angesicht erscheint, verlockst; im Blick auf das Unsichtbare aber bitte, daß es dir offenbart werden möge, damit es dir an nichts fehlt und du an jeder Gnadengabe Überfluß hast. ³Um zu Gott zu gelangen, verlangt die Zeit nach dir, wie Steuerleute nach Winden und wie ein vom Sturm Bedrängter nach einem Hafen. Sei nüchtern als ein Kämpfer Gottes. Der Preis ist Unvergänglichkeit und ewiges Leben, dessen auch du gewiß bist. In jeder Hinsicht dienen dir als Lösegeld ich und meine Ketten, die du liebgewonnen hast.**

2,1 Zum Anfang vgl. Lk 6,32; 1 Kor 9,16 (v.l.); 1 Petr 2,18; 2 Clem 13,4. Wieder (vgl. zu Eph 20,2; Trall 6,2) bewegt sich Ign innerhalb des Bilderkreises der Heilkunst, der schon 1,3 betreten worden war. *λοιμός* wird schon von Klassikern als Bezeichnung eines „gemeingefährlichen" Menschen verwendet (vgl. Ps 1,1; Prov 21,24; I Makk 15,21; Apg 24,5). Dieser Gebrauch hat dazu geführt, daß die Vokabel auch adjektivische Bedeutung gewann (I Reg 1,16; 10,27; 25,17; I Makk 10,61; Barn 10,4; Origenes, c.Cels. VIII,25). Deshalb hier der Komparativ, der elativen Sinn hat (vgl. Apg 17,22). Irrgläubige heißen *λοιμοί* auch bei dem weisen Mann, der nach ClemAl, strom. II,15,67 die *καθέδρα λοιμῶν* Ps 1,1 auf die Häretiker bezogen hat; vgl. auch PsJustin, de resurr. 10; Cyprian, de cath. eccl. unit. 10. Eine ähnliche Bildersprache, wo es sich um die Heilung der Seele handelt, bei Origenes, hom. VII,6 in Jos.; ApConst II,42; SyrDid VII; Epiktet II,21,20–27.

2,2 Vgl. Mt 10,16. *οὖν* gehört zum Folgenden wie in 1,1 (vgl. Lk 7,44). Die Bitte um größere Erleuchtung wie 1,3. Zum Sichtbaren und Unsichtbaren vgl. Trall 5,2, zum Schluß 1Kor 1,7; Jak 1,4f.

2,3 Mit der betonten Hervorhebung von *καιρός* erinnert der Text an Eph 11,1, wenngleich der eschatologische Akzent nicht sonderlich betont erscheint (vgl. pln Eph 5,16; Lindemann, Aufhebung der Zeit 232ff.); immerhin bleibt das *θεοῦ ἐπιτυχεῖν* zu beachten und der Hinweis auf das *θέμα,* das in *ἀφθαρσία* und *ζωὴ αἰώνιος* besteht. *θέμα* = „der für die Wettkämpfer ausgesetzte Preis", sofern er in Geld und nicht in einem Kranz besteht (Dittenberger, Syll. 675, Note 4, auch Or.inscr. 339,81f.; 566,28; zwei Inschriften aus Smyrna erwähnen *θεματικοὶ ἀγῶνες* CIG 3208; 3209). Daß Ign gegenüber dem Bischof Polykarp so betont von der *ἀφθαρσία* (vgl. Eph 17,1; Magn 6,2; Phld 9,2) als einem zukünftigen Heilsgut redet, bleibt zu beachten (vgl. Elze, Christologie 73). Zu *νῆφε . . . ἀθλητής* vgl. Euseb, h. e. V,1,19 (zur Traditionalität des Begriffs Quacquarelli, Retorica 204f.). *ἠγάπησας* wird oft unter Hinweis auf die altkirchliche Sitte, die Ketten der Märtyrer zu küssen (vgl. K.-M. Hofmann, Philema hagion 137ff.; an Texten z. B. ActaPauli et

Theclae 18; Tertullian, ad uxor. II,4), mit „du hast geküßt" wiedergegeben. Dies bleibt spekulativ, zumal diese Bedeutung für *ἀγαπᾶν* noch nicht nachgewiesen ist (Bommes, Weizen Gottes 193, A.367; Lampe, Lexicon s. v., verweist allerdings auf Lit.Bas. p. 320,29: *ὁ διάκονος· ἀγαπήσωμεν ἀλλήλους*). Vor allem stimmt es nicht mit dem ign Verständnis von *ἀγάπη* überein; der Sinn ist: Polykarp hat seinen Ketten jede erdenkliche Liebe erzeigt, so wie die Smyrnäer sich ihrer nicht geschämt noch auf sie herabgesehen haben (Sm 10,2).

3 **¹Die vertrauenswürdig zu sein scheinen und doch Irrtümer verbreiten, sollen dich nicht erschüttern. Stehe fest wie ein Amboß unter Schlägen. Es gehört zu einem guten Kämpfer, geschunden zu werden und (trotzdem) zu siegen. Besonders aber müssen wir alles um Gottes willen ertragen, damit auch er uns ertrage. ²Werde eifriger, als du bist. Lerne die Zeiten verstehen. Warte auf den, der über der Zeit ist, den Zeitlosen, den Unsichtbaren, der um unseretwillen sichtbar wurde, den Ungreifbaren, den Leidensunfähigen, der um unseretwillen leidensfähig wurde, den, der in jeder Hinsicht um unseretwillen erduldet hat.**

3,1 Über *ἀξιόπιστος* vgl. zu Phld 2,2. *ἑτεροδιδασκαλεῖν* wie 1 Tim 1,6; 6,3. Zu *στῆθι κτλ.* vgl. Hi 41,15. Zum agonalen Motiv vgl. 1,3. *πάντα ὑπομένειν* wie Sm 4,2; 9,2; auch 2 Tim 2,10.

3,2 zeigt die Entschlossenheit, mit der Ign ein gängiges Gottesverständnis seiner Zeit christologisch aufbricht (vgl. zur Analyse Paulsen 118ff.). Der Text, der durch den Begriff *καιρός* in den Kontext eingebunden ist, nimmt mit den Prädikationen *ἄχρονος, ἀόρατος, ἀψηλάφητος, ἀπαθής* negative Gottesaussagen auf (vgl. Elze, Christologie 40ff.), die auf der Transzendenz Gottes insistieren und sie einschärfen. Sie verdanken sich wesentlich philosophischer Überlieferung (vgl. zuletzt W. Maas, Unveränderlichkeit Gottes; daneben für die altkirchliche Theologie vor allem C. Andresen, Justin und der mittlere Platonismus 157ff.), sind dann aber außerordentlich weit verbreitet und gängiger Bestandteil der religiösen Sprache jener Zeit (für gnostische Zusammenhänge vgl. NHC VI,99,29ff.; Unbekanntes altgnostisches Werk 12). Urchristlicher Theologie dürften sie vor allem auf dem Wege über das hellenistische Judentum und seine Apologetik zugekommen sein; konsequent schließt sich deshalb auch die Auseinandersetzung christlicher Gruppen mit hellenistischer Religiosität an solche Sprachform an. Deutlich wird dies im fragm. 2 des Kerygma Petri (ClemAl, strom. VI,32,2), das traditionsgeschichtlich parallel zu Pol 3,2 steht, aber noch ganz ‚theologisch' argumentiert (vgl. zur Analyse H. Paulsen, Kerygma Petri 14ff.). Daß sich nicht allein Ign der Herausforderung gestellt hat, die solche ‚Theologie' für eine Offenbarungschristologie darstellt, belegt z. B. Melito, fragm. 13 p. 238,11ff. Perler; ActPetri 20; Irenäus, adv.haer. III, 16,6. Allerdings bleibt auch das ign Interesse an der Rezeption dieser traditionellen Motive klar erkennbar: so entspricht dem *ἀψηλάφητος* Sm 3,2, und die Reihe schließt kaum zufällig mit dem pointierten *παθητός*.

4 **¹Witwen sollen nicht vernachlässigt werden. Nach dem Herrn sei du ihr Versorger. Nichts soll ohne dein Einverständnis geschehen, und du sollst ohne Gott nichts tun, was du ja auch nicht machst. Stehe fest! ²Häufiger sollen Versammlungen stattfinden; suche alle einzeln auf. ³Sklaven und Sklavinnen behandle nicht von oben herab. Aber auch sie sollen nicht hochmütig sein, sondern**

zur Ehre Gottes noch mehr Sklavendienst leisten, damit sie eine bessere Freiheit von Gott erlangen. Sie sollen nicht darauf brennen, auf Gemeindekosten frei zu werden, damit sie nicht als Sklaven der Begierde erfunden werden.

4,1 Die χῆραι sind hier natürlich hilfsbedürftige Gemeindeglieder (wie Sm 3,2) und nicht mit einer Funktion betraut (so Sm 13,2). Der Herr als Versorger der Witwen wie Ps 67,6; 145,9. Das ὅπερ οὐδὲ πράσσεις entspricht durchaus ign Stil (vgl. zu Eph 4,1).

4,2 Zu πυκνότερον κτλ. vgl. Eph 13,1. συναγωγή = „Zusammenkunft zum Zwecke gemeinsamen Gottesdienstes" wie Jak 2,2; Hermas 43,9.13f. Daß ἐξ ὀνόματος, was wörtlich „mit Namen" bedeutet, auch „einzeln", „besonders" heißen kann, zeigt Eph 20,2.

4,3 Für Ign äußert sich der Hochmut der Sklaven in der Meinung, als Christen für den Sklavendienst zu gut zu sein. Zur Sache – vor allem zum πλέον δουλευέτωσαν – vgl. 1 Kor 7,21 (dazu Bartchy, *ΜΑΛΛΟΝ ΧΡΗΣΑΙ*, dessen Ergebnisse allerdings zweifelhaft bleiben). Die theologische Aussage hat für Ign als Konsequenz: μὴ ἐράτωσαν κτλ. Solche Folgerung belegt, daß es einen Freikauf von Sklaven mit Finanzmitteln der Gemeinde gab, daß aber ein Anspruch darauf nicht bestand (vgl. A. von Harnack, Mission und Ausbreitung I,192ff.).

5 **¹Fliehe die schlimmen Künste; besser noch: predige über sie. Meinen Schwestern rede zu, den Herrn zu lieben und sich an ihren Lebensgefährten genügen zu lassen in Fleisch und Geist. Ebenso fordere auch meine Brüder im Namen Jesu Christi auf, ihre Lebensgefährtinnen zu lieben, wie der Herr die Kirche. ²Kann jemand in Keuschheit zu Ehren des Fleisches des Herrn verharren, so tue er es ohne Selbstruhm. Wenn er sich rühmt, ist er verloren; und wenn er für mehr angesehen wird als der Bischof, ist er dem Verderben verfallen. Es gehört sich aber für die Männer, die heiraten, wie für die Frauen, die verheiratet werden, die Einigung mit Zustimmung des Bischofs zu vollziehen, damit die Ehe dem Herrn und nicht der Begierde entspricht. Alles soll zu Gottes Ehre geschehen.**

5,1 Phld 6,2 war in einer ähnlichen Aufforderung von den κακοτεχνίαι des *Teufels* die Rede gewesen, in einem Zusammenhang, der sich gegen Irrgläubige wendete. In Pol 5,1 kann das absolute κακοτεχνία nicht ohne weiteres ebenso gedeutet werden. Vielleicht ist es mit Zahn, Ignatius von Antiochien 321 im Blick auf die unehrlichen Gewerbe zu begreifen, von denen sich die Christen fernhalten sollen; vgl. ApConst II,62; IV,6; Cyprian, epist 2. Statt sich mit Leuten, die sie treiben, einzulassen, soll Polykarp vielmehr öffentlich vor ihnen warnen. Dennoch bleibt die Beziehung auf abweichende Lehre (gerade auf Grund von Phld 6,2!) nicht auszuschließen. ὁμιλίαν ποιεῖσθαι wie Justin, dial. 28; 85. ἀγαπᾶν τὰς συμβίους κτλ. nimmt ein traditionelles Motiv urchristlicher Ekklesiologie auf: vgl. plnEph 5,22ff. (dazu die Analysen bei Schlier, Eph 264ff.); 2 Kor 11,2f. (Windisch, 2 Kor 320ff.); Apk 19,7.9; 21,2.9; 22,17; Did 11,11 (zu diesem hinreichend kaum noch erklärbaren Text vgl. vor allem [A. Tuilier–] W. Rordorf, Doctrine 186ff.); 2 Clem 14. Ign interpretiert in 5,1 die Verbindung zwischen Christus und der ἐκκλησία paränetisch.

5,2 ἀγνεία meint den Zustand vollkommener, geschlechtlicher Enthaltsamkeit (vgl. 2 Kor 11,2; 1 Clem 38,2), der dem Ign wie Paulus (1 Kor 7,1ff.) als erstrebenswert gilt; dies setzt sich im zweiten Jahrhundert fort (vgl. nur Justin, apol. I,15; Athenagoras, suppl 33; dazu H. Achelis, Virgines subintroductae 62ff.; G. Kretschmar, Ursprung frühchristlicher Askese 27ff.). Wenn Ign formuliert εἰς τιμὴν τῆς σαρκὸς τοῦ κυρίου, so spricht er nicht nur den allgemeinen Gedanken aus, daß die Enthaltsamkeit der Glaubenden dem Herrn zur Ehre gereicht (vgl. 1 Kor 6,20), sondern betont zugleich, daß darin der Christus κατὰ σάρκα verherrlicht wird, der gleichfalls die Ehe mied (vgl. Tertullian, de monog 11). Durch den Zusammenhang mit 5,1 und die sich anschließende Betonung von ἕνωσις wird aber auch zu erwägen sein, ob nicht die Askese der Verbindung zwischen Christus und der Kirche allein angemessen ist (Schlier, Eph 271); in jedem Fall weist 5,2 auf weitreichende, religionsgeschichtliche Zusammenhänge hin (vgl. Niederwimmer, Askese und Myste-rium 176ff.; Paulsen, Einheit und Freiheit 80ff.). Zur Warnung, sich der ἁγνεία zu brüsten, vgl. 1 Clem 38,2; Minucius Felix, Octav 31,5; Tertullian, de virg.vel. 13 (dazu Achelis, Virgines subintroductae 63); die Form(ulierung) des Satzes macht deutlich, daß sich an dieser Stelle Konfliktstoff sammelt (vgl. von Campenhausen, Kirchliches Amt und geist-liche Vollmacht 110, A.4; d'Alès, * EAN ΓΝΩΣΘΗΙ* 489ff.) Das μετὰ γνώμης τοῦ ἐπισκόπου erschöpft sich für Ign sicher nicht in der Einholung der bischöflichen Zustimmung zur beabsichtigten Ehe. Angesichts der Stellung des Bischofs in der Gemeinde und der wiederholt erhobenen Forderung, nichts ohne ihn zu tun (vgl. zu Eph 2,2), ist es wohl Meinung des Ign, daß eine christliche Ehe nur im Beisein des Bischofs geschlossen werden soll (zur Interpretation vgl. auch Niebergall, Entstehungsgeschichte 107ff.). Beteiligung der Kirche an der Eheschließung setzen auch ClemAl, paed. III,11,63; Tertullian, ad uxor II,9; de pudic 4 voraus. Zu γάμος κατὰ κυρίον vgl. ClemAl, strom. III,12,83. Zur gesamten Frage vgl. K. Ritzer, Eheschließung, bes. 29ff.

6 **¹Haltet euch zum Bischof, damit sich auch Gott zu euch hält. Lösegeld bin ich für die, die sich dem Bischof, den Presbytern, den Diakonen unterordnen. Und mit ihnen möchte es mir gelingen, teilzuhaben in Gott. Strengt euch miteinander an, miteinander kämpft, lauft, leidet, schlaft, wacht als Gottes Haushalter, Beisit-zer und Diener. ²Gefallt eurem Kriegsherrn, von dem ihr ja auch Sold erhaltet. Keiner von euch soll sich als Fahnenflüchtiger erweisen. Die Taufe bleibe eure Bewaffnung, der Glaube der Helm, die Liebe der Speer, die Geduld die Waffenrü-stung. Eure Einlagen seien eure Werke, damit ihr euer Guthaben entsprechend erhaltet. Seid nun in Sanftmut langmütig miteinander, wie Gott (es) mit euch (ist). Ich möchte mich immer an euch freuen.**

6,1 In 6 redet Ign nicht Polykarp, sondern deutlich die ganze Gemeinde an; dies berechtigt nicht zu literarkritischen Operationen, sondern erklärt sich aus der weitgehen-den Traditionalität des von Ign herangezogenen Materials. Nachdem schon 4,3; 5,2 Dinge besprochen waren, die weniger den Bischof als die Gemeinde betrafen, gerät Ign mit 6 in eine Paränese der Glaubenden hinein, um 7,2 die Richtung auf den eigentlichen Briefemp-fänger wiederzugewinnen. Auch die Trias οἰκονόμοι, πάρεδροι, ὑπηρέται blickt nicht auf die drei Kategorien der Gemeindebeamten. Bei der Energie, mit der Ign für den Episkopat eintritt, wäre der Plural οἰκονόμοι zumindestens seltsam. „Gottes Haushalter" ist ein Titel, den hier wie 1 Petr 4,10 jeder Gläubige führen kann.

6,2 Zum ersten Satz vgl. 1 Kor 9,7; 2 Tim 2,3. Ign gebraucht in 6,2 eine Anzahl von Termini, die der Soldatensprache entlehnt sind, z. T. (δεσέρτωρ, δεπόσιτα, ἄκκεπτα) aus dem Lateinischen stammen (vgl. auch Eph 2,1). Das mag damit zusammenhängen, daß er seine Briefe unter Umständen schreibt, die ihn in nahe Berührung zum römischen Militär gebracht haben. Vor allem aber ist zu bedenken, daß das Motiv der ‚geistlichen Waffenrüstung' traditionell vorgegeben ist (vgl. dazu A. von Harnack, Militia Christi 19f.; Schlier, Eph 298ff.), sich z. T. auch mit agonalen Motiven verknüpft (6,1). Zwar fügt Ign die Topoi durch die Hervorhebung von πίστις und ἀγάπη in seine Theologie ein, aber das überkommene Material hat doch ein erhebliches Eigengewicht (vgl. auch die Erwähnung der Taufe, die sonst kaum eine Rolle für Ign spielt). Die Einzelheiten des Vergleichs sind nicht immer klar zu erkennen: Der Deserteur (vgl. auch Basilius, epist 258) pflegt sich der Waffen zu entledigen; deshalb: μενέτω. ὅπλα trotz L *(scutum)* wohl kaum im speziellen Sinn von „Schild", sondern als Allgemeinbegriff zu fassen (Plural!). τὰ δεπόσιτα *(deposita)* und τὰ ἄκκεπτα *(accepta)* sind gleichfalls Ausdrücke der Militärsprache. Sie haben eine eigentümliche Gewohnheit zur Voraussetzung. Wenn dem Heere bei besonderen Gelegenheiten Geldgeschenke *(donativa)* zugewendet wurden, erhielt der einzelne Soldat nur die Hälfte des ihm zustehenden Betrages ausbezahlt, die andere blieb bei der Regimentskasse als Guthaben, als *depositum apud signa* stehen. Die zwangsweise „deponierten" Summen, die auch durch freiwillige Einzahlungen vermehrt werden konnten, empfing der Besitzer bei seinem Ausscheiden aus dem Dienst. Was er so erhält, sind die accepta. ἄξια = „entsprechend", nämlich den Einlagen, ὀναίμην κτλ. wörtlich wie Eph 2,2 (vgl. dazu o.).

7   **¹Da die Kirche von Antiochien in Syrien, wie mir mitgeteilt worden ist, auf Grund eures Gebetes Frieden hat, habe auch ich froheren Mut gewonnen in göttlicher Unbesorgtheit, ob ich doch durch Leiden zu Gott gelange, um durch eure Bitten als Jünger erfunden zu werden. ² Es ist angemessen, gottseligster Polykarp, eine Versammlung einzuberufen, die Gott wohlgefällt, und jemanden zu bestimmen, den ihr für besonders liebenswert und unermüdlich haltet, der ein „Gottläufer" genannt werden kann; ihn würdigt, daß er nach Syrien reise und eure unermüdliche Liebe zu Gottes Ehre preise. ³Ein Christ hat keine Vollmacht über sich selbst, sondern muß sich Gott widmen. Dies ist Gottes und euer Werk, wenn ihr es ausführt. Ich vertraue nämlich der Gnade, daß ihr bereit seid zu einer guten Tat, die Gott gilt. Da ich euren Eifer für die Wahrheit kenne, habe ich euch nur mit ein paar Zeilen zugeredet.**

7,1 Zur vorausgesetzten Situation vgl. zu Phld 10,1. Über die Genitivverbindung ἐν ἀμεριμνίᾳ θεοῦ vgl. zu Magn 6,1. Wird mit GL ἀναστάσει gelesen, so muß ὑμῶν zu μαθητήν gezogen werden (vgl. Edition und Übersetzung von Fischer 222f.). Aber der Wunsch, Jünger der Smyrnäer zu werden, dazu auf diesem Wege, wird weder durch Rm 3,1 noch durch Eph 3,1 noch durch irgendeine der beliebten ign Wendungen der Selbsterniedrigung glaubhafter. Leiden und Jüngerschaft stehen bei Ign wohl in Beziehung zueinander; sonst jedoch in der Weise, daß das Martyrium den Glaubenden zum wahren Jünger Jesu macht (vgl. zu Eph 1,2). Dieser Sinn ergibt sich auch hier, wenn mit gA statt des ἀναστάσει ein αἰτήσει gelesen wird. Dieser Gedanke – durch die Fürbitte anderer Christen sein Ziel zu erreichen – hat bei Ign Parallelen in Eph 20,1; Phld 5,1; 8,2; Sm 11,1. Zwar findet sich dann immer das Wort προσευχή, aber auch αἴτησις kommt gelegentlich vor (Trall 13,3). In 7,1 ist es vielleicht deshalb durch Ign verwendet worden, weil unmittelbar zuvor ein διὰ τὴν προσευχὴν ὑμῶν steht; zur Diskussion vgl. auch Bommes, Weizen Gottes 251f.

7,2 Über θεοπρεπής vgl. zu Magn 1,2. θεοδρόμος, was Phld 2,2 Bezeichnung der Christen überhaupt ist, bringt hier eine besondere Mission zum Ausdruck (vgl. Sm 11,2:

θεοπρεσβευτής). Aus Sm 11,2; Phld 10,1 läßt sich auch erkennen, was der ,Gottläufer' in Syrien soll.

7,3 Über das absolute χάρις vgl. zu Sm 12,1; δι' ὀλίγων γραμμάτων wie Rm 8,2.

8 **¹Da ich nun nicht an alle Kirchen schreiben konnte, weil ich plötzlich die Seereise von Troas nach Neapolis antreten mußte, wie es der Wille Gottes befiehlt, sollst du, weil du Gottes Sinn besitzt, an die Kirchen weiter vorwärts schreiben, damit auch sie das gleiche tun; daß die einen, wenn möglich, Boten schicken, die anderen Briefe durch die von dir Abgesandten, damit ihr durch ein unvergängliches Werk verherrlicht werdet, wie du es verdienst. ²Ich grüße alle einzeln, auch die (Witwe) des Epitropus mit ihrem ganzen Hause und den Kindern. Ich grüße meinen geliebten Attalus. Ich grüße den, der gewürdigt werden wird, nach Syrien zu reisen. Die Gnade wird immerfort mit ihm und mit Polykarp sein, der ihn sendet. ³Ich bete darum, daß ihr allezeit stark seid in unserem Gott Jesus Christus; in ihm mögt ihr bleiben in Einheit mit Gott und in seiner Hut. Ich grüße Alke, den mir lieben Namen. Lebt wohl im Herrn.**

8,1 Über „alle Kirchen" vgl. zu Rm 4,1. Die präsentischen Formen πλεῖν und προστάσσει zeigen, daß die Reise noch nicht angetreten ist. ἠδυνήθην ist deshalb als ein Aorist des Briefstils zu verstehen. Das Schreiben ist noch in Troas abgefaßt. Νεάπολις ist die Hafenstadt von Philippi (vgl. Apg 16,11). Von dort aus sollte die Reise zu Land weitergehen, auf der *Via Egnatia*. Das absolute θέλημα ist hier gewiß ebenso, wie sonst immer (Eph 20,1), der Wille Gottes und nicht ein kaiserlicher Befehl. Über θεοῦ γνώμην vgl. zu Eph 3,2. Zu den ἔμπροσθεν ἐκκλησίαι immer noch überzeugend Zahn, Ignatius 284: „Ign, der von Troas aus nach Smyrna schreibt und von Briefen und Gesandten für Antiochia redet, macht in Gedanken den Weg über Smyrna dorthin und denkt, daß der in Smyrna sitzende Leser ihn mitmacht. Auf diesem Wege liegen von Smyrna aus weiter vorwärts z. B. Ephesus, Tralles und Magnesia." In ähnlichem Sinne Fischer z. St. Aber daneben läßt sich auch noch an andere, in der gleichen Richtung gelegene, asiatische Kirchen denken, die Ign auf seiner Reise berührt und mit der mißlichen Lage seiner Gemeinde bekannt gemacht hatte (vgl. Magn 15). Die letzten Worte *(ἵνα κτλ.)* zeigen besonders deutlich den doppelten Charakter des Pol, der sich ebenso an Polykarp wie an sämtliche Gläubigen Smyrnas wendet.

8,2 Über ἐξ ὀνόματος vgl. zu 4,2. Ἐπίτροπος wird von den Textzeugen einhellig als Eigenname behandelt. Sollte dies den ursprünglichen Sinn treffen, so bleibt zu bedenken, daß dieser Name sehr selten begegnet (vgl. Dittenberger, Syll 519,10). Viel häufiger wird das Wort als Titel *(= procurator)* gebraucht (vgl. Lk 8,3, Index VIII zu Dittenberger, Or inscr und besonders die smyrnäischen Inschriften CIG 3151; 3162; 3203). Möglicherweise ist deshalb aus einem Mißverständnis heraus die Amtsbezeichnung zu einem Namen gemacht worden. Der schwierige Ausdruck ἡ τοῦ Ἐπιτρόπου ist deshalb an dieser Stelle, wo die Frau als Familienoberhaupt erscheint, wohl von der Witwe, nicht von der Gattin des E. zu begreifen. Daß die nicht namentlich Genannte mit der Tavia (Sm 13,2) identisch ist, läßt sich nicht beweisen. Ἄτταλος ist ein in Kleinasien häufiger Name, für Smyrna belegt durch CIG 3141f.; 3239; 3288f.; 3299; 3304; 3331. Über das absolute χάρις vgl. zu Sm 12,1.

8,3 ἀσπάζομαι – ὄνομα wörtlich wie Sm 13,2.

Der Brief des Polykarp von Smyrna an die Gemeinde in Philippi

Polykarp an die Gemeinde in Philippi

Inhalt

Zuschrift mit dem Eingangsgruß.

Pol äußert seine Freude über den Zustand der Gemeinde, die erst kürzlich gefangene Christen aufgenommen und weitergeleitet hat 1. Auch zukünftig sollen die Leser Gott in Furcht und Wahrheit dienen und alle Sünde meiden 2. Pol schreibt ihnen das auf ihre Aufforderung hin. Von sich aus würde er es nicht gewagt haben angesichts der Tatsache, daß die Philipper durch den Apostel Paulus belehrt wurden 3. Einzelermahnungen schließen sich an 4,1–6,1. 6,2.3 leitet über zu einer Polemik gegen die Häretiker 7,1. Ihnen gegenüber gilt es, an der von Anfang an überlieferten Lehre festzuhalten, in deren Mittelpunkt Jesus Christus steht 7,2–8,2. Dem Beispiel der Geduld und Gerechtigkeit, das er gegeben hat, tritt jenes zur Seite, das die Philipper in Ignatius, Zosimus und Rufus sowie in Paulus und den übrigen Aposteln besitzen 9. Anweisungen zum rechten Leben 10. Der Fall des Presbyters Valens 11. Die Bitte, ihm und seiner Frau nicht unversöhnlich zu begegnen, geht in den Wunsch über, das Leben überhaupt in Milde, Geduld und Langmut zu führen und für alle Menschen zu beten 12. Pol verspricht auf den Wunsch der Philipper hin, einen Brief von ihnen nach Syrien zu befördern 13,1. Auch hat er die von ihm gesammelten Ign-Briefe seinem Schreiben beigefügt 13,2. Empfehlung des Crescens und seiner Schwester. Schlußgruß 14.

Einleitung

Die Überlieferung des Briefes

Die 8 (bzw. 9) Handschriften des griechischen Textes des PolPhil sind sämtlich direkte oder indirekte Kopien ein und derselben Vorlage. Denn alle brechen sie 9,2 ab mit den Worten καὶ δι' ἡμᾶς ὑπό, um sodann mit Barn 5,7 τὸν λαὸν τὸν καινὸν κτλ. fortzufahren und den Rest des Barn anzuschließen. Vier von ihnen, ein Cod. Vaticanus und drei von ihm abhängige Handschriften, enthalten den Text zusammen mit dem der interpolierten Rezension der Ign-Briefe. Daneben sind die Kap. 9 und 13 (dieses ohne den letzten Satz) griechisch durch Euseb, h. e. III,36,13–15 erhalten. Für den Rest des Schreibens bleibt man auf eine alte lateinische Übersetzung angewiesen, die den vollständigen Brief bietet, in allen Handschriften mit den interpolierten Ign-Briefen vereint. Diese Übersetzung ist recht ungenau und fehlerhaft, verwandelt z. B. 13,1 ein Schreiben der Philipper in ein solches des Pol und 13,2 Briefe des Ign nach Smyrna in solche nach Philippi.

Die Echtheit des Briefes

PolPhil dürfte echt sein; weder innere noch äußere Gründe sprechen entscheidend dagegen. Irenäus, der als Kind den hochbetagten Pol noch gekannt hat (adv.haer. III,3,4; Euseb, h. e. V,20,4f.) erzählt nicht nur zusammenfassend von Briefen des Pol an die Gemeinden und einzelne Brüder, er erinnert auch an ein Schreiben, das an die Philipper gerichtet ist (und seine Worte sind am ehesten noch von dem erhaltenen Brief des Pol her verständlich!). Die Echtheit des Briefes oder Teile des Briefes ist dennoch immer wieder bestritten worden (für die ältere Diskussion vgl. W. Bauer 1.A.; neue Überlegungen – allerdings unter Aufnahme dieser Diskussion – bei R. Joly, Dossier). Diese Einwände beziehen sich aber zumeist gerade nicht auf PolPhil, sondern gründen auf der Eigenschaft des Briefes, Hauptzeuge für die Ign-Briefe zu sein. Denn wenn diese Briefe gefälscht sind, dann kann auch PolPhil nicht als echt angesehen werden (bzw. es muß sich bei PolPhil 13 um eine sekundäre Interpolation handeln). Nur aus dem Bestreben, der Fiktion der Ign-Briefe eine Stütze zu geben, ließe sich die Entstehung des Briefes sinnvoll begreifen. Gegen solche These spricht nicht nur ihre Voreingenommenheit, sondern eine auffällige Beobachtung: PolPhil unterscheidet sich charakteristisch von den ign Briefen – dies betrifft nicht nur Sprache, Stil und Argumentation, es gilt auch für die theologische Aussage (vgl. zu PolPhil inscr), so daß weder an die Identität des Autors noch auch nur an Herkunft aus dem gleichen Kreise gedacht werden kann.

Die Einheitlichkeit des Briefes

Wenn der Brief wirklich auf Pol von Smyrna zurückgeht (zu seiner Person und seinem Martyrium vgl. zusammenfassend Vielhauer, Urchristliche Literatur 553ff.), so bietet der Text allerdings einen Anstoß, der einem Verständnis erhebliche Schwierigkeiten bereitet: während PolPhil 9 den Tod des Ign (und seiner Begleiter Zosimus und Rufus) voraussetzt, spricht PolPhil 13 von Ignatius und denen, *qui cum eo sunt,* scheint also vorauszusetzen, daß Ign noch am Leben ist (hierzu stimmt auch die Aufforderung an die Philipper, ihm das mitzuteilen, was sie Zuverlässigeres über das Schicksal des Ign in Erfahrung gebracht hätten: . . . *quod certius agnoveritis, significate*). Nachdem eine wirkliche Erklärung dieser Spannung nicht gelungen war, schlug P. N. Harrison 1936 eine ingeniöse Lösung vor: bei PolPhil 13.14 handle es sich um einen Begleitbrief zu den von den Philippern erbetenen Ign-Briefen, der kurz nach dem Abtransport der Märtyrer aber noch zu deren Lebzeiten (vgl. zu 13) abgefaßt worden sei. Demgegenüber sei PolPhil 1–12 als ein wesentlich späterer (ca. 135 zu datierender) Text verstehbar, der vor allem durch antimarkionitische Tendenzen geprägt sei (vgl. zu Kap. 7). Diese Lösung hat weitgehend Anklang gefunden, wobei es zu Modifikationen kam: so schlägt Fischer vor, nur Kap. 13 dem ersten Schreiben zuzuweisen und den zweiten Brief in 1–12.14 zu erkennen.

So sehr dies einleuchtet, es bleiben doch einige Bedenken bestehen: schon W. Bauer hatte in der 1.A. noch vor Harrison auf die Fragwürdigkeit hingewiesen, das *qui cum eo sunt* zur Stütze solcher Hypothese zu machen. In der Tat warnt die Unzuverlässigkeit der lateinischen Überlieferung vor weitgehenden Schlüssen; die Frage wird sich deshalb auf die Überlegung zu konzentrieren haben, ob das *quod certius agnoveritis, significate* aus 13 und Kap. 9 in *einem* Brief gestanden haben könnte. Ganz unmöglich erscheint dies nicht, zumal 9 nicht wirklich Kenntnis des Ign und seiner Briefe verrät bzw. sehr allgemein bleibt (daß auch 7 nicht antimarkionitisch interpretiert werden *muß,* ist immer schon diskutiert worden; vgl. dazu u.).

Um die prinzipielle Offenheit dieser Frage zu unterstreichen, wurde deshalb in der Kommentierung die traditionelle Annahme *eines* Textes beibehalten (anders z. B. Fischer).

Die Situation des Briefes

Die Beantwortung der Frage, in welcher Situation der Text entstanden ist, hängt mit der Beurteilung seiner Einheitlichkeit zusammen:

Bei der Zustimmung zu den Vorschlägen Harrisons (und Fischers) ist PolPhil 13 im Todesjahr des Ign abgefaßt worden, während PolPhil 1–12 (14) später entstanden sind (bei Annahme einer antimarkionitischen Tendenz gegen 135). Wird die Einheitlichkeit des Textes angenommen, so dürfte der Brief wenige Monate nach den Ign-Briefen geschrieben worden sein.

Ausgaben und Übersetzungen:

Neben den o. zu Ign genannten vgl. noch

W. R. SCHOEDEL, Polycarp, Martyrdom of Polycarp, Fragments of Papias, The Apostolic Fathers. A new Translation and Commentary, Bd. 5, New York 1967.

inscriptio

Polycarp und die Presbyter, die es mit ihm sind, an die Kirche Gottes, die in Philippi als Beisassin wohnt. Erbarmen und Friede vom allmächtigen Gott und Jesus Christus, unserem Heiland, möge euch reichlich zuteil werden.

inscriptio

Der Name des Briefschreibers lautet Πολύκαρπος und ist aus den ign Briefen bereits bekannt (Eph 21,1; Magn 15; Pol inscr; 7,2; 8,2). Als Name läßt sich Πολύκαρπος – im Unterschied zum Adjektiv – nur bis in die Mitte des zweiten, nachchristlichen Jahrhunderts zurückverfolgen: vgl. z. B. IG III,1122; 1163[94]; 1171; 1193; 1259; IX,2. Das lateinische *Polycarpus,* das aber die Existenz des griechischen Namens zur Voraussetzung hat, ist zuerst durch zwei Inschriften aus Pompeji bezeugt (CIL IV,2351; 2470; vgl. auch IX, 92; X,2973; 7523). In der inscr nimmt Polykarp den Titel des Bischofs nicht explizit für sich in Anspruch. Aber auch Ign bezeichnet sich so gut wie nie – in den Aufschriften seiner Briefe sogar überhaupt nicht – als Bischof. Zudem muß auf äußere Zeugnisse verwiesen werden: IgnMagn 15; Pol inscr; MartPol 16,2; Irenäus, adv.haer III,3,4. Umstritten ist – schon in der Übersetzung – das οἱ σὺν αὐτῷ πρεσβύτεροι. W. Bauer (1. A.) schlug als Übertragung vor: und die Presbyter mit ihm und interpretierte dies (Rechtgläubigkeit und Ketzerei 274) mit ‚die auf seiner Seite befindlichen Presbyter'. Dies erscheint nicht als gesichert: in Aufnahme von 1.Petr 5,1 stellt sich vielmehr Polykarp den Presbytern als primus inter pares bescheiden gleich (G. Bornkamm, Art. πρέσβυς κτλ. 675f. bes. A.158; siehe auch von Campenhausen, Polykarp 234). Auch ein solches Verständnis widerspricht aber nicht der Inanspruchnahme des Bischoftitels durch Pol. Noch mehr Aufmerksamkeit in der inscr verdient die Tatsache, daß Pol nicht mit einem Bischof in Philippi zu rechnen scheint. Die Existenz von Presbytern und Diakonen wird vorausgesetzt (5,2; 6,1), mehr noch: Pol fordert zum Gehorsam gegen diese Gemeindebeamten auf (5,3). Vom Bischof und seiner Stellung in der Gemeinde schweigt er jedoch. Der Folgerung, daß es in Philippi noch keinen Bischof als Gemeindeleiter gab, läßt sich kaum widersprechen (anders Fischer, Apostolische Väter 240f.). In jedem Fall hält es Pol im Unterschied zu Ign nicht für seine Pflicht, den monarchischen Episkopat zu befestigen (andere Erwägungen zur Erklärung der Nichterwähnung des ἐπίσκοπος bei Campenhausen, Polykarp 233f.). Noch ein anderer kennzeichnender Unterschied zwischen Pol und Ign läßt sich bereits am Beginn des Briefes erkennen: Pol ist in ungleich stärkerem Maße als Ign von der Vorgabe der Tradition geprägt. Dies drückt sich vor allem in dem erheblichen Umfang der Zitate aus (zum Traditionsverständnis des Pol vgl. Lindemann, Paulus 222ff.), selbst wenn der Nachweis im einzelnen zuweilen schwierig ist (vgl. dazu z. St.). So berührt sich bereits das Präskript ganz eng mit dem Anfang des 1 Clem. Zur Bezeichnung der Gemeinde als παροικοῦσα vgl. de Labriolle, Paroecia 60ff. bes. 64; das Bewußtsein, daß die Welt nicht eigentliche Heimat ist, klingt noch mit (Bovon–Thurneysen, Ethik und Eschatologie 253). Zur Verbindung von ἔλεος und εἰρήνη im Gruß vgl. 1 Tim 1,2; IgnSm 12,2. Zur Bezeichnung Jesu Christi als σωτήρ vgl. IgnEph 1,1.

1 **¹Ich freue mich mit euch von Herzen in unserem Herrn Jesus Christus, daß ihr die Abbilder der wahren Liebe aufgenommen und, wie es euch zukam, weitergeleitet habt; sie sind umwunden mit hochheiligen Fesseln, den Diademen der in Wahrheit von Gott und unserem Herrn Auserwählten. ²Auch (darüber freue ich mich), daß die feste Wurzel eures Glaubens, von der man seit alten Zeiten spricht, bis heute besteht und Frucht trägt in unserem Herrn Jesus Christus, der für unsere Sünden duldete bis ans Todesziel, den Gott auferweckt hat, nachdem er die Wehen des Hades löste. ³An ihn glaubt ihr, ohne ihn gesehen zu haben, in unaussprechlicher und verklärter Freude, in die viele einzugehen begehren, da ihr wißt, daß ihr durch Gnade gerettet worden seid, nicht auf Grund von Werken, sondern nach dem Willen Gottes durch Jesus Christus.**

1,1 Zum Eingang des Briefcorpus vgl. Phil 4,10 + 2,17. Über den Anlaß zu der gemeinsamen Freude ist Polykarp durch ein Schreiben der Philipper unterrichtet worden (vgl. 3,1; 13,1). Zu τὰ μιμήματα τῆς ἀληθοῦς ἀγάπης vgl. IgnRm 6,3. ἁγιοπρεπής wie 1 Clem 13,3 (vgl. Tit 2,3). Über die Fesseln als Diademe vgl. zu IgnEph 11,2. Möglicherweise ist der Gedanke vorausgesetzt, daß die Nachfolge im Leiden zugleich die Herrschaft mit Christus zur Folge hat (2 Tim 2,12 und u. 5,2). Das ὑπὸ θεοῦ . . . ἐκλελεγμένοι entspricht 1 Clem 50,7. Aus 1,1 ergibt sich, daß die Gemeinde von Philippi kürzlich von mehreren Christen in Ketten besucht worden ist. Nach 9,1 hat sich Ign unter ihnen befunden. Er selbst verrät in seinen Briefen allerdings nichts davon, daß Glaubensbrüder, die in der gleichen Lage wie er sind, mit ihm reisen. Aber solche könnten ja erst nach der Abfassung seines letzten Briefes in Troas zu ihm und seiner Eskorte gestoßen sein. Diese Vermutung liegt um so näher, als die ‚seligen' Zosimus und Rufus, die 9,1 mit Ign zusammen als Vorbilder genannt werden, in den Briefen des Ign nicht vorkommen, andererseits aber durch die Art, wie sie den Vorbildern aus Philippi gegenübergestellt sind, als fremde Gäste erwiesen werden. Es läßt sich auch kaum an zwei verschiedene Besuche denken; vgl. auch zu IgnRm 5,1.

1,2 Im Blick auf die Anknüpfung mit dem καὶ ὅτι beweisen 2,3; 4,3; 5,2; 9,2, daß ὅτι von einem vorausgehenden Verb abhängig und = „daß" ist. Zu βεβαία τῆς πίστεως ὑμῶν ῥίζα vgl. 1 Clem 1,2, zu καταγγελλομένη plnRm 1,8, zu ἐξ ἀρχαίων χρόνων Phil 4,15. Die Meinung, daß seit alters von dem Glauben der Philipper gesprochen werde, stützt sich wohl auf Phil 1,5; 4,10ff.; 2 Kor 8,1f. Zur Form vgl. 1 Thess 1,8f. Der Schluß von 1,2 erinnert an Apg 2,24, ὠδῖνες τοῦ ᾅδου wie Ps 17,6.

114

1,3 beginnt in deutlicher Aufnahme von 1 Petr 1,8 (vgl. Lindemann, Paulus 222f.). Zu dem εἰς ἣν κτλ. vgl. 1 Petr 1,12. Bei dem χάριτι σεσωσμένοι könnte es sich um ein Zitat nach plnEph 2,8f. handeln (vgl. zur Diskussion Lindemann, Paulus 222f.); möglicherweise setzt Pol damit bewußt paulinisches Traditionsmaterial ein, wie dies auch für die Zuordnung von πιστεύειν, χάρις und ἔργον gelten könnte (Lindemann, Paulus 223).

2   **¹Darum gürtet eure Hüften und dient Gott in Furcht und Wahrheit, gebt das inhaltlose, leere Geschwätz und den Irrtum der Menge auf und glaubt an den, der unseren Herrn Jesus Christus von den Toten auferweckt und ihm Herrlichkeit und einen Thron zu seiner Rechten gegeben hat, (Jesus Christus,)**
dem Alles, Himmlisches wie Irdisches, untertan ist,
dem jeder Lebenshauch dient,
der da kommt als ein Richter über die Lebenden und Toten,
dessen Blut Gott fordern wird von denen, die ihm ungehorsam sind. ²Der ihn aber von den Toten erweckt hat, wird auch uns erwecken, wenn wir seinen Willen tun, in seinen Geboten wandeln und lieben, was er geliebt hat, indem wir uns fernhalten von aller Ungerechtigkeit, Habsucht, Geldgier, Verleumdung, falschem Zeugnis, nicht Böses mit Bösem vergelten, oder Beschimpfung mit Beschimpfung, Schlag mit Schlag, Fluch mit Fluch, ³eingedenk dessen, was der Herr in seiner Lehre gesagt hat: „Richtet nicht, auf daß ihr nicht gerichtet werdet, vergebt, so wird euch vergeben werden; seid barmherzig, auf daß ihr Barmherzigkeit empfanget; mit dem Maße, mit dem ihr meßt, wird euch wieder gemessen werden", und: „Selig die Armen und die um der Gerechtigkeit willen Verfolgten, denn ihrer ist das Reich Gottes."

2,1   Διό – ὑμῶν erinnert an 1 Petr 1,13, die Fortsetzung bis φόβῳ an Ps 2,11 (ἐν φόβῳ καὶ ἀλ. vgl. auch 1 Clem 19,1). Zum ἀπολιπόντες κτλ. vgl. 7,2 und 1 Clem 9,1. Über ματαιολογία vgl. 1 Tim 1,6 (Dibelius–Conzelmann, Pastoralbriefe 18) und IgnPhld 1,1. Zum οἱ πολλοί, der großen Menge, die sich von den Auserwählten scheidet, vgl. 2 Kor 2,17; Mt 24,12; Papias ap. Euseb, h. e. III,39,3 (Jeremias, Art. πολλοί 540,36ff.). πιστεύσαντες κτλ. nach 1 Petr 1,21. Im zweiten Teil von 2,1 bedient sich Pol traditioneller christologischer Aussagen, die er in vier Zeilen mit Hilfe des relativischen Anschlusses zusammenstellt (wobei der Übergang zu 2,2 in der theologischen Pointierung problematisch ist): zur Unterordnung des Alls unter Christus vgl. nur 1 Kor 15,28; Phil 3,21; Hebr 2,7f.; ἐπουράνια und ἐπίγεια ähnlich wie in Phil 2,10. Zum πᾶσα πνοή (= „jede lebendige Seele") vgl. Ps 150,6; Jes 57,16. Christus als Richter der Lebenden und der Toten wie Apg 10,42; 1 Petr 4,5; 2 Tim 4,1; Barn 7,2; erneut ist der Zusammenhang zwischen eschatologischer Aussage und Paränese für Pol wichtig (vgl. Bovon-Thurneysen, Ethik und Eschatologie 242f.). τὸ αἷμα ἐκζητεῖν ist eine gebräuchliche at.liche Wendung: Gen 42,22; II Reg 4,11; Ez 3,18.20; 33,6.8; auch Lk 11,50f.

2,2   Zu ὁ δὲ ἐγείρας – ἐγερεῖ vgl. 2 Kor 4,14; 1 Kor 6,14; plnRm 8,11; IgnTrall 9,2 (vgl. Paulsen, Überlieferung und Auslegung 53ff.). Zur Aufzählung der Verfehlungen vgl. 1 Clem 35,5. Das μὴ ἀποδιδόντες κτλ. hat nicht nur in Lk 6,27f.37f. (vgl. Köster, Entwicklungslinien 41; 43, A.38) Parallelen, sondern zugleich in anderen urchristlichen Texten Entsprechungen: vgl. 1 Petr 3,9 (dazu Brox, 1 Petr 153f.); 1 Clem 13,2; 2 Clem 13,4.

2,3   μνημονεύοντες κτλ. nimmt 1 Clem 13,2 wieder auf, wobei der Inhalt zugleich mit der synoptischen Tradition übereinstimmt (vgl. etwa Mt 5,3.10; dazu Köster, Synoptische Überlieferung 115ff.), ohne daß mit einem direkten Zitat gerechnet werden könnte.

3 **¹Dies, Brüder, schreibe ich euch über die Gerechtigkeit nicht aus eigenem Antrieb, sondern weil ihr mich dazu aufgefordert habt. ²Denn weder ich noch jemand anders meinesgleichen kann der Weisheit des seligen und berühmten Paulus nachkommen, der unter euch war und im persönlichen Umgang mit den damaligen Menschen gründlich und sicher das Wort von der Wahrheit gelehrt hat, der auch abwesend Briefe an euch geschrieben hat, durch die ihr auch, wenn ihr euch darin vertieft, erbaut werden könnt zu dem Glauben, der euch gegeben wurde; ³er ist unser aller Mutter, dem die Hoffnung folgt und die Liebe zu Gott, Christus und dem Nächsten vorangeht. Wenn nämlich jemand in deren Bereich ist, der hat das Gebot der Gerechtigkeit erfüllt; denn wer die Liebe hat, ist fern von aller Sünde.**

3,1 *προεπελακτίσασθε* konjizierte Zahn wegen der vier unter sich verschiedenen, in ihrer Unbrauchbarkeit aber einigen Lesarten der griechischen Überlieferung. Doch ist bisher weder ein *προεπιλακτίζειν* noch auch nur ein *ἐπιλακτίζειν* oder *προλακτίζειν* lexikalisch zu belegen. Das von den meisten Ausgaben deshalb vorgezogene *προεπεκαλέσασθε* leidet zwar an dem gleichen Fehler, hat aber das für sich, daß sowohl *προκαλεῖν* als *ἐπικαλεῖν* gangbare Verben sind, und vor allem, daß die lateinische Übersetzung mit ihrem *provocastis* es offenbar zur Voraussetzung hat.

3,2 *κατακολουθεῖν,* was sonst „der Meinung von jemandem folgen", ihr „beipflichten" bedeutet, könnte hier den Sinn von „den Hochflug der Weisheit erreichen", ihm „nachkommen" haben. Zur Weisheit des Paulus vgl. auch 2 Petr 3,15; das Beiwort *μακάριος* = *beatus* (11,3) für Paulus auch in 1 Clem 47,1; allerdings können auch sonst angesehene Christen, besonders Märtyrer und Konfessoren, so genannt werden: vgl. 9,1; MartPol 1,1; 19,1; 21.22 u. ö. In der Sache geht Pol allerdings mit solcher Hochschätzung des Paulus weit über das Paulusbild hinaus, das sich in anderen Texten seiner Zeit findet (vgl. Bauer, Rechtgläubigkeit 219; Lindemann, Paulus 87ff.). Zum Gegensatz von *κατὰ πρόσωπον* und *ἀπών* vgl. 2 Kor 10,1. *ἐπιστολάς:* schwerlich soll der Plural, obwohl das sprachlich möglich wäre, nur *einen* Brief bezeichnen (gegen Lightfoot z. St.). Dies würde der Gepflogenheit der christlichen Zeitgenossen des Pol widersprechen (1 Clem 47,1; IgnEph 12,2; Sm 11,3; Pol 8,1). Auch er selbst unterscheidet 13,2 deutlich zwischen Singular und Plural. Die Vermutung, daß Pol neben dem Phil noch an 1.2 Thess, die sich ebenfalls an eine mazedonische Gemeinde wenden, gedacht habe, erscheint als wenig wahrscheinlich. Auch die Kenntnis mehrerer Phil.briefe ist auf Grund von 11,3 ausgeschlossen (ohne daß deshalb die Möglichkeit einer Briefsammlung im Phil. methodisch auszuschließen ist; vgl. dazu G. Bornkamm, Briefsammlung. Solche Hypothese kann sich jedoch kaum auf PolPhil 3,2 berufen.). Es bleiben zwei Lösungen: Pol hat das *ἐπιστολάς* aus Phil 3,1 herausgelesen; oder aber das *ὑμῖν* wird ekklesiologisch begriffen und bezeichnet allgemein die Christen (so Lindemann, Paulus 88): Paulus hat dann seine Briefe auch für die Philipper geschrieben, unabhängig von den originären Empfängern. *ἐγκύπτειν* wie 1 Clem 40,1; 45,2; 53,1; PsClem, hom III,9. *οἰκοδομεῖσθαι εἰς* wie 1 Kor 8,10. Zu dem „uns gegebenen Glauben" (vgl. 4,2) vgl. Jud 3.

3,3 Die Berührung der Anfangsworte mit Gal 4,26 betrifft lediglich die Form. Zur

Sache vgl. MartIustini et soc 4,8: ὁ ἀληθινὸς ἡμῶν πατήρ ἐστιν ὁ Χριστός, καὶ μήτηρ ἡ εἰς αὐτὸν πίστις. Die bekannte Trias hat bei Pol die Reihenfolge: Liebe, Glaube, Hoffnung, wie ClemAl, quis dives salv. 3,6; 29,4. Auf sie bezieht sich das τούτων. Zum πεπλήρωκεν κτλ. vgl. plnRm 13,8.10; Gal 5,14; 6,2. Das ἀγάπη μακράν ἐστ. π. ά. erinnert inhaltlich an die Aussage von 1 Petr 4,8, die auch sonst wirkungsgeschichtlich bedeutsam ist (vgl. N. Brox, 1 Petr 204ff.).

4 ¹Der Anfang aber aller Übel ist die Geldgier. In dem Bewußtsein nun, daß wir nichts in die Welt hineingebracht, aber auch nichts herauszubringen haben, wollen wir uns waffnen mit den Waffen der Gerechtigkeit und uns zuerst selbst belehren, im Gebot des Herrn zu wandeln. ²Sodann auch eure Frauen, in dem ihnen gegebenen Glauben, in Liebe und Keuschheit zu wandeln, ihre Männer in aller Wahrheit zu lieben, gleichermaßen in aller Enthaltsamkeit zugetan zu sein und den Kindern eine Erziehung zur Gottesfurcht zu geben. ³Die Witwen belehrt, den Glauben an den Herrn besonnen zu betätigen, unablässig für alle zu beten, sich fernzuhalten von aller Verleumdung, üblen Nachrede, falschem Zeugnis, Geldgier und allem Bösen und zu erkennen, daß sie ein Altar Gottes sind und er (Gott) alles auf seine Tadellosigkeit prüft und ihm nichts entgeht, weder an Gedanken noch an Gesinnungen noch etwas von den Geheimnissen des Herzens.

4,1 Der Anfang erinnert an 1 Tim 6,7.10; allerdings ist weniger an literarische denn an traditionsgeschichtliche Beziehungen zu denken (vgl. Campenhausen, Polykarp 224f.; Dibelius–Conzelmann z. St.; Lindemann, Paulus 223f.) Die ὅπλα τῆς δικαιοσύνης traditionelles Bild (vgl. IgnPol 6,2 und plnRm 6,13; 2 Kor 6,7).

4,2 Die Paränese richtet sich kaum allein an die Presbyter, sondern wendet sich an die Gesamtheit der Gemeindeglieder, wobei mit den γυναῖκες ὑμῶν die christlichen Frauen in Philippi erreicht werden sollen. Der Wechsel zwischen erster (4,1) und zweiter Person (4,2) ist deshalb nicht überzubewerten, er läßt sich ohne Schwierigkeiten aus der Konfiguration unterschiedlicher Überlieferungsstücke erklären. Daß Pol deshalb in den allgemeiner gehaltenen Mahnungen wie 4,1; 5,1 sich mit den Philippern zusammenschließt, in der konkreten Forderung hingegen die zweite Person vorzieht, kann niemanden befremden. στέργειν von der Liebe zum Mann wie 1 Clem 1,3; zur Sache vgl. IgnPol 5,1. Bis in die Einzelheiten des Ausdrucks hinein fallen die Berührungen mit 1 Clem 21,6–8 auf.

4,3 Über die Witwen vgl. zu IgnSm 13,1. Zu ἐντυγχ. ἀδιαλ. vgl. 1 Tim 5,5, zu διαβολ. 1 Tim 3,11. θυσιαστήριον θεοῦ: die Witwen scheinen hier deshalb als Altar bezeichnet zu werden, weil sie eine göttliche Opferstätte sind oder sein sollen, auf die nur tadellose Gaben kommen dürfen. Dabei ist im Zusammenhang des Briefes an ihr gesamtes Tun und Lassen, mit Einschluß selbst ihrer geheimen Ideen und Vorsätze zu denken, nicht nur an ihre Gebete (zu diesem Motiv vgl. z. B. Apk 5,8; 8,3f.). Dasselbe Bild häufig in der syrDid (9; 15; 18; vgl. daneben noch ApConst II,26; 4,3; PsIgn, Tars 9; Tertullian, ad ux. 1,7), für die solche Orientierung am Gebet Hauptmerkmal des Vergleichs darstellt. Auch μωμοσκοπ. = „etwas auf einen Tadel (μῶμος) hin untersuchen" gehört zum Anschauungskreis des Altardienstes. Es steht 1 Clem 41,2 in der gleichen engen Verbindung mit θυσιαστήριον wie hier, findet sich auch ApConst II,3, einer Stelle, aus der folgt, daß das Medium aktivische Bedeutung hat. Das Hauptwort μωμοσκόπος bei Philo, Agr 130; ClemAl, strom.

117

4,18,117. *λέληθεν κτλ.* im Anschluß an 1 Clem 21,3. *τὰ κρυπτὰ τῆς καρδίας* wie 1 Kor 14,25 (vgl. auch IgnEph 15,3); zur Sache Theißen, Psychologische Aspekte 88ff.

5 ¹**In dem Bewußtsein nun, daß Gott sich nicht verspotten läßt, müssen wir seinem Gebot und seiner Ehre angemessen wandeln.** ²**Ebenso die Diakonen untadelig vor seiner Gerechtigkeit, als Gottes und Christi, nicht aber der Menschen Diener; nicht verleumderisch, nicht doppelzüngig, ohne Geldgier, enthaltsam in allem, barmherzig, fürsorglich, wandelnd nach der Wahrheit des Herrn, der Diener aller geworden ist. Wenn wir ihm wohlgefällig sind in der gegenwärtigen Weltzeit, werden wir auch die zukünftige empfangen; denn er hat uns versprochen, uns von den Toten zu erwecken und daß wir, wenn wir seiner würdig wandeln, auch mit ihm herrschen werden, wenn wir nur glauben.** ³**Ebenso auch die jungen Männer untadelig in allen Dingen, vor allem auf Keuschheit bedacht und sich selbst im Zaum haltend vor allem Bösen. Denn es ist gut, sich von den Begierden in der Welt zurückzuhalten, weil jegliche Begierde gegen den Geist streitet und weder Unzüchtige, noch Weichlinge, noch Knabenschänder das Reich Gottes erben werden, noch die, die Unstatthaftes tun. Deshalb ist es notwendig, sich von alledem fernzuhalten, untertan den Presbytern und Diakonen wie Gott und Christus. Die Jungfrauen sollen in einem untadeligen und reinen Gewissen wandeln.**

5,1 In dem *θεὸς οὐ μυκτ.* dürfte Gal 6,7 aufgenommen sein (Lindemann, Paulus 224).

5,2 Der Abschnitt reproduziert weitgehend traditionelles Gut, wobei die Nähe zu den Pastoralbriefen besonders auffällt: zu *θεοῦ καὶ Χριστοῦ διάκονοι* vgl. neben IgnTrall 3,1 noch 1 Tim 3,8. *εὔσπλαγχνος* (s. auch 6,1) zu vgl. mit plnEph 4,32; 1 Petr 3,8; Gebet Manasses 7. *διάκονος πάντων:* zur Form vgl. Mk 9,35, für die Sache etwa Mt 20,28; Joh 13,12–17. Zu Christus als dem Vorbild der Diakonen vgl. 1 Petr 5,4 (Brox, 1 Petr 232ff.). *πολιτεύεσθαι* (vgl. Phil 1,27!) erinnert deutlich an 1 Clem 21,1. Zur Aussage, daß die Glaubenden mit Christus herrschen werden, ist die Tradition in 2 Tim 2,11–13 zu vgl. (dazu Dibelius–Conzelmann, Pastoralbriefe 81f.): Pol und 2 Tim 2,11ff. nehmen eine eschatologische Überlieferung auf (inhaltlich ist Rm 6,8 zu vgl.), die vor allem bei Pol paränetisch interpretiert wird (vgl. dazu Bovon–Thurneysen, Ethik und Eschatologie 247).

5,3 *ὁμοίως νεώτεροι* wie 1 Petr 5,5 (Brox, 1 Petr A.739); zum *χαλιναγωγεῖν* vgl. Jak 1,26 (Dibelius, Jak 153). Neben der deutlichen Beziehung auf 1 Petr 2,11 ist für das Folgende vor allem noch 1 Kor 6,9f. zu vgl. (Lindemann, Paulus 224f.). *ἄτοπα* (auch *ἄτοπον*) *ποιεῖν* (oder *πράσσειν*): Hi 27,6; 34,12; Prov 24,55 (= 30,20); II Makk 14,23; Lk 23,41. Zum *ὑποτάσσεσθαι κτλ.* vgl. 1 Clem 1,3; 57,1; 1 Petr 5,5. Zum bezeichnenden Fehlen des Bischofs unter denjenigen, denen man Gehorsam schuldet, vgl. o. zur inscr.

6 ¹**Aber auch die Presbyter (sollen) barmherzig (sein), mitleidig gegen alle, das Verirrte zurückholen, nach allen Kranken sehen und nicht die Witwe, die Waise oder den Armen vernachlässigen, sondern stets Sorge tragen für das, was vor Gott und Menschen gut ist, sich enthalten von allem Zorn, dem Ansehen der Person, ungerechtem Gericht, fern bleiben von aller Geldgier, nicht gleich dabei, sich gegen jemanden einnehmen zu lassen, nicht schroff im Urteil, in dem Bewußtsein, daß wir alle der Sünde Schuldner sind.** ²**Wenn wir nun den Herrn bitten, daß**

er uns vergibt, sind auch wir schuldig zu vergeben: denn wir sind unmittelbar vor den Augen des Herrn und Gottes und müssen alle vor den Richterstuhl Christi treten und ein jeder für sich Rechenschaft ablegen. [3]So wollen wir nun ihm dienen mit Furcht und aller Scheu, wie er es befohlen hat sowie die Apostel, die uns das Evangelium verkündigt, und die Propheten, die das Kommen unseres Herrn im voraus gepredigt haben; Eiferer für das Gute, in Zurückhaltung gegenüber den Ärgernissen und den falschen Brüdern und denen, die in Heuchelei den Namen des Herrn tragen, die törichte Menschen irreleiten.

6,1 Zu ἐπιστρέφοντες τὰ ἀποπεπλανημένα vgl. Ez 34,3; 1 Petr 2,25. Aus diesen Texten erklärt sich auch das Neutrum; es ist an verirrte πρόβατα gedacht, die der Hirte (IgnPhld 2,1; Rm) suchen muß. Die Bemühung um die Kranken ist Mt 25,36.43 allgemeine Christenpflicht, während sie in syrDid 16 speziell den Diakonen zukommt. Über die Sorge für Witwen und Waisen – freilich sämtlichen Christen auf die Seele gelegt –vgl. zu Ign Sm 6,2. πένης (im NT so nur 2 Kor 9,9; vgl. Lk 21,2; bei Hermas 56,7 als ὑστερούμενος neben Witwe und Waise) erinnert an die Pflicht, sich um die Armen zu bekümmern, die in der Paränese der alten Kirche immer eine erhebliche Rolle gespielt hat (vgl. dazu Achelis, Christentum I,189ff.; II,72ff.; Harnack, Mission und Ausbreitung I,186f.; W.-D. Hauschild, Art. Armenfürsorge II, TRE 4,14ff.) – Zu προνοοῦντες κτλ. vgl. Prov 3,4; 2 Kor 8,21; auch plnRm 12,17. Über προσωπολημψία vgl. E. Lohse, Art. προσωπολημψία κτλ. 780f.; zu ἀπότομοι ἐν κρίσει vgl. Weish 6,5. Die abschließende Begründung könnte im Anschluß an plnRm 7,14b gebildet sein (Lindemann, Paulus 225); dafür spricht, daß Pol auf der Seite der Empfänger die Kenntnis des Satzes voraussetzt.

6,2 Zum Anfang vgl. Mt 6,12.14f. (Köster, Syn. Überlieferung 120). Die zweite Hälfte verbindet pln Rm 14,10.12 und 2 Kor 5,10 (Lindemann, Paulus 225f.); zur Verbindung von Gerichtsaussage und Paränese vgl. Bovon–Thurneysen, Ethik und Eschatologie 244f.

6,3 Zum Dienst in Furcht und Scheu vgl. Ps 2,11; Hebr 12,28. In beiden Fällen ist an den Gott zu leistenden Dienst gedacht; dies ist wohl auch die Meinung des Pol. Denn der κύριος von 6,2 meint (trotz 6,3) Gott, neben den Christus auf Grund der pln Reminiszenzen gestellt wird. Wird jedoch in dem αὐτός von 6,3 Gott gesehen, dann kann man die auf den richtigen Dienst bezügliche Anordnung in Ps 2,11 wiederfinden. Von der unvergleichlichen Bedeutung der Apostel (vgl. auch 9,1) und Propheten für die christliche Gemeinde redet auch plnEph 2,20, wenngleich dort noch urchristliche Propheten gemeint sein dürften (gegen W. Bauer 1.A.; vgl. z. B. Lindemann, Aufhebung der Zeit 184f., A.209). Wie die Apostel von Anfang an die Verkündiger des Evangeliums sind (1 Thess 1,5; Gal 1,8f.; 2,2.7; Apg 14,15; 16,10), so hat man auch sehr früh die Propheten für den Weissagungsbeweis in Anspruch genommen (vgl. bes. Apg 7,25). Zu ζηλωταὶ περὶ τὸ καλόν vgl. 1 Petr 3,13; Tit 2,14 (Dibelius–Conzelmann, Pastoralbriefe 108); zu φερόντων τὸ ὄνομα τοῦ κυρίου vgl. IgnEph 7,1; Hermas 96,2.

7 [1]Denn jeder, der nicht bekennt, daß Jesus Christus im Fleisch gekommen ist, ist ein Antichrist. Und wer das Zeugnis des Kreuzes nicht bekennt, der ist aus dem Teufel. Und wer die Worte des Herrn nach seinen eigenen Begierden verdreht und sagt, es gibt weder Auferstehung noch Gericht, der ist Erstgeborener des Satans. [2]Darum wollen wir die Torheit der Menge und die falschen Lehren

verlassen und zu dem von Anfang uns überlieferten Wort zurückkehren, nüchtern zu den Gebeten und beharrlich im Fasten, mit Bitten den alles sehenden Gott anflehend, uns nicht in Versuchung zu führen, so wie der Herr gesagt hat: „Der Geist zwar ist willig, aber das Fleisch schwach."

7,1 folgt eine Kennzeichnung der Gegner, bei der zunächst auffällig ist, daß sie sich aus höchst unterschiedlicher Topik (z. T. wohl auch literarisch vermittelter Polemik!) zusammenfügt (zur Kennzeichnung der Häretiker vgl. von Campenhausen, Polykarp 237ff.; Köster, Entwicklungslinie 35f.; 146). Diese Beobachtung warnt vor einer zu präzisen historischen Erfassung der ‚Gegner‘ des Pol, weil die Auseinandersetzungen des Briefes in ihrer traditionellen Bedingtheit nicht notwendig Realität unmittelbar abbilden müssen. Die Trennung aber zwischen überlieferter Topik und aktueller Zuspitzung erweist sich – wie auch sonst bei der Auseinandersetzung mit Häretikern – als außerordentlich schwierig. Zunächst erinnert der Text deutlich an 1 Joh 4,2f.; 2 Joh 7. Mit Ausdrücken, die von dorther entlehnt sein könnten, formuliert Pol den Vorwurf, die Irrlehrer leugneten, daß ‚Jesus Christus im Fleisch gekommen‘ sei. Bei den engen Beziehungen zu Ign und seinen Briefen weist dies auf die Anklage des Doketismus hin (vgl. o. zu IgnTrall 10). Die Rede vom ‚Zeugnis des Kreuzes‘ könnte durch 1 Joh 5,6ff. veranlaßt sein. Sie bedeutet: die Gegner nehmen das Zeugnis nicht an, das die Passion des Christus für seine wahre Leiblichkeit ablegt, sie lehren somit einen nur scheinbaren Tod Jesu, das τὸ δοκεῖν αὐτὸν πεπονθέναι der Gegner des Ign (Trall 10; Sm 2). Zu ἐκ τοῦ διαβόλου ἐστίν vgl. 1 Joh 3,8; Joh 8,44. μεθοδεύειν sensu malo (vgl. μεθοδία plnEph 4,14; 6,11): II Reg 19,27; Philo, VitMos II,212. τὰ λόγια τοῦ κυρίου meinen hier kaum τὰ λόγια τοῦ θεοῦ (Hebr 5,12), die Offenbarungen Gottes, sondern in diesem Zusammenhang, der von Christus redet, und bei einem Schriftsteller, der sich viel stärker von der synoptischen Tradition als vom AT abhängig zeigt, Worte des „Herrn" Jesus (vgl. ClemAl, Quis div. salv. 3,1; Irenäus, adv.haer. I, praef. 1). Davon zu unterscheiden sind wohl die λόγια κυριακά des Papias (ap. Euseb, h. e. III,39,1; gegen Bauer 1.A.; vgl. die ausführliche Diskussion bei Körtner, Papias 156ff. mit den entsprechenden Anmerkungen). Zur Benutzung von Herrenworten durch die Häretiker vgl. Köster, Entwicklungslinien 92. Mit der Behauptung, die Gegner bestritten, daß es eine Auferstehung und ein Gericht gäbe, fügt Pol ihrem Bild eine neue, allerdings ebenfalls schon traditionelle Farbe hinzu. Ähnliche Vorwürfe finden sich in der gleichzeitigen Literatur oft; vgl. nur 2 Petr 3 (mit den entsprechenden Parallelen etwa in 2 Clem 11). Dies hat aber Voraussetzungen, die gerade in der Polemik gegen die Leugnung der κρίσις weit über das Urchristentum hinausgreifen (vgl. für 2 Petr 3 die Nachweise bei J. H. Neyrey, Form and Background 407ff.). Es ist deshalb kein Zufall, daß in der rabbinischen Literatur die Polemik gegen Kain in Verbindung mit dem Begriff ‚Erstgeborener Satans‘ inhaltlich mit solchen Vorwürfen gefüllt wird (Dahl, Erstgeborener Satans 70ff.). Dies läßt eine Beziehung von 7,1 auf Markion nicht so sicher erscheinen (vgl. auch die Skepsis bei Bauer 1.A.), wie dies zuweilen behauptet worden ist (so etwa in Anlehnung an die Thesen Harrisons bei von Campenhausen, Polykarp 237ff.). Zwar enthält Irenäus, adv. haer. III,3,4 eine dreifache Überlieferung, die von einem Aufenthalt des Pol in Rom zur Zeit des Aniket, von einem Aufeinandertreffen zwischen Kerinth und Johannes und schließlich von einer Begegnung zwischen Pol und Markion weiß. In diesem Zusammenhang heißt es dann: ἐπιγινώσκω ἐπιγινώσκω τὸν πρωτότοκον τοῦ σατανᾶ (dazu die Analyse bei Lüdemann, Geschichte des ältesten Christentums 89ff.). Auch wenn diese Episode nicht für legendarisch gehalten wird (so Harnack, Marcion 3*ff.; skeptisch Lüdemann, Geschichte des ältesten Christentums 90), besteht keine Notwendigkeit, sie mit PolPhil 7,1 zu identifizieren. Denn das Bild der Gegner in 7,1 paßt zu Markion durchaus nicht (vgl. Harnack, Marcion 5*, A.4), zudem ist der Begriff πρωτότοκος τοῦ σατανᾶ nicht ohne Parallelen (vgl. Dahl, Erstgeborene Satans 70ff.); auch wird sich die Möglichkeit nicht ausschließen lassen, daß die Episode spätere Legendenbildung ist (vgl. auch die Zurückhaltung bei Vielhauer, Urchristliche Literatur 560f.).

7,2 zum τῶν πολλῶν vgl. o. 2,1; siehe auch Bauer, Rechtgläubigkeit und Ketzerei 76ff. bes. 77,A.3, der darin einen aktuellen Hinweis auf die Verhältnisse in Philippi im Unterschied zum traditionellen Material sieht (Zustimmung bei Vielhauer, Urchristliche Literatur 561). Aber der Schluß, daß die Vertreter der Rechtgläubigkeit in der Minderzahl seien, ist wohl doch nicht sicher (auch die negative Charakterisierung der ‚Menge' ist gewohnte Polemik!). Zu διό – ἐπιστρέψωμεν vgl. 1 Clem 7,2; 9,1. Zu τὸν ἐξ ἀρχῆς κτλ. vgl. 1 Clem 19,2; Jud 3. νήφοντες πρὸς τὰς εὐχάς nach 1 Petr 4,7. παντεπόπτης, nicht selten als Beiwort des Zeus, wird auch 1 Clem 55,6; 58,1; PsClem, hom IV,14.23; V,27; VIII,19; Theophilus, ad Autol. II,36 von Gott gebraucht. Der Schluß greift Mt 6,13a (Lk 11,4b) und Mt 26,41b auf (vgl. Köster, Synoptische Überlieferung 114f.).

8 ¹**So wollen wir nun unablässig festhalten an unserer Hoffnung und dem Unterpfand unserer Gerechtigkeit, das Christus Jesus ist, der unsere Sünden an seinem Leibe hinauftrug auf das Holz, der keine Sünde tat, in dessen Mund auch kein Trug erfunden worden ist; sondern um unseretwillen, damit wir durch ihn leben, hat er alles erduldet.** ²**So wollen wir nun Nachahmer seiner Geduld werden; und wenn wir um seines Namens willen leiden müssen, so wollen wir ihn preisen. Denn dieses Beispiel hat er uns in seiner Person gegeben und wir glaubten daran.**

8,1 Jesus Christus als „unsere Hoffnung" wie IgnEph 21,2 (vgl. dort die Erklärung). ὅς – ξύλον = 1 Petr 2,24; ὅς – αὐτοῦ = 1 Petr 2,22 (Jes 53,9). Auch das ἵνα ζήσωμεν nimmt wohl 1 Petr 2,24 wieder auf (vgl. jedoch 1 Joh 4,9; es handelt sich um ein traditionelles Motiv). Zum ganzen Schlußsatz vgl. IgnSm 2; Pol 3,2.

8,2 Zu der Aufforderung μιμηταὶ οὖν γενώμεθα τῆς ὑπομονῆς αὐτοῦ vgl. IgnEph 10,3; 1 Petr 2,21; 3,14; 4,16; Hermas 105,2f.5f. ὑπογραμμός wie 1 Petr 2,21, vgl. auch 1 Clem 5,7. Aufschlußreich erscheint in 8 die Übertragung des ἀρραβών-Motivs auf die Christologie (vgl. dazu Bovon-Thurneysen, Ethik und Eschatologie 251, A.20). Insgesamt zeigt sich erneut – neben den Beziehungen auf den 1 Petr – das Denken des Pol durchzogen von pln Reminiszenzen (vgl. Lindemann, Paulus 226).

9 ¹**So ermahne ich nun euch alle, dem Wort der Gerechtigkeit zu gehorchen und alle Geduld zu üben, die ihr ja auch vor Augen hattet nicht nur an den seligen Ignatius, Zosimus und Rufus, sondern auch an anderen aus eurer Mitte, an Paulus selbst und den übrigen Aposteln.** ²**Seid überzeugt, daß diese alle nicht vergeblich, sondern in Glauben und Gerechtigkeit gelaufen und an dem ihnen zukommenden Platz bei dem Herrn sind, mit dem zusammen sie auch gelitten haben. Denn sie haben nicht die jetzige Weltzeit geliebt, sondern den, der für uns gestorben ist und um unseretwillen von Gott her auferstand.**

9,1 *λόγος τῆς δικαιοσύνης* vgl. Hebr 5,13. Die Geduld und christliche Leidensfähigkeit haben die Philipper verkörpert gesehen in einer Anzahl von Persönlichkeiten, von denen die drei mit Namen Genannten durch den Gegensatz der *ἄλλοι οἱ ἐξ ὑμῶν* als Angehörige fremder Gemeinden erwiesen werden. Offenbar handelt es sich um denselben Besuch gefangener Brüder, von dem auch 1,1 spricht (vgl. dazu o.). Jetzt werden die Namen genannt: während Rufus als Name auch Mk 15,21; plnRm 16,13 vorkommt, ist Zosimus dem NT fremd, ohne deshalb seltener gewesen zu sein. Beide Namen begegnen in der gleichen Inschrift (CIG 192; 244; 1969; 3664; für Philippi vgl. CIL III,633). Über Heimat und Geschick der hier genannten Zosimus und Rufus ist nichts weiter bekannt. Daß auch die Gemeinde von Philippi Vorbilder der Standhaftigkeit unter ihren Gliedern hatte, ließ sich möglicherweise aus Phil 1,28–30 schließen, falls nicht eine gesonderte Überlieferung davon sprach. In auffälliger Weise wird unter den weiteren Zeugen der Vergangenheit Paulus an die erste Stelle gerückt; es dürfte sich dabei für Pol um eine prinzipielle Vorordnung gehandelt haben (zur Begründung vgl. Lindemann, Paulus 89; etwas anders allerdings in 6,3). Ob die Nennung der ‚übrigen Apostel‘ noch ein Relikt eines älteren, nicht auf die Zahl zwölf fixierten Apostelbegriffs ist (so Klein, Apostel 106), erscheint nicht als sicher. Wahrscheinlicher wird hier schon die feste Größe der ‚zwölf Apostel‘ ohne weitere Begründung vorausgesetzt (Bauer 1.A.; vgl. Harnack, Mission und Ausbreitung I,339).

9,2 *οὐκ εἰς κενὸν ἔδραμον* nach Phil 2,16; vgl. Gal 2,2. Über *εἶναι εἰς* siehe zu IgnRm 1,1. Zu *εἰς τὸν ὀφειλόμενον αὐτοῖς τόπον* vgl. 1 Clem 5,4.7; auch IgnMagn 5,1. Da der ‚gebühren-de Platz‘ sich ‚beim Herrn‘ befindet (vgl. Phil 1,23; 2 Kor 5,8) und die Philipper überzeugt sein sollen, daß die genannten Personen bereits an ihr Ziel gelangt sind, muß Pol der Meinung sein, daß zur Zeit des Briefes auch Ign schon den Tod gefunden hat. Zur Diskrepanz mit 13,3 vgl. o.; sollen beide Texte in einem Brief gestanden haben, so kann die Abfassung von PolPhil zeitlich nicht sehr lange nach der Abreise des Ign erfolgt sein (vgl. Bauer 1.A.). Auf der anderen Seite kann der Brief auf Grund des Wissens um den Tod des Ign nicht früher als etwa zwei Monate nach dem Aufbruch des Ign geschrieben sein. Denn die Reise von Philippi nach Rom erforderte mindestens vierzehn Tage (vgl. die Berechnung bei Zahn, Ignatius 289, A.2). Über *ᾧ καὶ συνέπαθον* vgl. zu IgnSm 4,2. Zum traditionellen *τὸν ὑπὲρ κτλ.* vgl. IgnRm 6,1.

10   **¹In diesen Dingen nun steht fest und folgt dem Beispiel des Herrn sicher im Glauben und unbeweglich, die Bruderschaft liebend, einander zugetan, in der Wahrheit verbunden, einer dem anderen in der Milde des Herrn zuvorkommend, keinen verachtend. ²Könnt ihr Gutes tun, so zögert nicht; denn Almosen befreit vom Tode. Ordnet euch alle einander unter, führt euren Wandel untadelig unter den Heiden, damit ihr auf Grund eurer guten Werke selbst Lob erntet und der Herr nicht in eurer Person gelästert werde. ³Wehe aber dem, durch den der Name des Herrn gelästert wird. Darum lehrt alle Nüchternheit, in der ihr auch wandelt.**

10,1   10 bietet eine Zusammenfassung der bisherigen, allgemein gehaltenen Ermah-nungen (vgl. Steinmetz, Gerechtigkeit 74). Zu *firmi in fide* etc. vgl. Kol 1,23; 1 Kor 15,58; IgnEph 10,2; Sm 1,1. Hinter *fraternitatis amatores* steht wohl 1 Petr 2,17 (weniger nahe liegt 1 Petr 3,8). Doch ist vielleicht auch ein Rückgriff auf plnRm 12,10 denkbar, einmal um des unmittelbar folgenden *diligentes invicem* willen, sodann weil man weiterhin das *alterutri praestolantes* in dem ἀλλήλους προηγούμενοι des Paulus wiederfinden könnte. *mansuetudo domini* wohl = ἐπιείκεια τοῦ Χριστοῦ (2 Kor 10,1) bzw. ἐπιείκεια θεοῦ (IgnPhld 1,2).

10,2 Zu *cum possitis benefacere* vgl. Prov 3,28. *eleemosyna de morte liberat* nimmt Tob 4,10 auf. *invicem subiecti:* plnEph 5,21; 1 Petr 5,5; IgnMag 13,2. *conversationem etc.* stammt aus 1 Petr 2,12.

10,3 *vae autem etc.* lehnt sich an Jes 52,5 an, vgl. aber auch IgnTrall 8,2 (zu den traditionsgeschichtlichen Fragen s. o.). Zum *in qua* vgl. 1Thess 4,1.

11   ¹**In hohem Maße bin ich betrübt wegen des Valens, der einst bei euch zum Presbyter bestellt worden war, weil er das ihm verliehene Amt derart verkannt hat. Daher mahne ich, daß ihr euch von der Geldgier fernhaltet und rein und lauter seid. Haltet euch fern von allem Bösen. ²Wer sich aber in diesen Dingen nicht selber beherrschen kann, wie sollte er es einem anderen verkündigen? Hält einer sich nicht von Geldgier fern, so wird er vom Götzendienst befleckt und wird gerichtet werden, als gehörte er zu den Heiden, die das Gericht des Herrn nicht kennen. Oder wissen wir nicht, daß die Heiligen die Welt richten werden, wie Paulus lehrt? ³Ich aber habe nichts dergleichen bemerkt oder vernommen bei euch, unter denen der selige Paulus gewirkt hat, die ihr am Anfang seines Briefes seid. Rühmt er sich euer doch in allen Kirchen, welche allein damals Gott erkannt hatten; wir aber hatten noch keine Erkenntnis gewonnen. ⁴In hohem Maße also bin ich traurig über jenen und seine Frau, denen der Herr wahre Buße verleihen möge. Deshalb zeigt auch ihr euch besonnen in dieser Sache und achtet solche nicht als Feinde, sondern ruft sie zurück als leidende und irrende Glieder, damit ihr euer aller Leib rettet. Wenn ihr nämlich dies tut, erbaut ihr euch selbst.**

11,1 In ihrem Schreiben an Pol (vgl. o. zu 1,1) haben die Philipper auch über den Presbyter Valens und seinen Fall berichtet und ihrem Schmerz Ausdruck verliehen. Pol greift dies auf, geht allerdings von dem konkreten Anlaß sehr schnell zur Gemeindeparänese über, um erst in 11,4 sich wieder Valens zuzuwenden (zur Analyse des Kapitels vgl. A. Harnack, Miscellen 86ff.; Steinmetz, Über die Gerechtigkeit 65ff.). Dieser Zusammenhang zwischen Einzelfall und Gemeindesituation ergibt sich für Pol aus dem Verständnis der Gemeinde als σῶμα Χριστοῦ (11,4): der Fehler des Einzelnen betrifft zugleich den ganzen Leib. Den Namen Valens tragen vier Persönlichkeiten der philippischen Inschrift CIL III,633; vgl. 640; 690. Über τόπος = Amt vgl. zu IgnPol 1,2. Aus der Fortsetzung ergibt sich, daß die Verfehlung des Valens auf Habsucht begründet gewesen ist. Möglicherweise hat er sich bei der ihm als Presbyter anvertrauten Verwaltung von Gemeindegeldern etwas zuschulden kommen lassen. Die genauen Hintergründe lassen sich aber nicht mehr erhellen (weitere Spekulationen bei Steinmetz, Über die Gerechtigkeit 67). Allerdings wirft ihm Pol gerade nicht häretische Ansichten vor, dies könnte z. T. seine milde Behandlung des Falls begreiflich machen (vgl. Bauer, Rechtgläubigkeit und Ketzerei 77). Aus dem *presbyter factus est aliquando apud vos* wie aus der Art und Weise, wie Pol die Sache verfolgt, läßt sich wohl schließen, daß Valens das Amt verloren hat (so Bauer 1.A.; von Campenhausen, Kirchliches Amt 158, A.4; anders Steinmetz, Über die Gerechtigkeit 65, A.2 – aber das *ignoret* spricht nicht gegen eine solche Annahme!), jedoch noch zur Gemeinde gehört. *avaritia* ist gewiß die, dem Pol besonders hassenswert erscheinende φιλαργυρία (2,2; 4,1.3; 6,1; vgl. auch die Mahnungen in 1 Tim 3,2ff., dazu Dibelius–Conzelmann, Pastoralbriefe 40ff.). Zum Schlußsatz vgl. 1 Thess 5,22; Did 3,1 und o. 5,3.

11,2 Zur Befleckung der Habgierigen durch den Götzendienst vgl. Kol 3,5; plnEph 5,5. Das *tamquam inter gentes iudicabitur* entspricht wohl einem ὥσπερ ἐν τοῖς ἔθνεσιν κριθήσεται. Zu *qui ignorant iudicium domini* vgl. Jer 5,4. Ein Christ, der dem Gericht verfällt, ist deshalb so negativ von Pol gekennzeichnet, weil die Heiligen nach 1 Kor 6,2 (Pol dürfte sich auf diesen Text beziehen; vgl. Lindemann, Paulus 90f.; 227) sich vielmehr selbst aktiv am Gericht beteiligen werden (zum Inhalt vgl. Bovon–Thurneysen, Ethik und Eschatologie 245f.).

11,3 Das *sensi,* zu dem *audivi* in Gegensatz steht, bringt wohl ein Wahrnehmen mit eigenen Augen zum Ausdruck. Es ist das ἐνόησα von IgnSm 1,1, nicht das ἔγνων, womit Ign die Erfahrung, die ihm durch andere vermittelt ist, beschreibt (Magn 11; Trall 8,1). Dann hat sich Pol also einmal in Philippi aufgehalten. Vgl. auch u. zu 14. Über *beatus Paulus* vgl. o. zu 3,2. Das *qui estis in principio epistulae eius* ist das drückendste Kreuz, das unser Brief dem Interpreten auferlegt (so Bauer 1.A.; zum Verständnis vgl. vor allem Harnack, Miscellen 91ff.; Lindemann, Paulus 90f.). Die Schwierigkeit des Textes ist schon früh bemerkt worden und hat im Cod.Reg. zur Korrektur *ecclesiae* geführt. Dies alles erweist sich als nachträgliche Erleichterung; ähnliches wird auch für die zahlreichen Konjekturen gelten, mit denen die Probleme von 11,3 gelöst werden sollen (vgl. den Apparat bei Fischer, Apostolische Väter 260). Am wahrscheinlichsten erscheint noch der Vorschlag Harnacks (Miscellen 91ff.) – unter Aufnahme älterer Erwägungen –, ein *laudati* zu ergänzen, um so die Beziehung auf Phil 1,1ff. und vor allem 2 Thess 1,4 ganz deutlich zu machen (ähnlich Lindemann, Paulus 90). Will man den in der Tat mißlichen Text beibehalten, so wird mit Bauer 1.A. von der Beobachtung auszugehen sein, daß der Satz über die Philipper etwas Lobendes aussagen soll: dann liegt aber ein Zusammenhang mit Phil 1,3–11 durchaus nahe und die Aussage erweist sich als eine verknappte Anspielung (selbst ein Hinweis auf Phil 1,1f. läßt sich nicht ganz ausschließen; vgl. Steinmetz, Über die Gerechtigkeit 66, A.2). In jedem Fall bringt Pol die Gemeinde in Philippi mit einem Paulusbrief in Zusammenhang (Lindemann, Paulus 90); dies gilt auch für die Fortsetzung *de vobis etenim gloriatur etc.,* die an 2 Thess 1,4 erinnert (ohne daß sich Pol der Übereinstimmung mit dem 2 Thess bewußt gewesen sein muß; Lindemann, Paulus 90, A.119).

11,4 Zu *quibus det etc.* vgl. 2 Tim 2,25. Das Gegenteil von wahrer Buße ist das ἐν ὑποκρίσει μετανοεῖν Hermas 72,2. Weil von Gott her eine Buße möglich ist, sollen sich auch die Philipper nicht unversöhnlich gegenüber Valens und seiner Frau zeigen. Zu *non sicut* etc. vgl. 2 Thess 3,15; zu *omnium vestrum corpus salvetur* 1 Clem 37,5; 38,1; zu *vos ipsos aedificatis* siehe 1 Kor 14,4.26; 2 Kor 12,19.

12   **¹Bin ich doch gewiß, daß ihr in den heiligen Schriften wohl bewandert seid und nichts euch entgeht. Mir aber steht es nicht zu. Nur, wie es in diesen Schriften ausgesprochen ist, „zürnt und sündigt nicht" und „die Sonne soll über eurem Zorn nicht untergehen". Selig, wer daran denkt; wie ich glaube, ist dies bei euch der Fall. ²Der Gott aber und Vater unseres Herrn Jesu Christi und er selbst, der ewige Hohepriester, Gottes Sohn Jesus Christus, möge euch erbauen im Glauben, der Wahrheit und aller Milde, ohne Zorn, in Geduld, in Langmut, in Nachsicht und Keuschheit; und er gebe euch Los und Anteil unter seinen Heiligen, mit euch uns und allen, die unter dem Himmel sind und zum Glauben kommen werden an**

unseren Herrn Jesus Christus und an seinen Vater, der ihn von den Toten auferweckt hat. ³Betet für alle Heiligen. Betet auch für die Kaiser, Machthaber und Fürsten sowie für die, die euch verfolgen und hassen, und für die Feinde des Kreuzes, damit eure Frucht unter allen offenbar sei und ihr in jenem vollkommen seid.

12,1 Zu *vos bene exercitatos* vgl. 1 Clem 53,1, zu *nihil vos latet* vgl. o. 4,3 und IgnEph 14,1. *mihi autem non est concessum* ist schwierig zu deuten. Nicht zu halten ist die Deutung „mir ist das nicht gegeben" scil. die Kenntnis der Schrift. Denn daß Pol in den Schriften nicht ebenso bewandert ist wie die Philipper, läßt sich kaum denken. Plausibler erscheint der Hinweis auf briefliche Topik; Pol würde dann bescheiden seine Position gegenüber den Briefempfängern zurücknehmen. Solche Überlegung läßt sich von 3,1f. her ergänzen und vertiefen: Pol hält sich gegenüber der Gemeinde in Philippi nicht für befugt, Anweisungen zu erteilen, weil es sich nicht um seine Kirche handelt: die Philipper sollen sich selbst erbauen (11,4). Nur *(modo)* der Verweis auf die Schriften ist ihm gestattet. Im Anschluß an das *his scripturis* gibt Pol ein Zitat nach Eph 4,26 (vgl. Ps 4,5 LXX). Auch hier lassen sich schon auf Grund der unpräzisen lateinischen Übersetzung mehrere Möglichkeiten der Interpretation denken: es wäre zumindestens überraschend, wenn Pol den plnEph zu den ‚Schriften' gerechnet hat (W. Bauer 1.A.); möglich könnte deshalb sein, daß Pol das Zitat als ein Bestandteil des AT angesehen hat (zumal es sich um eine weisheitliche Aussage handelt!). Aber auch die andere Position – Pol nur die Kenntnis des plnEph an dieser Stelle zu attestieren – ist grundsätzlich nicht auszuschließen (so C. M. Nielsen, Polycarp, Paul and the Scriptures 201ff.). Am wahrscheinlichsten dürfte freilich sein, daß Pol eine eher allgemein gehaltene Aussage formulieren wollte, ohne damit dem plnEph kanonische Qualitäten zuzubilligen (vgl. die Diskussion der Möglichkeiten bei Lindemann, Paulus 227f.). Zum letzten Satz von 12,1 vgl. 2 Tim 1,5.

12,2 Über Christus den Hohenpriester vgl. zu IgnPhld 9,1. *sors et pars* = κλῆρος καὶ μερίς wie Apg 8,21; Kol 1,12; Dtn 12,12; 14,26.28. Zu *qui sunt sub caelo* vgl. Apg 2,5; Kol 1,23. *qui credituri sunt* = οἱ μέλλοντες πιστεύειν 1 Tim 1,16. *qui resuscitavit etc.* wie 2,2; vgl. auch Gal 1,1; Kol 2,12; 1 Petr 1,21.

12,3 *pro omnibus sanctis orate:* plnEph 6,18. Über das Gebet für die Herrscher vgl. 1 Tim 2,2 (dazu Dibelius–Conzelmann, Pastoralbriefe 29f.); *reges* = βασιλεῖς meint auf Grund dieser Parallele „Kaiser". Zum Gebet für die Verfolger vgl. Mt 5,44; Lk 6,27f.; beide Texte klingen an (vgl. Köster, Synoptische Überlieferung 119f.). Die Feinde des Kreuzes nach Phil 3,18. Offenbar wird hier das Gebet für die gesamte Menschheit angeordnet (vgl. 1 Tim 2,1; IgnEph 10,1), und von den vier mit *pro* eingeleiteten Gruppen sind die erste die Christen, die letzte die Häretiker, während die beiden mittleren die Ungläubigen repräsentieren. Zu *ut fructus vester etc.* vgl. 1 Tim 4,15 bzw. Joh 15,16. Das *in omnibus* dürfte auf Grund von 1 Tim 4,15 maskulin zu verstehen sein. Zum Schluß vgl. neben Jak 1,4 noch Kol 2,10, das auch durch ἐν αὐτῷ das *in illo* von 12,3 erklärt.

13 ¹Ihr habt mir ebenso geschrieben wie auch Ignatius, daß, wenn jemand nach Syrien reise, er auch von euch einen Brief mitnehmen solle. Das werde ich besorgen, wenn ich eine gelegene Zeit finde, entweder ich persönlich oder durch einen Boten, den ich auch für euch senden werde. ²Die Briefe des Ignatius, die uns von ihm zugeschickt sind, und andere, soviel wir ihrer bei uns haben, sandten wir

euch, wie ihr verlangtet. Sie sind diesem Brief beigegeben; und ihr werdet großen Nutzen aus ihnen ziehen. Denn sie handeln von Glauben und Geduld und jeder Erbauung, die unsern Herrn betrifft. Und was ihr Zuverlässigeres über Ignatius und seine Gefährten in Erfahrung bringt, das gebt bekannt.

13,1 Zur Beurteilung von 13 im Rahmen der Hypothese von Harrison vgl. o. Über den Brief der Philipper an Pol siehe zu 1,1. Ob der daneben erwähnte Brief des Ign an Pol sich mit dem betreffenden Schreiben aus dem Corpus Ignatianum deckt, läßt sich nicht mit Bestimmtheit sagen. Die Aufforderung, die smyrnäischen Gesandten sollten einen Brief der Kirche von Philippi an seinen syrischen Bestimmungsort befördern, findet sich in den uns bekannten ign Texten nicht. Ob daraus zu folgern ist, daß Ign von Philippi aus einen zweiten Brief an Pol geschickt hat, in dem er ihm den nach Antiochien gerichteten Brief der Philipper zur Weiterbeförderung empfahl (so Zahn, Ignatius 288), ist fraglich. Da IgnPol 8,1 den Smyrnäern aufgegeben wird, sich um die Besorgung der Briefe fremder Kirchen zu kümmern, besteht die Möglichkeit, daß Pol doch den erhaltenen IgnBrief meint, dessen Aufforderung er mit der von den Philippern an ihn ergangenen verbindet. Zur Veranlassung, mit Syrien in Verbindung zu treten, vgl. IgnPhld 10; Sm 11; Pol 7,1f. *καιρὸς εὔθετος:* Ps 31,6 (vgl. auch Diodor.Sic. V,57). IgnPol 8,2 rechnet nicht damit, daß Pol selbst die Reise unternehmen wird (siehe zu Phld 10,2). Aber die Hochachtung des Pol vor Ign läßt ihn den Wunsch äußern, wenn möglich persönlich diese Bitte zu erfüllen.

13,2 Wie hoch Pol den Ign schätzt, wird auch an der Tatsache deutlich, daß er eine Sammlung der Briefe des Ign angelegt hat. In ihr befinden sich die von Ign nach Smyrna gesandten Texte, von denen zwei bekannt sind (Sm; Pol), und noch andere Schreiben. Es liegt sehr nahe, dabei an die übrigen Briefe zu denken, die Ign den kleinasiatischen Gemeinden schrieb. Aus *qui cum eo sunt* allein läßt sich kaum schließen, daß Ign und seine Gefährten noch am Leben sind. Das stünde im Widerspruch zu 9,2, wo Pol sie für tot hält. Aber hinter dem *cum eo sunt* kann durchaus eine präpositionale Wendung wie *οἱ σὺν αὐτῷ* stehen, aus der nur die Begleitung als solche hervorgeht. Auffälliger im Gegenüber zu 9,2 erscheint deshalb das *certius agnoveritis* (vgl. auch o.).

14   **Dieses habe ich euch durch Crescens geschrieben, den ich euch bei meinem Besuch empfohlen habe und jetzt empfehle. Denn er hat sich bei uns untadelig geführt; ich habe das Zutrauen, er wird es ebenso auch bei euch tun. Laßt euch aber auch seine Schwester empfohlen sein, wenn sie zu euch kommt. Lebt wohl im Herrn Jesus Christus in Gnade mit all den Euren. Amen.**

14 Über das *per* = διά siehe zu IgnRm 10,1. Crescens (vgl. 2 Tim 4,10) ist ein häufiger Name, für Philippi durch CIL III,633 bezeugt. Das dunkle *in praesenti* ist am besten als Wiedergabe eines griechischen Ausdrucks zu interpretieren, der auf die Anwesenheit des Pol in Philippi hinweist. Zur Sitte, Glaubensgenossen an fremde Gemeinden zu empfehlen, vgl. plnRm 16,1. Statt *et gratia ipsius* ist das gut bezeugte *in gratia* vorzuziehen.